国家出版基金项目
NATIONAL PUBLICATION FOUNDATION

当代国际政治丛书
Contemporary International Politics Series

国际公共产品供给与大国领导力构建

INTERNATIONAL PUBLIC GOODS PROVISION AND GREAT POWERS' LEADERSHIP CONSTRUCTION

曹德军

著

上海人民出版社

丛书总序

当今世界,正在前所未有地进入一个变化和动荡的时代。人类的创造和生产能力在带来繁荣与奇迹之后,正在经历成功所伴生的挑战。全球化进程依然不折不挠地向前推进,但已遭逢挫折。第二次世界大战之后的总体和平虽能维持,显然也面临着不只是擦枪走火的严重威胁。国家、地区和全球层面上的治理模式在不断获得更新改造的同时,明显地要为满足人们的各种诉求而付出进一步的艰巨努力。

激荡着当今世界变迁的,远不止当下来自四面八方的利益诉求和观念纷争,而且,还来自长时段的各种因素重现于世。远比人类存在更为悠久的地理现象,以及由此而产生的空间条件的差异,正在重新成为当今国际政治的动因之一。千百年来,人类各民族魂牵梦绕的文明因素,正在大步进入国际政治最为敏感的争议领域。同时,始终与人类相伴随的气候条件也直截了当地成为国际政治最紧迫的工作目标。这些状况,使得当代国际政治不仅充满盎然新意,而且也始终沉潜与贯穿着人与人、人与自然世代共生的丰厚积淀。

如果说,几十年前人们的求索目标,是在纷繁复杂的国际现象背后,不仅要知其然,还要知其所以然,那么,今天人们更为关切的是,究竟以怎样的思想原则、怎样的路径方法,包括怎样的心理和交往态度,来探求被称为国际政治研究的这一知识和认知领域。

虽然,世界范围内的政治、经济、文化和军事等问题与国家间关系的研究是一个非常年轻的学科门类,但是,对于这一新兴门类的各方面需求之急迫、这一门类自身学科发展与演进的节奏之迅速、这一学科与其他学科之间交往互动之频繁和深入,足以令世人叹为观止。甚至,有关未来国际社会和国家间关系的讨论与辩论,从来没有像今天这样,几乎成为街谈巷议的一个经常的主题。

正因为年轻,恰恰给予国际政治学科一个非常有利的条件,那就是从已有的各门学科中博采众长。纵观国际政治学科百多年的历史,可以清晰地看到,无论本身历史悠长的人文学科,还是刚刚形成规模的社会学科,都给予国际政治这一后起门类以无数滋养和正反面的教益。从今天来看,无论是来自古希腊史的"修昔底德陷阱"争议,还是带有20世纪系统结构理论中的"单极""两极""多极"等极化现象的描述,都有来自各门人文社会学科投射的痕迹。令人欣慰的是,世纪之交以来,一个更为深入而广泛的学科借鉴进程,正围绕着国际研究学科的成长而展开。不光是政治学、经济学、社会学等社会科学的理论和方法与国际研究的紧密交织,而且,来自哲学、伦理学、心理学、行为科学,尤其是全球史、文明史、思想史、民族与人类学研究等诸多门类正在进一步把国际现象作为自己的探索研究对象。人们似乎已经越来越难以容忍国际研究客体与各门学科研究对象被相互分离的现状,因为这个世界早已被结合成为一个整体。所以,国际政治研究的多学科、跨学科背景这一与生俱来的特性,可能会始终伴随这一学科继续前行的步履。

国际研究学科自身的开放特性,使其也受到来自既是学科多源,同时也是相关的社会利益与观念偏好的多元、多样特性的必不可免的影响。如果说,数千年来人文学科的演进尚且难以规避来自不同地域、不同时代、不同观念、不同利益背景与意愿的影响,那么,与近现代欧美社会,特别是与19世纪工业化进程相伴随的现代社会科学形成过程,更是难以避免其成长环境与其学科内容与原则的内在关联性。而在此背景下形成的现代国际政治理论,尤其体现这一特征。正当国际政治现实中的利益与观念之争越来越进入一个白热化的阶段,国际政治研究中的利益与观念之争、学派之争、方法论之争,很可能使得国际政治研究领域也硝烟弥漫,不亚于战场上的刀光剑影。尤其作为直接与国家利益、国家对外政策,乃至与国际社会整体发展相关联的一个知识与认知门类,国际政治研究承担着处理内部与外部、局部与整体、当下与长远、人类社会与自然环境等相互之间关系的智识供应的重大责任。在此背景下,如何区分人类文明遗产中的精华与糟粕,如何取舍普遍性要义与被无端添加的各类局部性偏好与利益,对于构建国际政治学科而言,乃是一个艰巨而持续的考验。

当代国际政治研究,尤其是国际政治理论研究的领域,是一个充满着进取与反思精神的研究领域。这一现象,既体现于学派争议之间、学派思潮更替的内部,也反映来自不同国别和文明背景之下的理论与学术的创新竞争。从前者来看,尤其是在欧美国际政治理论各大流派之间,从来就没有停止过有关基本思想原则的激烈争议,而且,经常可见与时俱进的演进。包括各个思想流派的内部在维护各自基本原则的前提之下,时有革故更新。这样一种从思想原则到基本认知规则与方法的学术辩论,既内在深入,又全面广泛,是一个值得进一步开掘的学术演进历程。尤其需要一提的是,在西方国际政治研究的学术发展进程中,出现过不少与现实的欧美政治取向与战略政策并不一致、甚至保持尖锐批评态度的理论学说和专家。从这个意义上说,国际政治研究并非仅仅寻求克敌制胜之术,而是通晓天下各家之说,知己知彼,寻求互赢共存之道。由此看来,先从思想理论切入,乃是未来国家间政治的必经之道。

考察近几十年来世界范围的合作与竞争态势,可以看到,不同国家与文明背景下的国际政治研究,出现了若干重要变化。冷战终结前后,很多新兴国家程度不等地出现了对于西方国际政治理论研究的热潮,特别是美国国际关系理论的传播是20世纪八九十年代以后一个极其广泛的现象。世纪之交开始,首先是在欧美国际政治研究领域的内部,出现了对于美国式国际关系理论的既来自局部又有整体性的反思。而在此之前,大体是在20世纪80年代,建构主义学派的出现本身,就是对欧美传统国际政治研究的一个批判性和规范性的总结与反思。与此同时,非欧美国家学术界的国际政治理论研究也在深入推进,出现了不少带有新兴国家和非欧美文明的本土特色的理论创新之作。尤为值得重视的是,随着21世纪以来国际政治经济领域本身的变化加快,国际研究领域的学术与理论推进也是层峦叠起,创新不断。无论是对传统的西方主导的国际史的重新界说,还是对曾经流行于世的国际理论的重新阐发,一个深入探究、重新构建的热潮正在跃跃欲试。

如果把国际政治理论研究作为一个社会学过程来加以观察的话,那么至少可以发现,这一领域的起源、发展、反思和创新的过程几乎与国际政治经济现象本身的起落,是同步行进的。总体上说,国际政治学科本身的出现要落后于一般现代社会科学研究领域,更不用说历史悠久的人文研究。这可能与20世纪之前国际社会本身成熟、发展,包括受到全球性巨大变故冲击的程度有关。当代国际研究,特别是理论性研究的崛起发端于第二次世界大战之后的冷战阶段,这与美苏对抗与美国称霸的时局密切关联。其间若干流派的涌现,如新自由主义流派的出现,与经济政治危机状态下西方社会的自身反思有关。实证统计表明,建构主义思潮的崛起、乃至替代新自由主义学派而风行各国,是与从20世纪80年代一直到冷战终结前后更为广泛而复杂的国际局势与思潮变迁相互联系的。而近年来,在东西方几乎同时出现的对于既有国际政治理论的观照与总结,对现有思想成果的吸收与批评,结合现状所做的理论与学术创新,显然与这一时段以来"世界处于百年未有之大变局"有着密切的关联。

世界大变局下的中国,无可推卸地承担着推进国际政治理论研究的责任。与数千年前中华文明创建时期诸子百家对于当时背景下的世界秩序和对外交往的思考相比,与百多年来为救亡图存、实现国家现代化和世界大国地位的仁人志士前赴后继的卓绝努力相比,与40多年来中国改革开放实践的巨大成就相比,我们没有任何理由,甘愿承受中国的国际理论研究落后于人而长期不被改变的现状。固然,思想与理论构建对于任何一方的学术专家而言,都非易事。尤其在信息社会,有时连"后真相""后事实"的局面尚难以改变,何况经常处于纷争与对立状态下的思想与理论思辨。然而,反观人类思想演进的任何一次重大进步,哪一次不是在极其艰难困厄的条件之下,千寻百觅、上下求索之后,方得真经。

26年前,为建构中国背景的国际政治理论体系,回应国际社会走向新世界进程中提出的重大问题,本丛书应运而生,先后出版了几十种著作,推动了中国国际政治学科的发展。26年后,我们更希望这套丛书能为处于世界大变局下的中国国际政治理论体系的建设和创新作出新的贡献。

生逢变世,凡智识者,不能不闻道而立言;凡欲自立于世界先进民族之林者,不能不明理而立志。以上所言,乃本丛书所邀同仁相约共推此举之宗旨。

冯绍雷、陈昕

2021 年 3 月 29 日

目　录

丛书总序 ·· 1

第一章　导论 ····································· 1
第一节　全球治理的"后霍布斯社会"特征 ········· 2
第二节　理解公共产品供给的政治学意涵 ········· 5
第三节　全书结构与章节安排 ················· 12

第二章　国际公共产品供给的政治学逻辑 ········· 17
第一节　经济学维度下的公共产品概念 ········· 17
第二节　政治学维度下的公共产品概念 ········· 23
第三节　国际公共产品的霸权供给模式 ········· 28
第四节　超越"金德尔伯格陷阱"之叙事 ········· 32
第五节　新兴大国的供给能动性与优势 ········· 35
结语 ······································ 38

第三章　公共产品供给与领导力的合法化 ········· 44
第一节　权力与领导力概念异同分析 ··········· 44
第二节　政治领导力构建及其合法性 ··········· 48
第三节　领导力的关系主义路径分析 ··········· 51
第四节　全球治理变革的领导力合法化 ········· 55
第五节　新兴大国的"差序性权威"构建 ········· 61
结语 ······································ 66

第四章　美国霸权"领导力"与自由主义国际秩序 ····· 74
第一节　国际秩序变迁的大国领导力兴衰 ······· 74

第二节　布雷顿森林体系与自由主义秩序 ································· 78

第三节　新型国际制度平台与美国"领导力" ························· 81

第四节　美国的霸权"领导力"及其历史演进 ····················· 84

第五节　全球关系网络中的美国"领导力" ························· 89

结语 ·· 92

第五章　东亚区域公共产品供给与中国大国担当 ················· 99

第一节　东亚领导力的区域合法性构建 ····························· 99

第二节　东亚一体化与中国大国担当 ································· 104

第三节　日常情境下中国睦邻援助承诺 ····························· 109

第四节　大湄公河治理下的中国领导力 ····························· 139

第五节　东南亚国家对中国领导力认知 ····························· 151

结语 ·· 153

第六章　中国大国担当与新型公共产品供给 ····················· 163

第一节　新兴大国的道义优势与公共产品供给 ················· 163

第二节　中国的国际公共产品供给策略选择 ····················· 168

第三节　"亚投行"制度创新及其公共产品供给 ················· 171

第四节　全球治理格局下的"一带一路"倡议 ················· 174

第五节　中国特色的国际公共产品供给方案 ····················· 183

结语 ·· 193

第七章　金砖国家全球角色与新兴领导力构建 ················· 199

第一节　金砖国家集体及其全球领导力 ····························· 199

第二节　巴西的区域与全球领导力建设 ····························· 202

第三节　印度的南亚区域与全球领导力 ····························· 208

第四节　南非的区域领导力与国际形象 ····························· 212

第五节　俄罗斯区域与全球领导力建设 ····························· 218

结语 ·· 226

结　论 ·· 232

第一节　本书研究结论与政策启示 ····································· 232

第二节　中国领导力建设的前景与规划 ……………………………… 236

参考文献 ………………………………………………… 241
索引 …………………………………………………………… 273
后记 …………………………………………………………… 276

第一章 导 论

在高度相互依赖时代，影响大国领导力生成的变量有哪些？在国际无政府状态下，大国如何塑造政治领导力从而赢得追随者的广泛支持？在全球治理体系变革阶段，新兴国家如何塑造全球领导力是一个重大的现实与理论议题。国际公共产品（International Public Goods）[1]供给不是简单的经济学问题，而是涉及合法性竞争的政治学问题，大国能否提出普惠包容的全球治理方案，进而获得国际社会认可，是建立国际领导力的关键。领导力源自公共服务，只有为全球治理做出突出贡献，大国才能真正获取国际社会的合法性认可与政治回报。如今在国际权力格局转换的历史性阶段，新兴大国嵌入在既有国际政治经济秩序中，既要推陈出新对全球治理结构进行改革创新，又要平衡好与霸权国的竞争与合作关系，通过发挥比较优势积累国际合法性与领导力。服务全球公共利益是潜在领导国主动展示良性意图以获得国际支持、赢取战略机会以增强全球影响力的根本性手段。尤其在冷战后，国际关系的基本规范已然发生重大变化，非暴力说服规则逐步取代武力强制规则，国际社会对帝国主义、霸权主义与强制外交采取越来越排斥的立场，国际社会期待大国以和平说服的方式领导世界。在新时代背景下，国际规范更关注大国行动的合法性基础，曾经弱肉强食、以邻为壑的"霍布斯逻辑"则遭遇合法性危机，强制支配与战争手段也越来越难以获得持久政治信任。

根本上，大国领导力生成与国际公共产品供给密切相关，链接两者的因果机制在于政治合法性塑造。合法性涉及政治认同，是一种社会交换形式，当追随者认为领导者在特定情况下做出适当和合理的决定时就会授予其合法性。在缺乏中央政府的国际社会中，要获得领导力需要付出昂贵的代价，即为获得他国信任与认可必须进行前期投资。只有用服务公益的行动成功赢得合法性后,领导者才会慢慢回收前期投资产生的收益,收获所谓"领导者盈余"[2]。社会交换理论表明,群体内的互惠合作有助于促进他人信任。积极解决集体面临的问题,为全体成员谋取公共福利,符合共同体的合法性期望。这种正向的回报期望认为,武力与强制手段不应该再是大国投射影响力的主要方式,只有依托自身资源积极为全球治理事业做贡献、谋福利,才能夯实大国领导力的政治基础。

第一节 全球治理的"后霍布斯社会"特征

冷战后全球治理格局呈现出多层次、多元化与网络化的发展趋势,国家之间更多寻求非暴力手段进行影响力竞争。尽管全球"破碎地带"的冲突还提醒着人们传统地缘政治依然重要,但世界大战的风险已经大大降低。[3]一个显著的趋势是,冷战后的世界没有发生大国间的直接冲突,甚至在冷战最高潮美苏也没有发生直接战争。随着国际战争的频次骤减,不少学者注意到国际政治的部分性质已然变化。[4]在改革开放之初,中国领导人便敏锐地认识到"和平与发展"是当今世界的潮流趋势和时代主题。[5]

在领导力塑造方面,社会性合法认同可能比物质实力强制更重要。[6]实际上,任何权力都具有关系性的一面,重要的不是获得资源,而是资源的社会意义。一个国家与其他国家的社会关系越紧密,就越有能力影响集体利益,成为潜在的领导者。全球领导力根本源自追随者的合法性认同。[7]掌握优势性实力资源的行动者,如果不懂得以非强制的合法性方式投射影响力,就难以真正吸引追随者与合作伙伴。第二次世界大战后,国际社会反对霸权主义与强权政治的意识日渐强烈,美苏两个超级大国在冷战期间也注重以非暴力方式供给国际公共产品,以建立吸引追随者的领导力优势。例如,战后美国扮演了所谓自由主义世界的"领导者"角色,它不仅在西欧通过"马歇尔计划"提供大规模援助,而且还通过"北约"提供安全公共产品。尽管联盟体系、自由贸易与援助投资等"美式国际公共产品"依托的是美国实力优势,但领导力并不直接由实力决定。如果美国依托实力采取单边主义行动,反而可能导致其全球领导力衰落。[8]同理,物质实力衰落也不一定削弱领导力,关键取决于国际社会对其合法性基础的主观认识评价。

根据亚历山大·温特对国际文化类型划分,无政府状态存在霍布斯
文化、洛克文化与康德文化三种逻辑,其中洛克文化与康德文化不以战争
作为互动的首要方式,属于"后霍布斯文化"。[9]具体而言,在霍布斯文化
中,国家之间互视为敌人,国家随时准备战争,信任存量很低,在彼此缺乏
合法性认同基础上依靠内部制衡或外部制衡的实力强制来约束彼此行
为,减少不确定性。这类似于市场经济初级阶段,人们之间不熟悉,信任
存量很低,因而以即时交易为主,每次互动都是从"零"开始,社会关系不
发挥任何作用。而当国际规范进化到洛克文化后,国家便相互承认主权,
竞争进入相对有序阶段,该阶段的信任维持不仅依赖正式制度契约,而且
也因为互动频率与广度达到一定水平,"互惠关系"逐渐在国家之间培育
起来,因此这一阶段是正式契约与关系契约的混合并存阶段。第二次世
界大战后,西欧国家间出现一种迈向康德文化的趋势,这种文化的逻辑是
"多元安全共同体"以及"集体安全"。当成员之间互相为朋友,关系契约
就对信任维持发挥了更大作用。

在"后霍布斯社会"中,国际关系的性质与主流文化已经发生变化。
乌普萨拉武装冲突数据库(UCDP)数据显示,第二次世界大战后世界各地
区的致命冲突的趋势越来越少。整体上看,自1946年以来全球战争死亡
的绝对数量一直在下降。20世纪50年代初的朝鲜战争、1970年左右的越
南战争,以及20世纪80年代的伊朗—伊拉克战争与阿富汗战争构成了冷
战至今的三个战争死亡高峰。相比之下,2016年因国家冲突或暴力而死
亡的人数全球仅为87432人,亚太地区、中东地区的死亡人数稍微占比较
大,但是比冷战期间的死亡人数显著降低。[10]还有相关统计研究显示,
1816—1945年大国间冲突升级为战争的概率为0.346,而1946—1992年
这一概率骤降至0.077,这表明1945年之后大国之间爆发战争更加
困难。[11]

部分现实主义与自由主义学者指出,核武器出现、民族主义兴起、主
权规范的深化和经济相互依赖深入发展,使得第二次世界大战后国际政
治的性质已经变化,尤其是冷战后国际政治中大国战争变得异常稀少,国
际体系进入了一种大国无战争的状态。[12]有研究立足国际体系的性质演
变角度,认为经历了两次世界热战、一次全球冷战之后,国际体系性质已
然从"进攻性主导"进化为"防御性主导"的新阶段。例如,唐世平从国际

体系演化角度指出,国际社会的性质会在变异、选择、遗传机制下发生转变。自 1648 年威斯特伐利亚体系以来,无数次的大国战争使得进攻性现实主义世界中的国家越来越倾向于安于现状,积极扩张被视为不明智的生存之道。也就是说,大国征服的难度和成本越来越大,抑制了武力效力及其道义性。[13]

建构主义者从社会化视角指出,两次世界大战对人类造成的巨大灾难彻底改变了人们对战争的正面评价。[14]在温特看来,霍布斯文化的逻辑是"不是杀人就是被杀"的丛林法则。洛克文化基于一种特殊的角色结构——竞争,其逻辑是"生存和允许生存"。康德文化关注朋友角色下的信任与合法性认同,其逻辑是"互惠、互助与互信"逻辑。而在英国学派看来,国际秩序是"维持国家间社会或国际社会的基本或主要目标的一种活动模式"。赫德利·布尔(Hedley Bull)指出,维系基本的、主要的或普遍的社会生活目标——人身安全、财产独立及承诺兑现,需要政治规则,这些规则的排序就是一个秩序,全球治理的规则也致力于确保全人类人身安全不受暴力侵害(全球和平),保证财产不受剥夺与侵占(经济繁荣),以及承诺和协议一旦作出就会遵守(公平公正)。[15]从领导力生成角度理解,后霍布斯文化凸显了国际公共产品供给的合法性,成为大国建立政治领导力的核心方式。

首先,领导者能否对国际社会做出贡献,是获取政治信任与支持的关键指标。真正的领导者不仅会指引方向,还会以身作则,激励追随者一起参与集体行动。在日益增长的全球相互依赖趋势中,供给国际公共产品是服务集体利益的最直接治理手段。考虑到各国在国际公共产品供给能力、成本承受与收益预期上的差异,领导国家需要做出引领示范,对集体行动产生激励。在全球化时代,供给国际公共产品可以为新兴大国提供道义性支撑,积累战略信誉与领导力认同。从政治领导力角度看,中小国家选择对大国供给的公共产品"搭便车",就增加了被大国影响或塑造的可能,获得国际公共产品的收益,将不自觉增加消费国对这种产品供给者的认可与信任,这就是国际领导力的基本来源。实际上,国际权力转移中的主要大国会围绕全球治理主导权展开激烈竞争。鉴于新型公共产品供给竞争异常激烈,新兴国家需要反对霸权强制的同时,提升新型公共产品的合法性与影响力。[16]

其次,在互联互通的全球联系之中,实现个体利益的前提是确保集体利益的实现。全球化涉及社会互动网络的激增,个体利益的相互渗透使行动者意识到,关心他人的想法才能真正表达自己的想法。例如,实现联合国千年发展目标和《京都议定书》全球减排行动涉及各国在相互依赖社会中的互惠。在现代相互依赖社会中,利益博弈是多轮而非单轮,行动者彼此相对熟悉,社会交换"互惠互利"原则重于"自我利益"原则。在这种交换中,人们通常需要关照集体利益,理解和尊重彼此的需求。因此,在"后霍布斯世界"中,政治领导者要获得群体认可,应该使用非强制手段,特别是需要通过主动"欢迎免费搭车"、服务集体利益建立信任与威信。

再次,全球层面协调行动需要领导力认同。在主权平等的现代国际社会,国际公共产品供给需要通过非暴力非强制手段建立合法性权威。在国际竞争中,大国往往更有责任感承担全球公共服务者角色,促进主权国家基于互惠进行集体协调。公共治理学者埃莉诺·奥斯特罗姆(Elinor Ostrom)强调,即便在自治的社区中人们为了确保生存会自发供给公共产品,这种供给没有外界的强制干预,而是在群体边界内建立规范、规则和制裁措施,鼓励互惠互利行为。[17]有关"公共池塘问题"的研究超越了"霍布斯难题",即并非只有通过主权强制才能实现秩序。[18]事实上,行动者可以在没有外部监督的情况下,基于共识与互惠原则进行合作并遵守承诺。[19]由此,当潜在领导国主动引领与奉献国际公共产品时,有助于激励其他国家本着互惠互利的公共精神参与全球治理。

第二节 理解公共产品供给的政治学意涵

当今世界处于一个急剧变革的时代,全球化的强大力量正在改变每个人的生活和工作方式。一方面,全球化在不断产生"公害"。全球性问题的出现,如难民流动、环境污染、水源短缺、传染病流行、温室效应、恐怖主义、核武器扩散等,需要全世界各国共同努力才能解决。民族国家依然强大,但全球性问题正在激增,这些全球问题打破了国家之间的相互隔绝,需要更多跨国协作与合作。从全球治理的角度来看,服务国际社会集体利益或改变不良治理就是供给国际公共产品的过程。从概念上看,国际公共产品是指延伸到所有国家、人民和世代的服务公共利益的社会建构性产品。

（一）公共产品霸权供给模式的局限

霸权国是体系内实力最强的国家,其在吸引他国追随方面有着天然优势,但是并非所有的霸权国都必然受到国际社会的认可与爱戴。那些只知道施展蛮力,通过强制力威逼他国服从的霸权国则只能收获短期的合作收益,其霸权的合法性基础非常薄弱,国际社会对其的战略信任与社会资本存量相当低。尤其是在霍布斯文化占主导的社会,很多霸权国认为国际社会应该为它服务,权力就是享受他人服务的凭证,无需其他理由。这种弱肉强食的思维,只会产生无数的帝国、强权、霸权,而不会产生国际领导者。霸权稳定论基于英美经验,认为西方国家已经建立起仁慈的霸权,为全球繁荣稳定供给了大量公共产品。尽管霸权稳定论声称只有当霸权国供给国际公共产品,世界稳定才有保障,但是该理论过度渲染霸权国的积极角色,忽视了新兴大国对全球治理的独特贡献,其逻辑也存在诸多矛盾之处。

首先,国际公共产品供给不仅基于物质力量变化,还包括秩序规范竞争。新秩序必然需要建立在体系中新强国的社会和意识形态倾向上。[20]霸权体系下的全球治理方式,反映出霸权特有的政治和社会价值观偏好。第二次世界大战后的布雷顿森林体系——国际货币基金组织、世界银行和关税及贸易总协定——负责维持基于非歧视原则的全球秩序,形成"嵌入式自由主义"[21]。全球治理的规范始于对公众舆论有巨大影响力的"规范开创者",如个人、组织、社会团体和官方委员会。1948年西方国家带头推动《世界人权宣言》,其他国家在道义压力与声誉担忧下被社会化,形成国际社会遵守规范的大潮流。许多国际规范都是从国内规范开始的,向外输出塑造其国内秩序的规范。从这个角度看,自由主义国际秩序并不只是美国权力的产物,而是其他国家对美国霸权回应的产物。霸权秩序必须具有某种程度的合法性,为参与国提供功能性回报。也就是说,它必须解决集体行动问题,或者为秩序内的国家提供国际公共产品,这样才更有生命力。[22]一旦权威建立起来,国家就会遵守规则,仿佛这是它们自愿的选择,霸权也显得很"仁慈"。

其次,国际公共产品供给的结构转型主要体现在合法性变化。最强大的国家往往会被期待利用其优势实力为国际社会谋福利,为追随国供给国际公共产品。苏联解体后,西方自由主义秩序在全球广泛扩散。而在多极系统中,美国领导力源自其他国家的承认。美国基于布雷顿森林体系为全球治理供给公共产品,进而被全世界大多数国家接受,才能积累起全球领导力的合法性基础。但是"仁慈的美式领导"却随着单极傲慢与自我约束不足,开始遭遇国际社会批评,如果霸权国不能供给符合时代需求的公共产品,那么不论其实力多么强大,也终将逐步失去其在国际社会中的合法性权威。而如今美国的例外主义逐渐增加,美国似乎不再愿意以负责任的方式承担起维护全球秩序的重任。例如,美国霸权主义在中东、非洲等地引发了内战与国际冲突,留下了一个混乱的世界;其长臂管辖与强制性制裁外交,也让不少国家从道义上批评美国的"强权主义"与盛气凌人的霸道干预缺乏合法性。需要认识到,霸权衰落的原因是内生性的。霸权国承诺供给更多国际公共产品,但在行动上却穷兵黩武,则可用的合法性权威就会萎缩。

再次,当霸权国的合法性衰落时,区域组织开始合作供给公共产品。当国际社会对美国维持自由国际经济秩序的意愿越来越感到怀疑时,就可能进行区域合作建立补充性国际贸易机制。包括南美洲国家建立的南美共同体市场、南美联盟和太平洋联盟。亚洲国家建立的区域贸易安排或机制倡议,例如东盟经济共同体(AEC)、南亚自由贸易区(SAFTA)、亚太自由贸易区(FTAAP)和《区域全面经济伙伴关系协定》(RCEP)等。新兴区域集团提供的国际公共产品致力于实现共商、共建、共享。冷战后,美国对东亚的安全公共产品供给不足引发区域性公共产品供给赤字。1994年,东盟地区论坛(ARF)的成立填补了这一空白,它是唯一一个将当代国际体系中所有大国聚集在一起的区域安全论坛。此外,为应对1998年亚洲金融危机的冲击,亚洲国家合作发起了"东盟＋3论坛"和《清迈倡议》,其中包括双边货币互换和多边贷款机制,供给关键的区域性金融公共产品。传统的区域公共产品框架大多局限于贸易自由化、集体防御和争端解决,但多元化世界的领导者须应对复杂交织的全球问题,包括金融波动、毒品犯罪、难民走私、全球流行病、自然灾害、人道主义危机和环境恶化等。例如,2020年东盟政治安全共同体(APSC)建立,综合应对恐怖主义、传染病、跨国贩毒、海盗行为、空气污染等跨国或国内挑战,供给国际公共产品。

最后,新兴大国通过供给公共产品填补全球领导力空缺。新兴大国为了在全球治理中建立国际威望与领导地位,必须为应对全球挑战提出解决问题的切实方案。例如,在全球气候治理领域传统大国、新兴大国与小岛屿发展中国家共同分享着领导者角色。但是新兴大国和传统大国与弱小国家之间的利益冲突,可能会影响新兴大国的领导合法性。因此,对于像中国、印度、巴西等新兴大国而言,能否求同存异,将挑战转化为机会,关系着改革国际新秩序的领导力合法性基础。2015 年由巴西、俄罗斯、印度、中国、南非共同成立的金砖国家新开发银行,是第一个由发展中国家和新兴市场国家自主成立的多边开发银行,其战略目标是成为全球领先的多边开发银行。2021 年新开发银行启动扩员并吸纳孟加拉国、阿联酋、乌拉圭和埃及为新成员国,为区域与全球基础设施建设和可持续发展提供公共产品支持。中国发起成立的亚洲基础设施投资银行,被认为是中国积累全球领导力的重要多边机制。长期以来,美国等西方发达国家的官方发展援助往往回避实体基础设施项目,在治理不善的欠发达地区,美国倾向于关注公共卫生、市民社会建设、救灾和民主化方面的官方援助。亚洲基础设施投资银行的建立吸引了大量区域内外的国家加入其中,既反映出对中国发展机遇的期待,也体现了国际社会对基础设施类公共产品的需求较大。秉持"开放的区域主义"理念,亚投行对区域外的其他国家也保持开放,承诺高标准遵守国际规范,最终让所有参与国,包括亚洲和西方国家,乃至整个全球治理体系从中获益。包容性的领导风格,有助于降低参与伙伴对主导国支配的担忧,从而协商合作供给高质量公共产品。共同体的互动实践与互惠原则也凝聚认同,构建"我们"的身份认同。领导力需要奉献精神,通过带头服务集体利益,才能获得共同体的支持。[23]

(二) 新兴大国供给能动性与领导力竞争

自 2008 年全球金融危机以来,西方世界孤立主义情绪与反全球化思潮普遍高涨。随着传统大国的全球治理能力与意愿下降,以中国为代表的新兴大国需要顺势而为,承担更多全球责任。哈佛大学教授约瑟夫·奈(Joseph S. Nye)等知名学者指出,国际秩序转型的关键在于新兴国家与霸权国家的全球责任交接,当新兴崛起国的全球责任缺位就会引发"金德尔伯格陷阱"(Kindleberger Trap)[24]。基于历史类比,他们认为 20 世纪 30 年代衰落的英国不愿承担更多全球责任,而新兴崛起的美国也对全球治理袖手旁观,以至于国际公共产品的供给真空没有被及时填补,最终引发全球混乱与第二次世界大战。[25] 这种看法固然提出了国际权力转移进程中的国际公共产品供给问题,但是"金德尔伯格陷阱"从传统大国视角出发,将全球治理困境归因于新兴国家的责任缺位,无疑低估了新兴大国的全球治理能力与意愿,值得商榷。

实际上,新兴大国供给国际公共产品的动力并不弱于霸权国;其积极搭建平台、发出倡议的方式,也与传统霸权国不一样。2014 年 7 月中国领导人习近平对世界宣布,中国将更多提出全球治理的中国方案、贡献更多造福世界的中国智慧。[26] 同年 8 月,习近平主席出访蒙古国时明确表示,"独行快,众行远""欢迎大家搭乘中国发展的列车,搭快车也好,搭便车也好,我们都欢迎"。[27] 2021 年 11 月 16 日通过的《中共中央关于党的百年奋斗重大成就和历史经验的决议》指出,中国致力于"积极参与全球治理体系改革和建设……维护和践行真正的多边主义,坚决反对单边主义、保护主义、霸权主义、强权政治,积极推动经济全球化朝着更加开放、包容、普惠、平衡、共赢的方向发展"[28]。

新兴大国主动欢迎搭便车的行动,凸显了全球领导力的合法性竞争问题。当然实力接近并不一定必然导致领导力竞争,只有当两者供给的公共产品同质性程度越来越高时,领导力竞争才会日趋激烈。据诸多学者判断,2008 年全球金融危机就是这样一个节点,为中国积极供给公共产品提供了契机。[29] 随着中国的经济影响力外溢成制度创设力、政治号召力,甚至安全保障力,那么中美两强的公共产品同质性就越来越高,竞争压力就越来越大。当这种竞争超出可控范围,就会导致公共产品供给效率下降,甚至出现"制度过剩"的负面后果。在经贸制度领域,美国主导的《跨太平洋伙伴关系协定》(TTP)等高标准自由贸易协定尽管一波三折,前途未卜,但是其排除中国与抢占新型规则制定权的意图,无疑加深了中国的疑虑。此外,美国的"新丝绸之路计划"、俄罗斯主导的"欧亚经济联盟"、日本的"高质量基础设施合作伙伴关系"、印度主导的"东向行动"与"季节计划"(Project Mausam)、哈萨克斯坦等国的跨欧亚运输计划、土耳其发起的"现代丝绸之路"计划等,实际上与中国的倡议存在重叠和竞争。其中,日本政府在 2015 年提出的"高质量基础设施合作伙伴关系"项目,主张发挥其在基础设施建设领域的"高质量"优势与 50 多年的国际开发经验,针对中国"便宜高效"的基建模式进行竞争。[30] 尽管"一带一路"倡议、"亚投行"、"命运共同体"等新型公共产品有助于促进国际规则的多元化,解决既有体制的低效与不公平问题;但其功能重叠不可避免将带来竞争。对此,摒弃零和思维,坚守"共享共建"原则是开拓共同发展空间的根本之道。

(三)公共产品供给与领导力合法性构建

本研究致力于洞悉世界政治中的领导力塑造机制,探究优化国际公共产品供给的新思路。[31] 因变量是大国领导力,自变量是国际公共产品供给,连接两个变量的中间机制是合法性建构逻辑。在后霍布斯时代,大国要获得领导力就需要提供公共服务,政治领导力源于他人对其公共服务的认可。领导力以合法性为基础,领导者的让利会吸引他国追随。

(1)自变量:国际公共产品供给。国际公共产品的范围延伸到一个以上的国家,且不排斥所覆盖范围内的人群或世代享用。[32] 公共产品是否符合国际社会需求,看似是一个客观问题,实际上包含价值与规范判断。例如,全球南方国家持续的粮食危机源于国际援助失效,还是发展中国家的自然环境破坏问题?全球传染病的暴发源于人口过密还是因为卫生保障有限?全球气候变化是因为局部地区森林破坏还是因为过量的工业二氧化碳排放?面对同样的全球挑战,不同的叙事框架形成了不同焦点,也会影响国际社会对国际公共产品效力的评价。参与供给基本的国际公共产品,是一项正义的国际责任,但在全球范围内维持公平正义则很困难。例如,某些富国可能仅仅呼吁进行全球气候治理,却实际上将治理成本平摊到最需要援助的脆弱国家身上。假如 A 国和 B 国就气候政策进行谈判,成功的国际合作需要双方的共同努力与适当牺牲。若 A 国地平线远远高于海平面、纬度较低,其就可能不关心气候变化的短期和中期影响。然而B 国位于临海低地、生存条件脆弱,则会格外关注气候变化的未来风险。正是两国对气候变化的敏感性与脆弱性差异显著,造成国际公共产品的成本与收益分配不对称,从而限制全球治理的合作效力与协商空间。如何化解这种利益冲突导致的集体行动困境?除了通过制度设计进行利益激励外,领导国通过主动奉献的方式,可以为两国协商协作产生示范带动作用。正是在集体需要的领域,领导者做出了贡献或牺牲,才更可能获得国际社会普遍认可,建立国际信誉与合法性权威。

(2)因变量:全球领导力。有权力不一定会引发其他国家追随,真正的王道才能引发追随。这里的王道实现了将权力与领导力统一起来的目标,能力的施展服务于公共事业,这样的领导者才能真正获得信任与支持。由此将领导者与追随者凝聚起来的最持久力量不是权力,而是基于信任的领导力,这种领导力需要对外展示自身克制,超越为私利服务的局限,致力于为所有追随者谋福利。换言之,秉持天下为公的情怀才能成为真正的领导者。追随者的信任与服从,是对领导者公共服务与国际贡献的直接回馈。从关系维度来理解,领导力是依靠公共服务建立起来的一种独特的影响力。[33]实体导向的领导力更关注建立基于职位权力、制度规则、道德品格、现实情境与领导权威等,但忽视追随者的共识与信任。在关系互动过程中,追随者是影响领导力结果的一个特别关键的角色。为集体利益做出贡献,是领导者增加追随者信任程度的积极方式。[34]

(3)因果机制:合法性认同塑造。合法性是政治分析和政治生活的一个重要因素。一个全球领导者需要以柔克刚,以过程取代结果,以关系培育认同。金索·帕克(Jinsoo Park)指出国际领导力的评判标准包括:有供给公共产品的能力和意愿;得到大多数成员的认可或默许;具有将实力资源转化为政治影响力与信任的手段;并且成为国际安全的维护者和区域经济合作规则的制定者。[35]在理想情况下,领导力的运作是为了实现共同利益,虽然自我利益驱动的行为者也可以成为领导者,但忽视共同利益而行动的领导者会面临合法性危机与道德质疑。[36]

领导者之所以愿意供给公共产品,为集体福利买单,关键在于这样做可以回收政治影响力,构成领导者盈余。[37]如果公共产品供给的成本大于领导者的政治回报,那么也会出现霸权国"搭便车"的现象,进而导致"领导力真空"。在这种情况下,公共产品供给者会权衡预期成本与收益、当下成本与长期收益。[38]由于领导者不仅追求集体目标,也追求自身利益,两者之间不能合理平衡则容易产生合法性危机。如果领导者提出的治理方案不符合大多数行为体的利益,那么其他国家就会选择不消费其供给的公共产品。当不愿意消费的追随者越多,对供给者造成合法性危机也就越严重。因此,供给方案是否被接纳,而不是简单供给公共产品,影响治理效力。[39]

第三节　全书结构与章节安排

本研究通过反思西方主流公共产品理论,围绕国际公共产品供给的竞争程度与创新空间大小,提炼出替代式供给、错位式供给、叠加式供给、协调式供给四种供给路径。基于新兴大国的治理经验总结新兴大国供给国际公共产品的策略和路径,有助于完善和丰富全球治理理论。为构建新型国际公共产品理论带来丰富素材和养分。除第一章导论外,本书接下来的论述将展开如下:

第二章,论述国际公共产品供给的政治意涵。长期以来,西方学界对国际公共产品的内涵、类型与供给逻辑进行了系统分析,但大多基于经济学逻辑关注国际公共产品的"供给困境",对公共产品的政治竞争理解不足。实际上,国际公共产品供给不是简单的经济收益问题,而是一个重大的政治竞争问题。在权力转移时代,霸权国与崛起国围绕合法性与领导力展开竞争,双方都欢迎潜在消费国"搭便车",这种主动吸引他国"搭便车"的做法超越了经济学的自利逻辑。国际领导力需要合法性认同,为获得他国认可与支持必须进行前期投资供给公共产品,在赢得合法性后才能慢慢回收供给成本,产生"领导者盈余"。

第三章,聚焦政治领导力的合法性生成逻辑。通过区分领导力(leadership)、霸权(hegemony)和主导权(dominance)等概念,突出领导力的社会交换过程,当领导者向追随者提供服务与奖励时,追随者就会默许与"承认"这种领导权威。从本质上说,领导力必然是一种关系现象;没有追随者,就没有领导者。重视考察领导力的"互动过程",不是关注领导者"拥有着"什么,而是看他们"贡献了"什么。合法性可以被定义为"产生并维持稳定预期的政治信念"。全球治理中的领导力塑造需要合法性吸引,而非武力强制,需要重新界定国际公共产品供给与领导力之间的逻辑关联。

第四章,美国霸权"领导力"与自由主义国际秩序。对于利益无处不在的全球大国来说,国际社会对其维护秩序稳定的期望往往非常迫切。

英国、美国与苏联都曾试图成为国际公共产品供给者,但事实上只有冷战后的美国宣称其建立了所谓自由主义"领导力"。第二次世界大战后作为实力出众的战胜国,美国构建了所谓"基于规则的自由主义秩序",通过供给多层次的公共产品,反映出霸权特有的政治和社会价值观偏好。与第一次世界大战后的孤立主义不同,第二次世界大战后大多数美国民众认为,美国应该积极参与领导所谓"自由主义世界"。美国依靠多边国际机制、全球军事联盟与自由贸易网络支撑起基于霸权的美式"领导力",其供给的国际公共产品吸引不少国家追随。在自由主义者看来,美国为世界提供公共产品和服务促进了世界的稳定和繁荣,成为"仁慈的霸权"。但霸权稳定论忽视了霸权合法性与公共产品供给之间的关联。

第五章,东亚区域领导力与中国公共产品供给。新兴大国能够在提供国际公共产品方面发挥公认的领导作用,或者成为霸权国的强有力合作伙伴。战后日本构筑东亚区域金融与发展公共产品,弥补国际货币基金机制在东亚区域的领导力不足问题。但是东亚公共产品需求巨大,日本与中国应对亚洲两次金融危机的方案,在潜在的区域追随者之间产生了领导力合法性认同的分化。在危机前后,中国睦邻外交通过"雪中送炭"的援助方式,强化了区域负责任大国形象。中国在两次危机中的援助外交体现在四个层次:(1)积极回应危机,树立负责任大国形象;(2)通过制度约束,发送昂贵可信信号;(3)推进贸易便利化,让惠于邻国;(4)改革区域金融机制,整合多方利益。2008 年全球金融危机后中国在东亚的影响力显著提升,用"以大事小"的仁义之举帮助周边邻国,有助于强化中国区域领导力合法性基础。

第六章,中国大国担当与新型公共产品供给。在权力转移时代,新兴大国主动吸引他国"搭便车"的做法构成国际领导力的基本来源。作为全球化受益者,中国希望提出包容性全球治理框架,展示普惠、公正、和谐的发展前景。在"百年未有之大变局"背景下,中国外交战略更积极关心全球公益,从战略上安抚摇摆不定的消费国、夯实合法性道义基础、构建供给公共产品的战略叙事、优化新型产品的供给方式。面对供给竞争压力,新时代中国外交秉持增量改进原则,以全球安全倡议与数字技术创新为抓手进行替代式供给;以亚投行等新型多边金融机制为依托进行错位式供给;以"一带一路"基建与国际发展援助为重点进行叠加式供给;以全球公域与气候治理为支撑进行协调式供给。中国特色的国际公共产品供给实践超越了所谓"金德尔伯格陷阱"。

第七章,金砖国家全球角色与新兴领导力构建。"金砖国家"集团新兴大国群体性崛起,为全球治理供给了与霸权国不同的新型国际公共产品,凝聚新型大国领导力合法性认同。具体而言,(1)巴西长期致力于拉美发展援助以及区域基础设施建设,但区域领导力面临来自阿根廷和委内瑞拉的竞争,需要在区域事务与全球事务之间保持公正平衡。(2)印度在全球舞台上崭露头角且具有承担区域领导责任的强烈意愿。在近40年邻国实践中,其为南亚提供部分公共产品与基础设施援助,但面临大国政治竞争压力与巴基斯坦的反对,如何强化对尼泊尔、不丹、斯里兰卡的合法性认同吸引力是关键。(3)作为中等规模的非洲国家,南非快速发展使得国际社会对非洲的发展潜力充满期待。1994年种族隔离制度结束,南非开始谨慎地承担区域领导责任,但在五个金砖国家中,南非是实力相对较弱的新兴大国,其领导力大多局限于南部非洲地区,在务实与道义形象之间摇摆。(4)俄罗斯作为欧亚大陆不可忽视的大国,具有强烈的大国抱负和较为明显的实力优势。但长期以来欧亚区域经济整合滞后。在大国地缘竞争加剧背景下,俄罗斯的安全类公共产品的供给成本显著增大,合法性认同压力强化。

结论部分,总结经验,启迪政策。在全球治理领域,谁来供给国际公共产品是一个重大的现实与理论议题。西方学界的经济学逻辑只关注供给经济成本,没有考量一旦追随者选择消费后,国际公共产品对大国领导力与政治合法性的提升价值。自第二次世界大战结束以来,国际社会的反霸权主义与反强制胁迫期望高涨,塑造全球治理的国际领导力不能仅仅依靠实力,还需依靠嵌入在社会互惠关系中的合法性认同。为应对竞争压力,新兴大国需要发挥优势,根据不同条件选择供给新型国际公共产品的路径类型。随着中国成长为最具全球潜力的领导大国,需要对未来中长期的国际公共产品供给进行科学规划。一方面坚持增量改进原则,供给与西方国家不同的新型公共产品。另一方面,明确提供公共产品的短期、中期和长期方案。细化机制,落实"全球发展倡议"和"全球安全倡议";面向未来,积极探创"高边疆"国际公共产品;发挥优势,走出数字普惠发展新路径;调动多方资源,拓展全球治理渠道。

注释

1. 一般而言,凡是溢出国界的公共产品都可称之为"国际公共产品",在国际公共产品内部根据层次差异,可以再分为区域性国际公共产品和全球性国际公共产品。尽管国际公共产品与全球公共产品的内涵与层次存在一定差异,但其实两者指涉内容大体一致,对两者不做过细的区分。

2. Norman Frohlich, Joe A. Oppenheimer and Oran R. Young, *Political Leadership and Collective Goods*, Princeton, NJ: Princeton University Press, 1971, p.7.

3. Manfred B. Steger, *Globalization: A Very Short Introduction*, Oxford and New York: Oxford University Press, 2003, pp.9—12.

4. Marie T. Henehan and John Vasquez, "The Changing Probability of International War, 1986—1992," in Raimo Vayrynen ed., *The Waning of Major War*, London and New York: Routledge, 2006, p.288.

5. 邓小平:《邓小平文选(第三卷)》,北京:人民出版社 1993 年版,第 105 页。

6. Emilie M. Hafner-Burton and Alexander H. Montgomery, "Globalization and the Social Power Politics of International Economic Networks," in Miles Kahler ed., *Networked Politics: Agency, Power, and Governance*, Ithaca, NY: Cornell University Press, 2009, pp.28—31.

7. Isabelle Grunberg, "Exploring the Myth of Hegemonic Stability," *International Organization*, Vol.44, No.4, 1990, p.431.

8. 参见 John Ikenberry, *Liberal Leviathan: The Origins, Crisis, and Transformation of the American World Order*, Princeton: Princeton University Press, 2011。

9. [美]亚历山大·温特:《国际政治的社会理论》,秦亚青译,上海:上海人民出版社 2000 年版,第 288—291 页。

10. https://ourworldindata.org/war-and-peace%22%20%5CI%20%22note-8.

11. Therese Pettersson, Stina Högbladh and Magnus Öberg, "Organized Violence, 1989—2018 and Peace Agreements," *Journal of Peace Research*, Vol.56, No.4, 2019, pp.589—603.

12. 唐世平:《国际政治的社会进化:从米尔斯海默到杰维斯》,载《当代亚太》2009 年第 4 期,第 5—31 页;杨原:《大国无战争时代的大国权力竞争》,北京:中国社会科学出版社 2017 年版。

13. Shipping Tang, *A Theory of Security Strategy for Our Time: Defensive Realism*, London: Palgrave Macmillan, 2010, pp.5—9.

14. John Mueller, *Retreat from Doomsday: The Obsolescence of Major War*, New York: Basic Books, 1989, pp.5—8.

15. 参见[英]赫德利·布尔:《无政府社会:世界政治秩序研究》,张小明译,北京:世界知识出版社 2003 年版。

16. Klaus Wallner, "The Provision of Public Goods in International Relations: A Comment on 'Goods, Games, and Institutions'," *International Political Science Review*, Vol.23, No.4, 2002, pp.393—401.

17. Elinor Ostrom, *Governing the Commons: The Evolution of Institutions for Collective Action*, Cambridge: Cambridge University Press, 1990, p.90.

18. Elinor Ostrom, "Institutions and Common-Pool Resources," *Journal of Theoretical Politics*, Vol.4, No.3, 1992, pp.239—270.

19. Nicolás Brando et al., "Governing as Commons or as Global Public Goods: Two Tales of Power," *International Journal of the Commons*, Vol.13, No.1, 2019, pp.553—577.

20. Charles A. Kupchan, "The Normative Foundations of Hegemony and the Coming Challenge to Pax Americana," *Security Studies*, Vol.23, No.2, 2014, pp.219—258.

21. John Gerald Ruggie, "International Regimes, Transactions, and Change: Embedded Liberalism in The Postwar Economic Order," *International Organization*, Vol.36, No.2, 1982, pp.379—415.

22. Jonathan Kirshner, "Gilpin Approaches War and Change: A Classical Realist in Structural Drag," in G. John Ikenberry ed., *Power, Order, and Change in World Politics*, Cambridge, UK.: Cambridge University Press, 2014, pp.131—135.

23. Amitav Acharya, "A Regional Security Community in Southeast Asia?" *Journal of Strategic Studies*, Vol.18, No.3, 1995, pp.175—200.

24. Joseph S. Nye, "The Kindleberger Trap," *Project Syndicate*, Jan. 2017, https://www. project-syndicate. org/commentary/trump-china-kindleberger-trap-by-joseph-s-nye-2017-01?barrier=accessreg;郑永年:《中国可以回避"金德尔伯格陷阱"吗?》,载《联合早报》2017 年 5 月 9 日。

25.［美］查尔斯·金德尔伯格:《1929—1939 年世界经济萧条》,宋承先、洪文达译,上海:上海译文出版社 1986 年版,第 12—20 页。

26.《习近平接受拉美四国媒体联合采访》,人民网,2014 年 7 月 15 日。

27.《习近平:欢迎搭乘中国发展的列车》,新华网,2014 年 8 月 22 日。

28.《中共中央关于党的百年奋斗重大成就和历史经验的决议》,新华社,2021 年 11 月 16 日,http://www.gov.cn/zhengce/2021-11/16/content_5651269.htm。

29.朱锋:《奥巴马政府"转身亚洲"战略与中美关系》,载《现代国际关系》2012 年第 4 期,第 7 页。

30.孟晓旭:《日本高质量基础设施合作伙伴关系的构建与前景》,载《国际问题研究》2017 年第 3 期,第 76—88 页。

31.参见王逸舟:《创造性介入——中国外交新取向》,北京:北京大学出版社 2011 年版;王逸舟:《创造性介入——中国全球角色的生成》,北京:北京大学出版社 2013 年版。

32. Inge Kaul, Isabelle Grunberg and Marc Stern, "Defining Global Public Goods," in Inge Kaul et al. eds., *Global Public Goods: International Cooperation in the 21st Century*, New York: Oxford University Press, 1999, p.16.

33.参见 Michael Barnett and Raymond Duvall, "Power in International Relations," *International Organization*, Vol.59, No.1, 2005, pp.39—75; Vidula Bal et al., *The Role of Power in Effective Leadership: A Center for Creative Leaderships Research White Paper*, Greensboro: Center for Creative Leadership, 2008。

34.焦艳:《恩威并施型领导的潜在负面影响及其规避》,载《领导科学》2022 年第 3 期,第 41 页。

35. Jinsoo Park, "Regional Leadership Dynamics and the Evolution of East Asian Regionalism," *Pacific Focus*, Vol.27, No.2, 2012, p.293.

36. Joseph S. Nye, *The Powers to Lead*, Oxford: Oxford University Press, 2008, p.112.

37. Jonas Tallberg, *Leadership and Negotiation in the European Union*, Cambridge: Cambridge University Press, 2006, pp.19—29.

38. John S. Ahlquist and Margaret Levi, "Leadership: What It Means, What It Does, and What We Want to Know About It," *Annual Review of Political Science*, Vol.14, No.1, 2011, p.19.

39.参见 Nannerl O. Keohane, *Thinking About Leadership*, Princeton: Princeton University Press, 2010。

第二章

国际公共产品供给的政治学逻辑

"公共产品"（public goods）最初是指政府为全体社会成员提供的、满足全体社会成员公共需求的产品与劳务。[1]古典经济学的"非竞争性"和"非排他性"分析框架，聚焦于公共产品不受限制的消费公共性。相比私有产品的排他性与竞争性，纯粹的公共产品在消费方面可以让参与其中的所有消费者利益均沾、福利共享，因此具有广泛的正外部性。[2]对于超出主权边界的"国际公共产品"，其覆盖的范围可以是全球、区域、地方等不同层次。[3]在国际关系领域，霸权稳定论认为霸权国也可扮演"准政府"角色，负责供给公共产品，其他国家则"搭便车"进行消费，但霸权供给的政治合法性经常面临挑战。

长期以来"霸权稳定论"视角突出霸权国的正面功能，却忽视霸权国的负面作用。[4]历史经验表明，当新兴国家的实力开始接近霸权国时，权力转移带来的敏感焦虑，很可能让霸权国成为国际稳定的破坏者，通过组建权力联盟压制与破坏新兴国家供给的国际公共产品。[5]即便霸权国单方面供给国际公共产品，这也并非仁慈施舍，而是维持国际领导地位与霸权优势的政治手段。面对潜在的战略竞争者，霸权国完全有可能将国际公共产品私有化，建立排他性的消费门槛，或利用其他国家对其的不对称依赖进行剥削、压制或威胁。[6]

第一节　经济学维度下的公共产品概念

长期以来经济学家将公共产品视为是对市场产品的必要补充，是公共机构治理市场失灵所供给的公益性产品，不以获利为目的。古典经济学基于效率概念，将人造商品区分为"私有产品"与"公共产品"两大类型。

公共产品在覆盖范围内所有个人都可以消费,且公共产品经得起反复消费。由此,市场私有产品的生产对应亚当·斯密"无形之手"隐喻,公共产品供给则需凯恩斯式的权力干预,是另一只"看得见的手",服务于集体利益与公共福利。[7]

(一)"非排他性—非竞争性"分析框架

实际上关于"公共利益"的探讨可以追溯到古希腊哲学。亚里士多德就曾宣称:"凡是属于最多数人的公地,常是最少受人照顾的事物,人们关心着自己的东西,而忽视公共的东西。"[8]近现代福利经济学则关注国家在供给公共产品方面的主导性作用,这与凯恩斯主义经济学的兴起密切相关,后者为国家干预市场提供了理由。1945年至1975年是凯恩斯主义的"黄金时代",国家加大对国内公共产品的供给,如道路、教育、卫生、住房和社会保障等公共产品成为政治合法性的来源。[9]如果将国家视为一种社区(共同体),政府拥有服务公民的物质、精神与社会资源,公民与政府之间存在某种互惠关系:政府代表国家供给公共产品服务公民,公民纳税并支持政府的合法性。[10]

古典经济学认为,公共产品是市场失灵后政府或社会供给的公共性的消费产品。而真正将公共产品理论化的学者是保罗·萨缪尔森(Paul A. Samuelson),他被公认为现代公共产品研究的先驱者之一。他于1954年发表的文章《公共支出的纯粹理论》,以及1955年发表的《公共支出理论的图解说明》这两篇重要文章,将公共产品视为与市场产品相悖的产品,一旦被供给就在消费上非排他(Non-excludability)与非竞争(Non-rivalry)。所谓非排他是指所有人都有消费资格、人人共享;所谓非竞争是指产品没有稀缺性、无限供应。[11]这种"排他性—非竞争性"二元维度的理论框定影响深远,成为公共产品的主导性分析范式(参见表2.1)。据此可将社会产品细分为四种基本类型:(1)私人产品,该产品产权明确,消费具有竞争性与排他性;(2)俱乐部产品,是一种半公共性质的产品。进入俱乐部有门槛,其消费只向特定会员开放,因此具有排他性,但内部消费不具备竞争性;[12](3)公共池塘产品,也是一种半公共性质的产品,具有部分消费竞争性,但不排斥他人消费;供给的关键是享用与分配规则的协调问题;

（4）纯公共产品，这是一种理想化的公共产品，每个人的消费不妨碍其他人消费，也不排斥任何人加入。

表 2.1　消费角度的国际公共产品分类

	竞争性	非竞争性
排他性	私人产品 （产权明晰的私有财产）	俱乐部产品 （多边贸易协定、军事联盟等）
非排他性	公共池塘产品 （国际公地、公海资源、臭氧层等）	纯公共产品 （全球和平、消除传染病、防止核扩散、减少温室气体等）

资料来源：笔者自制。

在 21 世纪初，德国著名经济学者英吉·考尔（Inge Kaul）将国内公共产品概念推广至国际与全球层次。她指出，国际公共产品反映全人类普遍、不可分割和相互依存愿望，是一种在空间上所有人参与、所有人共享，在时间上世代连续享用的公益产品。[13] 例如，联合国可持续发展目标、防御小行星撞击地球、遏制全球温室气体排放、消除人类天花疾病等，一旦生产出来就会服务全人类利益。普遍性公益性质的纯粹的国际公共产品具有广泛公共性特征，在决策—消费—分配三维标准上都达到最优。但在现实世界中，仅仅只有少数公共产品满足"萨缪尔森式"纯公共产品的标准。[14]

上述主流理论均强调，公共产品（在消费端）的公共性质，会使其利益收益分配、外部效益补偿、免费"搭便车"等问题凸显，因此需要公共力量的介入。需要指出的是，公共产品的经济学逻辑忽视了供给者的合法性问题。在国内政治中，主权政府可以垄断公共产品供给权，公民交税也是基本政治义务，提供公共服务也是政府基本政治职责。但是在国际政治中，没有这样一个统一的"政府"存在，国际公共产品由谁提供是不明确的。按照经济学的逻辑预测，国际公共产品供给赤字与集体行动困境将长期存在，但为何在全球治理领域我们依然可以看到诸多大国会竞相推出不同类型的公共产品，那么国际公共产品供给与大国领导力构建存在何种因果关联？主权国家为何会克制自私自利行为，采取必要行动供给国际公共产品，从而构建起全球治理的合法性认同？

（二）"公共性—竞争性"分析框架

主流分析框架过多聚焦于消费侧,而忽视了供给侧分析。然而,"非排他性—非竞争性"逻辑仅仅聚焦公共产品的消费特征,而没有关注供给特征。实际上,无政府结构带来的最大难题不是消费,而是供给,过分关注公共产品的消费侧极具误导性。无论是霸权国还是新兴大国,当它们供给公共产品时,就已经知道其他国家会搭便车(由消费特点决定)。但是即便预期到他国会搭便车,大国也依然会供给公共产品,甚至供给公共产品的目的就是让别人来搭便车。如果霸权国因为预料到别人会搭便车而不供给公共产品,那么霸权稳定论也就没有了合理性。因此,国际公共产品在供给端则充满竞争性与不确定性。该概念杂糅了公共性、私有性与外部性特征,对此可以从下面两个方面进行理解。

一方面,促使公共产品的供给效率与消费公平之间存在矛盾张力。"公共性"存在一个假设前提:产品消费不存在严重拥挤,即一方消费不会排除其他人使用,也不会耗尽产品自身的属性。经济学意义上公共产品具有正"外部性",可以弥补市场无法处理的负外部性难题。例如污染问题就是市场无法解决的负外部性难题,从烟囱排放有毒物质给他人带来的成本,通常难以通过市场得到补偿。因此在效率原则之外,还需要引入公共产品的公平原则。国际公共产品的生产效率可能要求发展中国家为此做出更多贡献;但是在没有支付转移的情况下,对发展中国家的这些要求就是不公平的。基于公共性的程度差异,可以区分纯公共产品(pure public goods)与准公共产品(quasi-public goods)。[15]前者在消费上不存在拥挤性,但是后者容易产生拥挤效应,例如地下水资源、公共池塘资源、高速公路、俱乐部产品与卫星电视频道等。

另一方面,"公共产品"的命名方式存在一定的误导性。任何物品的"公共"前缀属性都不是固定的,而是在不同社会关系中呈现出不同形式。实际上,私有性与公共性都是社会互动所建构的社会结果,只有经过反复社会互动,那些潜在的集体消费品才可能变成事实上的公共产品。有关公共支出理论的早期研究通常也使用"社会产品"(social goods)一词描述具有共享性质的产品。[16]有学者主张引入公共产品分析的"社会学"视角,避免将公共产品视为一种固定的经济概念,而是一种社会建构的软性概念。[17]早在 1939 年,理查德·马斯格雷夫(Richard Musgrave)就讨论了公共产品的社会性概念,并强调公共产品嵌入在特定社会情境之中。[18]值得注意的是,萨缪尔森最初也称公共产品为"集体消费品"(collective consumption goods);近代福利国家供给的集体消费品是一种"准公共产品",其并不具有完全的非排他性与非竞争性,只是能够让一部分人在一定范围内普遍受益。[19]概言之,大多数集体消费品只是具有潜在的公共性,需要通过社会互动实践将其转化为实际的公共产品。

公共产品消费端的非竞争性与非排他性的前提是,所有人处于一个共同体内。例如国内公民都处于同一个政府的治理下,才能非排他性与非竞争性地消费教育、医疗、国防等公共产品,但是这些产品对国外行动者而言却具有排他性与竞争性。在国际组织层面,组织内部的成员国所享受的公共产品,是不对外开放的,也就具有排他性与竞争性。例如欧盟成员国之间享受货币统一、自由流动与共享安全的区域公共产品,这些产品的好处是非欧盟国家享受不了的。概言之,任何公共产品都是有边界的,该产品对边界之外的行动者是排他的;边界内部则共享消费,对外部行动者造成外部竞争效应。

表 2.2　公共产品供给的经济维度与政治维度差异

经济维度	政治/社会维度
A. 公共产品供给作为一种利益手段 (免费捐赠作为一种生产手段,由市场之外的公共部门供给,政府需要收税,供给公共产品满足各方利益)	C. 公共产品供给是一种社会吸引纽带 (无偿奉献促进社会整合与基础性社会建设,吸引其他行动者消费;无偿服务实现公共领导力价值)
B. 公共产品供给具有非排他性与非竞争性 (与市场上产权清晰的产品不同,公共产品谁都可以享受,因此容易在理性人利益自私的情况下引发搭便车难题,没人愿意供给公共产品)	D. 公共产品供给作为政治合法性来源 (公共产品的公共性意味着供给者具有公共权威;主动供给公共产品的行动者可以激烈政治支持,通过服务群体利益换来追随者信任,供给公共产品成为获取政治领导力的关键路径)

资料来源:笔者自制。

如表 2.2 所示,公共产品的经济逻辑与政治逻辑存在很大差异。从政治学角度来看,供给公共产品的目的不在于经济成本与收益计算,而在于政治领导力与合法性的考量。在国际政治中,国家之上不存在超国家的代理机构[20],公共产品由谁提供是不明确的。实际上,无政府结构引发的最大挑战是供给端的竞争性,过分关注消费端则具有误导性。历史经验表明,新兴大国只有比霸权国供给更好、更优质的公共产品,才能在争夺影响力的竞争中胜出。当主要大国为了扩大国际影响力希望尽量多地吸引消费者,就会导致大国在重叠的供给端的竞争加剧。[21]

(三) 国内与国际公共产品的异同

国内政治与国际政治的结构不同。在国内政治中,国家属于连贯、独立的单元,统一分配国内资源;政府具有治理的合法性,政府供给公共产品的基础是民众纳税。在这种委托—代理模式中,作为供给者的政府本身具有合法性,因而其供给的产品也就"天然"具备公共性。在国内政治中,公共代理人的领导职责体现在两大方面:其一,解决市场失灵难题。提供纯公共产品、准公共产品;解决"公用地悲剧"的外部性效应,凝聚行动制定规则;调动区域个体的积极性,集中资源服务公共利益;其二,促进社会公平。保护区域弱势群体,促进分配公正,给予基础社会保障,进行合理的再分配与价值塑造。[22]国内政府供给诸如国防、公共建设、社会福利等,换取民众的支持与认可。然而在国际层面,并无连贯一致的超国家政治单元,无政府成为常态。

在无政府状态下,界定和供给国际公共产品的过程本身就充满不确定性。尽管霸权国可以发挥准政府作用,但是其公共属性与供给能力常常受到挑战,这也使国际公共产品面临被私物化的可能,而且霸权国供给能力与意愿往往并不如国内政府那般稳固。概言之,国际公共产品供给者的合法性先天不足,霸权国也好,其他大国也罢,都面临本国利益与全球利益的平衡问题。为了梳理和对比国内外公共产品的特点差异,表2.3对国家公共产品、国际公共产品与全球公共产品的主要维度进行总结,从中可以看出,国际公共产品与全球公共产品的消费与供给的竞争程度高于国内公共产品。尽管全球化的国家之间高度相互依赖,但是满足这种依赖需求的超国家力量过于薄弱,以至于国际公共产品的供给协调异常复杂多变。

表2.3 公共产品的供给层次性对比

	国家	国际	全球
权威分配	高度集中/中央政府	多层分散/区域组织	分散碎片/全球象征机构
强制手段	法律、警察与军队	国际软法、仲裁庭	联合国安理会
权责义务	分工明确:公民出让利益,政府代理公益	较为明确:区域组织集体协调,主权政府参与讨论	不明确:联合国安理会垄断否决权,联合国大会不决策
供给激励性	依靠税收供给公共产品,同时激励市场与个人参与	依靠会员费供给公共产品,给予区域领导国或非政府组织激励	依靠风险共担集体供给或霸权供给,对多元行为体激励有限
消费可及性	可及性较高,纳税人不需要"搭便车"	可及性不确定;弱小国家"搭便车"	可及性不足;所有国家"搭便车"现象严重
绩效评估	政府质量与民生善治	区域和谐秩序与繁荣	人类道义与共同利益
竞争性	消费非竞争与非排他;供给无竞争(政府主导)	消费非竞争与排他(区域外行动者);供给竞争(区域领导国之间)	消费有限竞争与排他;供给竞争严重(崛起国与霸权国;集体行动的竞争)
私有化风险	政治监督,风险低	集体监督,风险中	无政府状态,风险高

资料来源:笔者自制。

第二节 政治学维度下的公共产品概念

公共产品是一种人造物,是不同行为体之间的复杂互动所建构的社会性产物,也就不可避免地带有政治属性。换言之,"公共性"不是公共产品的天然属性,而是后天社会建构的产物。国际公共产品不是国内公共产品的简单范围扩展,不是简单的经济计算问题,其背后存在复杂的政治计算逻辑。正是在这种政治交换的社会互动进程中,领导者通过直接或间接地进行引导、吸引或协商,获得追随者的同意或默许,从而促进集体行动,以服务于特定共同体中的共同目标。

(一) 社会产品的公共性构建

早期公共支出理论的"社会产品"(social goods)一词指涉所有具有共

享性质的产品[23]，避免将公共产品视为一种经济学概念，而是突出其社会建构特征。有学者主张引入公共产品分析的"政治学"视角，避免将公共产品视为一种固定的经济学概念，而是一种合法性建构的政治学概念。[24]正是因为公共产品具有一定的社会基础，是社会集体互动的产物，因此不能简单视为一个经济学概念。公共产品的政治学概念强调其具有的合法性与公共性特点，大多数集体消费品需要具有政治领导力的行动者供给，消费者对供给者的合法性认可取决于产品的公共性程度。

首先，公共产品的最初原型是嵌入在一种社会关系中的集体消费品。不论是部落、社团、家庭还是国家供给，这种消费品是否成为事实上的公共产品，往往取决于社会互动与政策选择。换言之，任何产品的公共性和私有性是一种社会建构结果，取决于互动进程。例如，一块土地可以向所有人免费开放，也可以用栅栏围起来使其具有排他性。即便具有很强公共属性的自然类公共产品（如空气、阳光与雨水），通过人为立法、规则与竞争也能变成私有产品。其实，公共产品的数量和边界很多时候是模糊的。例如，在政治层面，或间接在行政层面，公共产品不能用市场经济逻辑购买，只能通过公共服务来换取，所有人都为公共产品的生产出力，所有人也都享受公共产品的好处。这种社会导向的公共产品供给，取决于社会构建的"社区"政治目标与群体边界。

其次，由于政治社会条件差异，公共产品的公共性质也在不断发生变化。例如，"灯塔"常常被经济学家作为公共产品的典型案例。对此罗纳德·科斯（Ronald H. Coase）指出，"灯塔常被错误地视为公共产品"。灯塔服务本身是一种非竞争性和非排他性的产品，这一点没有争议，但历史表明，一百年前该服务由私人业主提供以获取利润，表明这曾是一种私人物品。[25]在一百多年时间里，海上运输和通信的技术、组织模式和政策发生了剧变。根据科斯的研究，第一批灯塔出现在 17 世纪初。在这个第一阶段，相当一部分灯塔（大约 50%）是由私人经营的。1836 年，英国议会决定所有灯塔都应由公共当局管理，长期私人经营的灯塔才完全依靠政府集中管理。由此，是"灯塔服务"，而不是"灯塔本身"才具有公共产品。尽管所有经过灯塔附近区域的船只都能看到光束，但这种服务提供的政策制度变化决定了"灯塔服务"是公共产品还是私有产品。科斯的灯塔研究表明，公共产品与私有产品两者之间的界限本质上是社会构建的。[26]

再次，"非排他性—非竞争性"的二维划分掩盖了公共产品的社会政治属性。正是因为公共产品的"社会政治"属性，其难以通过市场手段供给，需要有政治领导者来承担供给成本。由此，为高效生产社会群体所需要的公共产品，就需要领导者来克服成本与收益不平衡问题。尽管市场经济也存在互惠性，但这些互惠往往强调等价交换，是利益竞争的副产品。作为"社会产品"的公共福利具有不对称互惠性，能够承担供给责任的行动者会获得较高的社会地位或政治认同。这些潜在的供给者需要表现出"大公无私"的立场，就像政府部门强调服务公众的立场一样，需要克制自我利益冲动实现集体服务与个人利益的平衡统一。在国际社会中，诸多集体消费品能否真正被所有国家所享用，需要通过大量社会建构与政策协调。在政治协商过程中，有关各方就提供哪些物品、生产多少、如何塑造这些物品，以及谁来提供这些物品的组成部分进行谈判和达成协议。[27]

因此，任何产品的"公共"属性都不是固定的，而是在不同社会关系中呈现出不同形式。公共性和私有性是一种社会建构结果，取决于社会互动进程。传统的公共产品理论围绕消费的非竞争性与非排他性，透视了公共产品供给不足的集体行动困境。但是忽视了供给方的道德动机（利他与使命）、政治动机（正当与权威）与社会关系动机（礼物和互惠）。[28]反思公共产品供给的经济分析局限性，就是要认识到公共产品的社会与政治属性，而非简单地进行成本收益计算。[29]

（二）国际公共产品的供给竞争

无政府状态下的公共产品的最大难题不是消费，而是公共产品的供给。[30]然而由于消费国的数量是既定的，大国在重叠领域的同质化供给必然加剧竞争分化。正如卖同样质量产品的商家之间，竞争往往最激烈一样，大国之间的供给竞争是没有硝烟的战争。一方面，面对潜在的战略竞争者，霸权国完全有可能将国际公共产品私有化，建立排他性的消费门槛，或利用其他国家的不对称消费依赖进行剥削、压制或威胁。[31]国际政治中的权力竞争会迫使潜在消费国选边站队，形成消费与供给依赖的排他性政治圈子。另一方面，对于新兴大国而言，只有供给比霸权国更好、更优质的公共产品,才能在争夺影响力的竞争中胜出。"我为人人,人人为我。"只有其供给的国际公共产品被消费得越多越广,其国际影响力与领导力才越受到认可。为了在竞争中占据优势,新兴大国有动机尽可能发挥比较优势,以培育或增强自身国际领导地位。具体而言,国际公共产品的供给竞争体现在以下两方面。

一方面,当新兴大国与霸权国供给的国际公共产品功能趋同,供给竞争将被激化。强者"让利"可以交换弱者"承认",因此大国通过主动供给公共产品可以扩大自己的国际影响力。[32]但由于消费者的数量是既定的,大国为了扩大国际影响力希望尽量多地吸引消费者,就会导致大国在重叠的供给侧竞争加剧。另一方面,大国也会根据需求的轻重缓急,对供给领域进行选择性安排。从效率上看,只有供给那些有比较优势的公共产品,才能更容易满足国际社会的需求。供给什么不仅要基于别人需要什么,也要基于自己擅长什么。[33]一般而言,发展类公共产品与安全类公共产品是国际社会的刚性需求,涉及国家与国际社会的生存,具有供给优先性;其次规则类公共产品与价值类公共产品,是基本需求得到满足之后的更高层次的需求。

在权力转移阶段,霸权国与崛起国供给的国际公共产品可能出现重叠竞争,要区分供给重叠的领域,以及重叠的程度和类型,这样有助于找到新兴大国供给国际公共产品的利基优势。

其一,在战略意图不明朗情况下,霸权国会对任何修正既有全球治理体系的尝试高度敏感。合乎逻辑的问题是,如果崛起国缺乏对霸权国的沟通和安抚,那么其供给国际公共产品的行动将可能招致当前霸权国及其支持者的过早反击。因此供给新型国际公共产品充满一定风险,创造一个对霸权秩序可以接受的新体系需要长时间的努力和等待。无论是战时还是平时,试图修正现有治理秩序,都可能引发地缘政治竞争。此外,霸权国及其支持者对即使是话语上的新方案与治理倡议也比较敏感。正如兰德尔·施韦勒(Randall L. Schweller)和蒲晓宇所强调的那样,单极体系下的改革方案被视为一种公开挑战和修正主义信号,希望完善全球治理体系的新兴国家都会被贴上破坏者的标签。[34]这意味着,新兴大国必须权衡利弊再择机供给国际公共产品,要"韬光养晦"积累能力。

其二,公共产品供给的合法性竞争,促使大国欢迎潜在消费国"搭便车"。争夺国际公共产品的供应权也是一场没有硝烟的战争。大国主动供给国际公共产品的动机并不能完全归因于经济学动机,而是因为供给公共产品、服务他人会给供给者带来社会地位与政治影响力。从政治学的合法性角度理解,大国通过主动供给公共产品吸引别国"搭便车",让他国获益的同时也会增加自身合法性基础。[35]换言之,欢迎他国"搭便车"不再是简单的经济收益问题,更是一个重大的政治问题。

其三,大国围绕等级地位进行供给竞争。国际政治的地位分化大多是纵向的,霸权国与新兴大国共同竞争优势地位,追求其他国家难以企及的战略声誉、国际威望与战略影响力。国际公共产品供给的霸权稳定论直截了当地指出,当国际政治中存在一个强有力的主导大国时,国际体系中的所有国家就会因此受益。相反如果没有一个霸权者,世界体系就会出现混乱。[36]该理论先入为主地认为国际公共产品的最优供给模式来自霸权国,其逻辑谬误在于"因为需要(霸权国),所以(霸权国治理)有效"。

最后,权力转移阶段的公共产品供给是权力竞争的"副产品"。在不同阶段国际公共产品会经历建设、发展、退化与消亡的生命周期。在建设与供给阶段,如何提供受共同体欢迎的产品或服务是关键所在。在维护阶段,公共产品的功能已经发挥了一段时间,可能面临转型升级或维修养护以满足新的需求或避免自我损耗。在国际领导权转换时期,崛起国与霸权国可能就如何处理既有的国际公共产品产生分歧。崛起国是嵌入在原有公共产品框架内进行改良维护,还是另起炉灶建立新的公共产品平台?霸权国是继续坚持在传统公共产品集团内保持领导地位,还是愿意吸纳新兴崛起国分享国际领导权?彼此的不同选择会增加供给竞争的激烈程度,造成公共产品领导权争夺。

当然,国际公共产品供给竞争并非必然"零和"的结果,全球治理的复杂性与功能分化,为不同大国合作供给公共产品提供了可能。这种逻辑强调,国际公共产品可以进行"分治"模式,即两个超级大国分别领导和支配一部分小国从而形成两个壁垒分明而又相互对峙的集团或阵营,这种合作博弈思路,有助于跳出零和博弈思维,但在现实操作中依然面临诸多挑战。竞争,是公共产品供给绕不开的难题,可以缓解但无法消除。

第三节　国际公共产品的霸权供给模式

查尔斯·金德尔伯格(Charles P. Kindleberger)提出的"霸权稳定论"指出,20 世纪 30 年代衰落的霸权国英国缺乏供给国际公共产品的能力与意愿,而此时作为新兴"崛起大国"的美国则奉行孤立主义,由此全球治理的霸权缺位引发国际经济危机。[37] 基于此,霸权稳定论的假设前提是:为了维护全球公共利益,必须有一个有实力、有能力的领导者供给必要的国际公共产品。霸权国通过自我牺牲,独自承担建立全球治理体系的成本,以换取搭便车者的政治认同。

金德尔伯格指出,在世界经济中缺乏领导力,当时英国太弱,不愿意供给国际公共产品,因此出现国际经济危机。[38] 这种"稳定器"的隐喻与罗伯特·吉尔平的世界经济单极化论点类似。在《世界政治的战争与变革》一书中,他指出,无政府状态难以被超越,除非存在一个普遍帝国。[39] 吉尔平的"普遍帝国"和金德尔伯格的"稳定器"论点,都强调美国霸权是维护全球秩序的后盾,这是西方学术界的自我偏见。[40]

(一) 三种国际公共产品供给模式

经济学主张进行有约束力的合同约束,明确产权、作出可信承诺、建立垂直性的合作共同体,来"推动"自利的行动者去为公共利益服务(本质上是为自己服务)。杰克·赫什利弗(Jack Hirshleifer)曾主张根据国家的贡献程度(供给侧),而不是消费特点,来界定国际公共产品。据此国际公共产品可以分为:累积加总(Summation)、权重加总(Weighted Summation)、最强注入(Best Shot)与最弱链接(Weakest Link)四种。[41] 其中,"累积加总"与"权重加总"模式可以归于同一类,两者只存在程度差别。由此,国际公共产品供给的贡献模式存在三大类:"累积加总"或"权重加总"模式、"最弱"供给或"较弱"供给模式、"最强"或"次强"供给模式(参见表 2.4)。[42] 此外,斯科特·巴雷特(Scott Barrett)也主张从供给侧角度将国际公共产品细分为五类:单一最大努力型(某个单一的国家提供);最薄弱环节型(所有国家合作,最弱小国家决定成败);联合努力型(国际集体努力);相互限制型(需要共同不做什么);协调型(通过协商达成共识)。[43]

表 2.4　国际公共产品供给的贡献度

贡献度	相关案例	对应理论	政策启示
（一）累积加总/权重加总模式：公共产品的整体水平取决于所有国家的贡献综合或权重累加	保护雨林、应对气候变化、遏制空气污染、减少酸雨行动等	国际制度供给论	引入新参与者，鼓励贡献额外收益；对不平等问题再分配
（二）最弱/较弱供给模式：最弱小国家或第二弱小国家的贡献决定整体供给水平	国际发展、消除贫困、建设基础设施网络等	发展援助理论	以低成本方式将收益转移至最弱国家；关注相对弱者的能力建设
（三）最强供给/次强供给模式：最强国家或第二强大国家的贡献决定整体供给水平	防止卫星撞击地球、研发疫苗、创新全球治理机制	霸权稳定论、崛起国供给论	允许分配不平等，激励霸权国或崛起国供给公共产品

资料来源：修改自 Todd Sandler and Daniel G. Arce，"New Face of Development Assistance：Public Goods and Changing Ethics," in Eric Brousseau, Tom Dedeurwaerdere and Bernd Siebenhuner eds., *Reflexive Governance for Global Public Goods*, Cambridge MA.：MIT Press, 2012, p.65。

第一，"累积加总"与"权重加总"模式（Summation/Weighted Summation）。该模式需要通过国际协调、协商达成共识，因此往往面临较高的集体行动成本。依托国际联盟或国际制度平台推动、协调多方诉求，治理进展往往也比较缓慢。在理论上，"累积加总"模式主要对应"国际制度的供给论"。以罗伯特·基欧汉（Robert O. Keohane）为代表的新自由制度主义者指出，霸权衰落之后其主导建立的国际制度本身具有惯性，为全球合作提供充足信息、契约约束与利益分配的功能，依然可以促进国际公共产品的供给。[44] 但是国际制度安排本身需要集体行动，因此制度模式无法解释制度的起源和自我内生性问题。对此社会建构主义者认为，没有霸权和制度的共同体，如果共享强烈的共识与价值规范，那么内化的身份认同就会成为公共产品供给的强大驱动力，这时供给公共产品不再是仅服务于国家利益的计算，而是成为融入共同体和展示社会集体身份的重要方式。[45] 当然，国际规范的形成与扩散过程非常缓慢，价值规范也具有排他性，不利于全球治理的公平包容。

第二，"最弱"或"较弱"供给模式（Weakest Link/Weaker Link）。在不存在绝对权力中心的国际关系中，全球治理的集体行动依赖于讨价还价的利益分配结果。但全球化时代的相互依赖，使得讨价还价很难给出清晰的获利与损失边界，并强调对短期和长期利益的平衡。因此"最弱"或"较弱"供给模式关注弱势群体的能力建设。如在预防传染病传播或变异方面，贡献最少的国家将决定着能否根除疾病的概率，最不积极的国家将决定能否防止病毒扩散。为激励最弱国家（最贫穷或最脆弱者）参与全球治理，需要通过援助等方式进行国际支付转移，帮助其自力更生建立参与全球治理的能力，避免在防止疾病传播、保护臭氧层与大气变暖等集体行动议题上，出现"最弱"短板。除了最薄弱的那一环，较薄弱短板或第二小贡献国家，也会制约国际公共产品的供给。[46] 随着全球各国经济发展水平差距的扩大，在最优或较优供给模式下提供的"免费搭便车"方案，将增强全球治理合法性。

第三，"最强"或"次强"供给模式（Best-shot/Better-shot）。供给水平由最大贡献者的努力决定，即供给水平由强国能力与意愿决定。科学基础研究、国际通信卫星、国际气象服务、互联网服务及其知识的共享等国际公共产品，需要由发达或富有国家提供。在最强供给模式下，最强者的霸权国允许和默认其他国家"搭便车"。"最强供给模式"对应霸权稳定论，即国际公共产品来自霸权国的自愿供给。但是，现实中实力最强的霸权国家也可能破坏国际公共产品成果，违背"霸权稳定论"逻辑。由此，当霸权国供给能力与意愿不足时，次强的崛起国的供给行动与意愿就显得尤为重要。为了防止霸权国将国际公共产品私物化，调动崛起国（次强）的积极性则有助于培育更多新型公共产品。对大多数实力不断上升的崛起国而言，积极供给公共产品是获得合法性认同的关键，因此供给意愿往往较为强烈。

（二）霸权供给模式下的合法性争议

在没有世界政府的情况下霸权国如何生产公共产品，这是一个关涉合法性基础的根本性问题。理性主义路径认为，供给公共产品的意愿取决于回报与成本的权衡，如果潜在供给者的预期收益超过了成本，那么就具有供给动力。[47] 若领导者候选人的预期收益超过投入公共产品的成本，那么潜在领导者就会积极参与公共事务。而在多个候选人竞争的格局下，领导者不仅要供给满足集体期望的公共产品，而且也要论证与展示自己的比较优势，表明自己的解决方案最符合集体利益。

大国供给国际公共产品的驱动力，源于被认可的合法性。与经济学相比，政治成本和收益不能通过物质成本来评估，而是需要将权威、合法性纳入其中需要算一笔政治账。在诺曼·弗罗利希（Norman Frohlich）等人撰写的《政治领导力和集体产品》一书中，公共服务就是政治领导力的等值表达。[48]一个不能供给公共产品的领导者，则将失去合法性。纵观历史，大英帝国与美国供给的国际公共产品是不充分的，需要引入外部竞争者，激励全球领导者的供给能力。17世纪英国对荷兰，19世纪拿破仑法国与普鲁士德国对英国的竞争压力，都激发了领导者为追随者供给公共产品的动力。霸权是国际体系中国际公共产品的稳定供给者。但实质上，霸权秩序中存在不平等权力交换关系。霸权国通过供给公共产品维持秩序稳定，换取从属国的服从。[49]

第二次世界大战结束后，各种版本的霸权稳定论研究集中在诸如霸权国与国际公共产品之间的联系、权力过渡时期的战争原因，以及霸权秩序稳定性等话题。[50]1971年罗伯特·吉尔平系统提出霸权结构与国际经济开放之间的关系。1973年查尔斯·金德尔伯格则引入"领导力"（leadership）概念，认为之所以发生大萧条是因为没有大国肩负起国际领导者（"稳定器"）责任；并直接将30年代的大萧条归因于英国霸权衰退。这种简明的政治经济逻辑，契合了战后美国的全球战略需要，使得霸权稳定论在西方广受欢迎。[51]但是霸权国家的地位并非总能够保持不变，霸权供给模式随着利益份额变化，供给能力和意愿都可能下降，这样就容易引发全球治理赤字难题。随着时间的推移，权力和财富的分配发生了变化。旧的秩序仍然存在，但支持它的物质能力的基本分布已经被侵蚀，国际秩序与权力和价值分配之间出现了"失衡"。最终，越来越强大和富裕的一个或多个国家寻求改变秩序以反映其利益。

霸权稳定论还有个隐含假设：集体行动是不可能的。自由制度主义者对此进行反驳，霸权之后可以存在国际公共产品的"制度供给"[52]。自由制度主义认为，霸权稳定论将公共利益寄托于一个盛衰无常、意图不定的霸权国身上，未免过于简单。实际上，即便国际社会没有霸权国存在，依靠国际制度本身也可以创建诸多公共产品，激励集体行动。自由制度主义进一步认为，提供公共产品的集体行动问题可以通过建立国际制度来缓解。从概念上看,国际制度是在国际关系特定领域中,行为者的期望所汇聚的或明示或默示的原则、规范、规则和决策程序。[53]制度可以减少国际协调的交易成本,使大量行为体的集体合作更容易实现。[54]例如,乔安妮·高娃(Joanne Gowa)认为,虽然自由贸易协定可以限于选择参与的国家(存在排他性),但自由贸易体系在稳定实施后确实能产生公共产品。[55]

第四节　超越"金德尔伯格陷阱"之叙事

霸权稳定论强调,危急时刻迫切需要一个具有道德感召力的领导者做最后的供给者。[56]基于此推论,2017 年,哈佛大学教授小约瑟夫·奈(Joseph S. Nye)提出,若曾拥有领导地位的霸权国家既无意愿、又无能力提供必要的国际公共产品,而新兴大国也无力提供,那么会造成全球治理领域出现领导力的真空,使全球治理体系处于混乱状态,导致全球安全危机,这就是"金德尔伯格陷阱"[57]。这种叙事忽视了新兴大国的公共产品供给能力与意愿。

(一) 反思霸权稳定论的逻辑前提

没有霸权国的国际体系必将面临混乱吗? 霸权稳定论假设"世界经济要稳定,就必须有一个稳定者"[58]。然而研究表明,领导者既非提供国际公共产品的必要条件也非充分条件。[59]公共产品理论不需要将供给特权限制在一个国家,为国际经济基础设施做贡献的行动者是多元的,甚至有时需要两个以上国家形成一个供给集团。霸权之后的国际制度将大多数国家的供给贡献汇总起来,形成责任共担、权益共享的真正的国际公共产品。即使在没有霸权国的情况下,也可以构建国际制度来促进集体合作。霸权稳定论的争议体现在下列两方面。

一方面,霸权稳定论的前提是霸权国的战略克制。为全球利益供给公共产品则是维持霸权的重要方式。国际公共产品的霸权供给模式一定程度上解决了集体行动困境,承担公共产品供给的国家使更多行为体受益,以便获得持久的合法性支持。但是并非所有霸权国都进行战略克制,霸权国存在"王道"与"霸道"的区别。实际上,历史上还存在"霸权国搭便车"的现象。按照能力与责任成正比的常规思维,霸权国家实力最强、责任最大,理应积极承担全球领导责任。然而国际关系与国内政治的最大区别在于责任不定,没有固定的制度或契约要求霸权国必须承担主要责任,只有在霸权国自身意识到主动供给公共产品与其霸权维持直接相关时,为了后者才会供给公共产品。需要明确的是,国际体系的强国领导力是公共产品供给的必要条件,但不是充分条件,在最极端情况下领导国家不仅会搭便车,还会惩罚或阻挠供给国际公共产品的行动者。

另一方面,供给能力受到主观信念的影响。全球稳定需要一个领导国家,但只有良性的霸主才能发挥这样一个"稳定器"作用。主观信念会放大或削弱实力的影响效果,即便金德伯格关于国际公共产品供给需要霸权国家的论点绝对正确,但他也没有令人信服地解释为什么霸权国家会主动发挥所"需要"的确切作用。美国的政策精英们推动美国在世界扮演"仁慈"霸主角色,既有现实主义利益考量,也有理想主义的国际道义动机。约翰·伊肯伯里认为,战后基于规则的自由主义国际秩序之所以存在,是因为美国希望其霸权的"领导力"权威被广泛接受,而且维护和扩大这一国际秩序与美国的国家利益是相互统一的。由此他暗示,美国所谓"仁慈霸权"会长期延续下去。[60]对此查尔斯·库普乾(Charles Kupchan)则不同意这种说法,他预测会出现一个"无霸权的世界"。全球金融危机事实上会削弱霸权国及其创建的国际机制的合法性,导致权力从霸权国向其他国家发生根本性转移。[61]换言之,在变动不定的历史上,没有一个国家的力量足以建立长久不衰的全球规范,也没有一个国家联盟能够就治理规则达成足够广泛的共识。

(二)国际公共产品的霸权供给难题

第二次世界大战结束后,各种版本的霸权稳定论研究集中在诸如霸权国与国际公共产品之间的联系、权力过渡时期发生战争的原因,以及霸权秩序稳定性等话题。[62]霸权国供给国际公共产品,根本上是为霸权服务的,国际公共产品就是换取政治支持的工具。第二次世界大战后,美国启动了"马歇尔计划",与其他战胜国联合设计了"布雷顿森林体系",创立国际货币基金组织和国际复兴开发银行(后演变成为世界银行),并催生出一批区域开发银行。即便霸权国拥有结构性的权力优势,也不可能在所有议题上具有供给优势。随着国力变化或竞争态势扭转,公共产品的数量与质量都可能发生改变。因此霸权稳定论叙事是一种经不起推敲的霸权话语,其面临的逻辑难题如下。

其一,霸权国与全球稳定之间不存在必然因果关系。尽管霸权国有着突出的实力优势,但是国际公共产品的供给与实力之间的因果关系并不成立。[63]相关研究表明,权力集中和自由贸易之间呈现出一种"U形"关系,这意味着霸权供给模式之外,还存在着小集团领导或制度网络供给模式。[64]而且霸权国不成比例地受益于国际公共产品,长远上收益远远大于成本,而且制度化的收益本身是可持续的。[65]例如,第二次世界大战后,美国在全球贸易、货币和安全方面获得了巨大回报。在贸易领域美国系统性地享受更多物美价廉的进口服务和产品;美国国内经济长期依靠美元霸权支撑,通过汇率操纵征收全球"货币税"。尽管所有国家都能从全球体系中获益,但是对于最具实力和制度优势的霸权国而言,它的资源汲取能力和相对网络中心地位是最显著的。因此将全球稳定与发展简单与霸权联系起来,不仅逻辑上存在问题,而且与历史上部分霸权国破坏全球治理的现实也不相符。

其二,霸权国可能将国际公共产品"私有化",强制或排斥消费。"仁慈"的霸权国单方面提供国际经济基础设施,承担不相称的成本,目的是通过做贡献强化领导地位。如果出现挑战者或竞争者,霸权国完全有能力和意愿将国际公共产品私有化,建立排他的门槛,或者利用其他国家的不对称消费依赖进行剥削、压制或威胁。例如,2022年2月24日俄罗斯与乌克兰爆发军事冲突后,美国宣布把俄罗斯排除在全球清算系统(SWIFT)之外,并冻结俄罗斯央行资产。俄罗斯中央银行拥有外汇储备6 300亿美元,其在西方国家中央银行或托管银行存放的3 000亿美元遭冻结。霸权必然是胁迫性的,其施加的杠杆作用可以采取许多不同的形式,包括消极的制裁(威胁),积极的制裁(奖励),市场激励机制的重组,意识形态的领导,或者是值得效仿的成功经验。[66]例如北约与美国的亚太联盟网络在冷战期间发挥了均势制衡的功能,但是在冷战后则成为霸权的私有物,变成干涉打压他国的工具,制造区域动乱与冲突,其原本维护和平的公益性质发生异变。

其三,霸权稳定论具有误导性,将霸权国美化为"仁慈大国"。在霸权稳定论文献中,"仁慈"的确切含义很模糊。霸权稳定论强调,需要一个负责任的行为者来维持开放的全球商品市场,提供长期贷款和稳定的汇率体系,协调宏观经济政策,并履行"最后贷款人"的职能。这种叙事将美国霸权放置于道德高地,隐含地认为支持现有全球秩序是理所应当的。[67] 在查尔斯·金德尔伯格之后,美国国际关系学者在很大程度上接受了"美国是仁慈霸权"的观点,这种观念对理解美国和其他国家之间的关系产生了误导。实际上,大国利益很少有纯粹的"仁慈"考量,供给国际公共产品也非利他主义。即便霸权国具备供给国际公共产品的能力,并不代表就具有供给的意愿和良性意图。因为"供给能力"是"供给实力"与"良性意愿"的乘积。如果国际公共产品供给意愿不强或不符合其利益,或者当霸权国的战略利益受到威胁,这时所谓"仁慈霸权"则不再"仁慈"。霸权国的动机很难确定,"仁慈"是一种理性工具选择,还是道义牺牲,主流文献语焉不详。

霸权稳定论叙事简单寄托于霸权国的仁慈,没有评估崛起国供给国际公共产品的意愿。实际上,一个霸权国在发展的不同阶段,会有不同的供给意愿。例如第二次世界大战后的 70 年内,美国对公共产品供给的态度就发生了几个显著转变,充当"强制性"霸权,还是扮演"良性"领导角色,或者根本不扮演任何领导角色,很大程度上取决于其对供给国际公共产品的主观理解。全球治理的合法性是道义获得认可的结果,也取决于其供给的国际公共产品是否被广泛接受,是否能证明霸权的道义性质。

第五节　新兴大国的供给能动性与优势

自 2008 年全球金融危机以来,全球治理格局发生深刻变化。西方国家的孤立主义情绪与反全球化思潮日益高涨,新兴国家的治理意愿与能力则显著提升,全球治理体制变革乃大势所趋。随着霸权国的全球治理能力与意愿下降,以中国为代表的新兴大国则顺势而为,承担了更多的全球治理责任。随着中国参与全球治理的深度不断强化,加快国际公共产品的供给机制研究意义重大。中国要发挥更大国际影响力,需要让崛起惠及全球。"一带一路"、亚投行与"人类命运共同体"倡议,体现出中国与世界关系的深刻变革。供给中国特色的国际公共产品需要着眼中长期规划,以服务国际社会为战略手段,促进全球治理体系扩容、升级与优化。

（一）供给能动性与合法性塑造

政治权力竞争（选边站队、亲疏分配、北约俱乐部、小圈子）会扭曲国际公共产品的非排他性与非竞争性，即便崛起国提供的公共产品物美便利，依然会被指责为别有用心，污名化的公共产品就很难被信任或自愿消费，形成一方供给过剩一方不愿消费的扭曲供需关系。新兴大国需要更多战略耐心，在时间视野上区分短期（可以实现，竞争烈度小）、中期（可以实现，竞争烈度大）、长期（实现困难，竞争烈度大）的公共产品供给方案，提供符合时代趋势的国际公共产品。具体外交策略如下。

第一，以"质优价廉"的比较优势产品赢得信任。在全球治理变革阶段，新兴大国需要增强新型公共产品的"公益性"或开放性（降低排他性），或者通过更多让利行为或"体验营销"的方式，扩大消费范围与关注度，主动欢迎他国"搭便车"。当供给者面临其他供给国的竞争时，将迫使调整叙事策略与产品设计方案，突出比较优势，提升消费国的消费满意度，改进产品效能。[68]例如，中国提出共建"一带一路"倡议，一方面有助于改善中国国际形象、提升软实力；另一方面确实能满足沿线发展中国家面临的巨大基础设施建设、项目融资与发展经验方面的需要。因此，供给国际公共产品尽管要付出成本，但长远上依然对供给者是有利的。

第二，注重国际公共产品供给的"对比效应"。竞争诱发了供给动力，使区域领导国关注并回应本区域国家的需求偏好。此外，要化解消费疑虑，有效的平衡方法是沟通、关心与换位思考，让大多数人都意识到人类都在一条船上，放下地缘政治与冷战思维心理定势，才有助于打开新的合作空间。立足当下往前看，如今的霸权国与新兴大国都需要反复向对冲国家保证，它们会随时帮助其解决地区问题，支持与满足各国对全球治理的迫切需求。

第三，着眼长远，塑造未来愿景。保持一种为他人服务的心态，能让崛起国走得更远。着眼于长远，需要看到在公共产品的生命周期阶段及时维护与升级部分服务功能。[69]传统的公共产品理论只关注公共产品的供给与生产，忽视其后续阶段的维护与衰败过程，因此缺乏动态的视野理解公共产品的生命周期。仅仅关注公共产品本身的消费特征（非竞争性与非排他性），无法解释为何有些公共产品比其他公共产品更受欢迎？也不能解释为何有些公共产品在供给之初受到普遍认可，但后来却被大家遗忘与放弃？理解公共产品的竞争性需要引入动态视野，将时间变量纳入公共产品竞争中来。崛起国与霸权国的时间视野可能存在差异，崛起国未来潜力巨大，因而更加看重长远，霸权国相对衰落，因而更加关注现状，这些不同时间视野会影响双方供给国际公共产品的意愿与方式。崛起国如果恪守战略耐心，则会着眼于中长期改变国际格局的公共产品生产与创新，在面对既有公共产品平台时会保持开放加入与维护的姿态，避免过早刺激霸权国的防范制衡；但霸权国担心自己的优势在不久的未来被进一步削弱，因而很看重既有公共产品平台的合法性与影响力，对于崛起国修改、脱离或批评现有国际公共产品机制更加敏感，因此会将战略重点放在试探与观察崛起国的战略意图上。

（二）国际公共产品的差异化供给路径

国际权力转移中的主要大国会围绕全球治理主导权展开激烈竞争，新兴大国与霸权国会就如何供给国际公共产品产生分歧。权力转移阶段的新兴大国的理性供给策略是什么？霸权国是继续坚持在传统公共产品集团内保持领导地位，还是愿意吸纳新兴大国分享国际领导权？供给竞争压力要求新兴大国保有足够的战略定力与战略耐心，采用审慎与明智的战略。

一方面，新兴国家需要以差异化供给争取合法性。作为新兴国家，中国的国际利益与传统大国之间既有分歧也有重合，如何学会柔性地调和自身利益与全球利益之间的张力，是中国迈向全球大国的必经考验。强国之所以愿意承担全球治理的"公共成本"，根本而言是为了维护自身在国际体系中的领导力，并由此而获得更大的合法性支持。小国由于能力有限而贡献太小，"搭便车"是其理性行为；但是强国如果不愿承担"公共成本"就会面临合法性压力。霸权稳定论指出，提供公共产品是霸权国家的固有责任，而且霸权国可以通过提供公共产品来巩固自己的利益。与历史上其他大国相比，新兴国家是否会创造出新型公共产品，进而增强国际社会福利？这是可能的，也是必要的。新兴大国在供给国际公共产品时，力求在政治利益和经济利益之间保持平衡。生态位战略表明，崛起中的大国并不单纯追求经济利益或政治利益。在大多数情况下，它们以平衡的方式追求两者。一个新兴大国应该进入哪个生态位区域取决于三个因素：新兴国家实力、区域需求的紧迫性，以及两者之间的相容程度。

另一方面，新兴大国的全球治理改进需要兼顾竞争压力与国际需求。供给国为了扩大国际影响力希望尽量多地吸引消费者，会导致大国在重叠的供给端竞争加剧。因此对于新兴大国而言，只有供给比霸权国更好、更优质的公共产品，才能在争夺影响力的竞争中胜出。在权力转移的关键阶段，供给国际公共产品可能成为中国和平崛起的战略支撑，也是争取霸权国与国际社会信任的重要方式。公共产品供给本身是一个政治问题，涉及领导力与权威分配，因此霸权国很难轻易允许新兴国家接替其供给全球公益的领导者角色，更难以接受崛起国通过供给公共产品重塑现有全球格局。[70]为此中国需要不断学习探索，正视不足与优势，有所为有所不为。需要明确的是，我国既是一个崛起的新兴大国，同时也是一个发展中大国，在参与国际公共产品供给方面经验不足，面临霸权国的竞争优势与战略压力。

大国兴衰的历史表明，大国领导力会经历进化过程与变化周期。那些专注于领导力变化的研究认为，权力转移阶段常常会出现全球治理赤字，因此贡献和服务国际事务的公共利益，取决于有政治意愿和能力的新兴大国承担国际责任。在全球治理赤字环境下，霸权国与新兴大国之间的良性互动与战略合作，不仅可以填补国际公共产品供给缺位，而且有助于国际领导力与权力转移进程相互匹配，促进全球秩序稳定发展。[71]

结　语

公共产品消费端的"二重性"有一定适用范围，并非所有公共产品都是排他与非竞争的。不同于具有唯一权威的国内环境，国际空间中的权威与领导力是离散分布的，任何国家有可能挑战其他国家的国际权威与领导力，供给竞争是国际公共产品的天然属性。国际公共产品的供给换取他国的认可与信任，这构成了大国领导力的重要来源。供给国际公共产品是展示领导红利，吸引他国支持与认可的重要方式。优秀的领导力需要以共享、互惠的方式将不同国家整合起来，为全球命运与公共事业持久奉献符合世界需要的公共产品。在当今全球治理格局中，国家依然是公共产品供给的最有实力的承载者，大国也应肩负更多责任。

霸权稳定论认为,霸权国作为"稳定器"需要采取让利行动,例如在货币体系陷入恐慌时提供金融补贴,对全球货币政策进行协调,这样才能稳定全球主导地位。[72]但实际上美国的霸权"领导力"及其合法性基础充满争议,在维持全球和平方面美国劣迹斑斑,甚至开始破坏全球贸易、资本流动、和平建设等基本的国际公共产品。因此,在霸权供给模式中,公共产品可以成为霸权剥削和打压竞争者的手段。一方面,霸权国掌握破坏全球稳定的特权,国际公共产品供给只是权力竞争的副产品。如果着眼于长时段,"霸权之后"的制度供给或"无霸权"的协商供给模式则是国际关系主流。自1648年以来的威斯特伐利亚体系、维也纳体系与凡尔赛体系,都是多个大国协调的产物,为战后国际秩序长期供给了公共产品。[73]另一方面,通过发挥比较优势进行差异化供给,有助于开拓新的治理空间。针对不同领域的全球治理需求紧迫性以及相容程度,汲取经验教训,找到自己的独特供给方式。

注释

1. 樊勇明:《区域性国际公共产品:解析区域合作的另一个理论视点》,载《世界经济与政治》2008年第1期,第7页。

2. Rafael Leal-Arcas, *Solutions for Sustainability：How the International Trade*, *Energy and Climate Change Regimes Can Help*, Cham, Switzerland：Springer Nature Switzerland AG, 2019, pp.24—26.

3. "国际公共产品"泛指超出主权边界之外的公共产品,尽管学界对此有不同称谓,包括跨国公共产品(Transnational Public Goods)、全球公共产品(Global Public Goods)、区域公共产品(Regional Public Goods)等,这只是应用层次的差别,都承认国际公共产品的最大特点是在无政府状态下面临供给合法性压力。

4. Robert Gilpin, *War and Change in World Politics*, New York：Cambridge University Press, 1981, p.9.

5. Benjamin J. Cohen, *International Political Economy：An Intellectual History*, Princeton：Princeton University Press, 2008, p.73.

6. Stephen D. Krasner, "State Power and the Structure of International Trade," *World Politics*, Vol.28, No.3, 1976, pp.317—347.

7. 自由主义者认为,行动者不受约束地追求自我利益,最终会产生集体正外部性,有助于整体利益的实现。但是现代社会科学研究越来越多证明该假设是不成立的。参见 Todd Sandler, *Global Collective Action*, Cambridge：Cambridge University Press, 2004。

8. 转引自 Elinor Ostrom, *Governing the Commons：The Evolution of Institutions for Collective Action*, Cambridge, UK.：Cambridge University Press, 1990。

9. Inge Kaul and Ronald U. Mendoza, "Advancing the Concept of Public Goods," in Inge Kaul, Pedro Conceição, Katell Le Goulven and Ronald U. Mendoza eds, *Providing Global Public Goods：Managing Globalization*, New York：Oxford University Press, 2003, pp.78—111.

10. Meghnad Desai, "Public Goods: A Historical Perspective," in Inge Kaul, Pedro Conceição, Katell Le Goulven and Ronald U. Mendoza eds, *Providing Global Public Goods: Managing Globalization*, New York: Oxford University Press, 2003, pp.63—77.

11. Paul A. Samuelson, "The Pure Theory of Public Expenditure," *Review of Economics and Statistics*, Vol.36, No.4, 1954, pp.387—389; Paul A. Samuelson, "Diagrammatic Exposition of a Theory of Public Expenditure," *Review of Economics and Statistics*, Vol.37, No.4, 1955, pp.350—356.

12. 例如国际通信卫星组织(INTELSAT)是一种俱乐部产品,其作为一个基于卫星的通信网络,承载着大部分跨洲电话和电视传输,以及商业客机的信号通信。俱乐部产品的存在意味着,一些集体消费品可以由私有提供。

13. Inge Kaul et al. eds., *Global Public Goods: International Cooperation in the 21st Century*, New York and Oxford: Oxford University Press,1999, pp.6—9.

14. [德]英吉·考尔、罗纳德·U.门多萨:《促进公共产品概念的发展》,载[德]英吉·考尔编:《全球化之道——国际公共产品的提供与管理》,张春波、高静译,北京:人民出版社2006年版,第70—77页。

15. "不纯公共产品""准公共产品"与"混合产品"概念指的是介于纯公共产品和私有产品之间的产品,具有有限的公共性程度。参见 Richard Cornes and Todd Sandler, *The Theory of Externalities, Public Goods, and Club Goods*, Cambridge, UK.: Cambridge University Press, 1996, p.9。

16. Howard R. Bowen, "The Interpretation of Voting in The Allocation of Economic Resources," *The Quarterly Journal of Economics*, Vol.58, No.1, 1943, pp.27—48.

17. Edwin R. A. Seligman, "The Social Theory of Fiscal Science," *Political Science Quarterly*, Vol.41, No.2, 1926, pp.193—218.

18. 参见 Richard Musgrave, "The Voluntary Exchange Theory of Public Economy," *The Quarterly Journal of Economics*, Vol.53, No.2, 1939, pp.213—237; Richard Musgrave, *The Theory of Public Finance*, New York: McGraw-Hill, 1959。

19. 需要注意的是,萨缪尔森在这篇最具影响力的论文中没有使用"公共产品"(pulic goods)这个词,参见 Paul A. Samuelson, "The Pure Theory of Public Expenditure," *The Review of Economics and Statistics*, Vol.36, No.4, 1954, pp.387—389;而他首次使用"公共产品"一词是在另一篇论文,参见 Paul A. Samuelson, "Diagrammatic Exposition of a Theory of Public Expenditure," *The Review of Economics and Statistics*, Vol.37, No.4, 1955, pp.350—356。

20. 尽管联合国往往被认为扮演准世界政府的角色,但是其治理能力与公共性往往备受质疑,参见 Thomas G. Weiss and Ramesh Thakur, *Global Governance and the UN: An Unfinished Journey*, Bloomington and Indianapolis: Indiana University, 2010; Thomas G. Weiss, "The United Nations: Before, During and After 1945," *International Affairs*, Vol.91, No.6, 2015, pp.1221—1235。

21. 有关霸权国与新兴大国的地位争夺的文献参见 William R. Thompson et al. eds., *Major Powers and the Quest for Status in International Politics: Global and Regional Perspectives*, New York: Palgrave Macmillan, 2011, pp.10—20; T. V. Paul, Deborah W. Larson and William C. Wohlforth eds., *Status in World Politics*, Cambridge: Cambridge University Press, 2014, pp.25—34。

22. 参见世界银行发展报告:《变革世界中的政府》,北京:中国财政经济出版社 1997年版。

23. Howard R. Bowen, "The Interpretation of Voting in The Allocation of Economic Resources," *The Quarterly Journal of Economics*, Vol.58, No.1, 1943, pp.27—48.

24. Edwin R. A. Seligman, "The Social Theory of Fiscal Science," *Political Science Quarterly*, Vol.41, No.2, 1926, pp.193—218.

25. Ronald H. Coase, "The Lighthouse in Economics," *Journal of Law and Economics*, Vol.17, No.2, 1974, pp.357—376.

26. Jesse Malkin and Aaron Wildavsky, "Why the Traditional Distinction between Public and Private Goods Should be Abandoned," *Journal of Theoretical Politics*, Vol.3, No.4, 1991, pp.355—378.

27. 在很多情况下,某个国际公共产品可能是一个中间产品,旨在为另一个最终的国际公共产品提供支持。例如,知识和技术创新是实现全球环保低碳与卫生健康的中间公共产品;自由贸易协定则是实现全球市场整合的中间公共产品,而区域内金融法规和标准(例如《巴塞尔协议Ⅲ》),则为供给全球金融稳定这一最终国际公共产品服务。

28. Kenneth Arrow, "Gifts and Exchanges," in Edmund S. Phelps ed., *Altruism, Morality and Economic Theory*, New York: Russell Sage Foundation, 1975, p.22.

29. 参见 Richard M. Titmuss, *The Gift Relationship: From Human Blood to Social Policy*, Allen and Unwin, London, 1970。

30. Jack Hirshleifer, "From Weakest-link to Best-Shot: The Voluntary Provision of Public Goods," *Public Choice*, Vol.41, No.3, 1983, pp.371—386.

31. Stephen D. Krasner, "State Power and the Structure of International Trade," *World Politics*, Vol.28, No.3, 1976, pp.317—347.

32. 杨原:《崛起国如何与霸权国争夺小国?——基于古代东亚历史的案例研究》,载《世界经济与政治》2012 年第 12 期,第 26—52 页。

33. Richard N. Cooper, "Financing International Public Goods: A Historical Overview and New Challenges," in Christopher D. Gerrard Marco Ferroni Ashoka Mody eds., *Global Public Policies and Programs: Implications for Financing and Evaluation Proceedings from a World Bank Workshop*, p.16.

34. Randall L. Schweller and Xiaoyu Pu, "After Unipolarity: China's Visions of International Order in an Era of U.S. Decline," *International Security*, Vol.36, No.1, pp.41—72.

35. Ian Clark, *Legitimacy in International Society*, Oxford: Oxford University Press, 2005, p.5.

36. [美]查尔斯·金德尔伯格:《1929—1939 年世界经济萧条》,宋承先、洪文达译,上海:上海译文出版社 1986 年版,第 12—20 页。

37. Charles P. Kindleberger, *The World in Depression 1929—1939*, Berkeley: University of California Press, 1973, p.307; Charles P. Kindleberger, "Dominance and Leadership in the International Economy: Exploitation, Public Goods, and Free Rides," *International Studies Quarterly*, Vol.25, No.2, 1981, pp.242—254.

38. Charles P. Kindleberger, *The World in Depression 1929—1939*, pp.253—255.

39. Robert Gilpin, *War and Change in World Politics*, Cambridge: Cambridge University Press, 2008, pp.226—228.

40. Robert W. Cox, "Social Forces, States and World Orders: Beyond International Relations Theory," *Millennium: Journal of International Studies*, Vol. 10, No. 2, 1981, pp.126—155.

41. Jack Hirshleifer, "From Weakest-link to Best-Shot: the Voluntary Provision of Public Goods," *Public Choice*, Vol.41, No.3, 1983, pp.371—386.

42. 参见 Todd Sandler and Richard Cornes, *The Theory of Externalities, Public Goods and Club Goods*, Cambridge: Cambridge University Press, 1986; Todd Sandler, "Global and

Rigional Public Goods: A Prognosis for Collective Action," *Fiscal Studies*, Vol. 19, No. 3, 1998, p.19。

43. Scott Barrett, *Why Cooperate? The Incentive to Supply Global Public Goods*, Oxford: Oxford University Press, 2007, p.20.

44. Robert O. Keohane, *After Hegemony: Cooperation and Discord in the World Political Economy*, Princeton: Princeton University Press, 1984, pp.50—51.

45. Charles A. Kupchan, "The Normative Foundations of Hegemony and the Coming Challenge to Pax Americana," *Security Studies*, Vol.23, No.2, 2014, pp.219—258.

46. Todd Sandler, *Collective Action: Theory and Applications*, Ann Arbor: University of Michigan Press, 1992, p.5.

47. Kenneth A. Shepsle and Mark S. Bonchek, *An Analyzing Politics: Rationality, Behavior, and Institutions*, New York and London: W. W. Norton & Company, 1997, p.381.

48. Norman Frohlich, Joe A. Oppenheimer and Oran R. Young, *Political Leadership and Collective Goods*, Princeton, NJ: Princeton University Press, 1971, p.7.

49. G. John Ikenberry, "From Hegemony to The Balance of Power: The Rise of China and American Grand Strategy in East Asia," *International Journal of Korean Unification Studies*, Vol.23, No.2, 2014, pp.41—63.

50. 参见 Jonathan M. DiCicco and Jack S. Levy, "Power Shift and Problem Shifts: The Evolution of the Power Transition Research Program," *Journal of Conflict Resolution*, Vol. 43, No.6, 1999, pp. 675—704; Robert Gilpin, "The Theory of Hegemonic War," *Journal of Interdisciplinary History*, Vol.18, No.4, 1988, pp.591—613; Susan Strange, "The Persistent Myth of Lost Hegemony," *International Organization*, Vol.41, No.4, 1987, pp.551—574。

51. 参见 Charles P. Kindleberger, *The World in Depression 1929—1939*, Berkeley: University of California Press, 1973。

52. Todd Sandler, *Global Collective Action*, Cambridge: Cambridge University Press, 2004, pp.4—5.

53. Stephen D. Krasner, "Structural Causes and Regime Consequences: Regimes as Intervening Variables," *International Organization*, Vol.36, No.2, 1982, p.186.

54. Robert Keohane, *After Hegemony: Cooperation and Discord in the World Political Economy*, Princeton: Princeton University Press, 1984, pp.120—126.

55. Joanne Gowa, "Bipolarity, Multipolarity, and Free Trade," *The American Political Science Review*, Vol.83, No.4, 1989, pp.1245—1256.

56. 钟飞腾:《霸权稳定论与国际政治经济学研究》,载《世界经济与政治》2010 年第 4 期,第 109—122 页。

57. Joseph S. Nye, "The Kindleberger Trap," *Project Syndicate*, January 9, 2017, https://www.belfercenter.org/publication/kindleberger-trap.

58. Charles P. Kindleberger, *The World in Depression 1929—1939*, Berkeley: University of California Press, 1973, p.305.

59. David A. Lake, "Leadership, Hegemony, and the International Economy: Naked Emperor or Tattered Monarch with Potential?" *International Studies Quarterly*, Vol. 37, No. 4, 1993, pp.462—468.

60. G. John Ikenberry, *Liberal Leviathan*, Princeton: Princeton University Press, 2011, pp.12—30.

61. Charles Kupchan, *No One's World: The West, the Rising Rest, and the Coming Global Turn*, New York: Oxford University Press, 2012, pp.4—9.

62. 参见 David A. Lake，"Leadership，Hegemony，and the International Economy：Naked Emperor or Tattered Monarch?" *International Studies Quarterly*，Vol. 37，No. 4，1993，pp.459—489；Douglas Lemke and Suzanne Werner，"Power Parity，Commitment to Change，and War，" *International Studies Quarterly*，Vol. 40，No. 2，1996，pp. 235—260；Susan Strange，"The Persistent Myth of Lost Hegemony，" *International Organization*，Vol.41，No.4，1987，pp.551—574。

63. 钟飞腾：《霸权稳定论与国际政治经济学研究》，载《世界经济与政治》2010 年第 4 期，第 109—122 页。

64. Edward D. Mansfield，"Concentration，Polarity，and the Distribution of Power，" *International Studies Quarterly*，Vol.37，No.1，1993，p.124；Edward D. Mansfield，*Power，Trade and War*，Princeton：Princeton University Press，1994，p.179.

65. 参见 Carla Norrlof，*Americas Global Advantage：US Hegemony and International Cooperation*，New York：Cambridge University Press，2010。

66. Stephen D. Krasner，"State Power and the Structure of International Trade，" *World Politics*，Vol.28，No.3，1976，pp.317—347.

67. Robert Gilpin，*War and Change in World Politics*，Cambridge：Cambridge University Press，2008，pp.226—228.

68. 刘毅：《国际公共产品供给与新兴大国参与——基于"非纯公共产品"概念的分析》，载《中国与国际关系学刊》2016 年第 2 期，第 94 页。

69. ［德］马克思：《资本论（第二卷）》，北京：人民出版社 2004 年版，第 202 页。

70. Carla P. Freeman，"Reading Kindleberger in Beijing：Xi Jinping's China as a Provider of Global Public Goods，" *The British Journal of Politics & International Relations*，Vol. 23，No.1，2020，pp.3—9.

71. Ayse Kaya，*Power and Global Economic Institutions*，Cambridge，UK.：Cambridge University Press，2015，p.48.

72. Charles P. Kindleberger，"Dominance and Leadership in the International Economy：Exploitation，Public Goods，and Free Rides，" *International Studies Quarterly*，Vol.25，No.2，1981，pp.242—254.

73. Joanne Gowa，"Rational Hegemons，Excludable Goods，and Small Groups：An Epitaph for Hegemonic Stability Theory?" *World Politics*，Vol.41，No.3，1989，pp.307—324.

第三章

公共产品供给与领导力的合法化

领导力是领导者与特定追随者之间的一种社会交换的结果,当领导者向追随者提供服务与奖励时,追随者就会默许与"承认"这种领导权威。[1]追随者在配置权威的过程中,更愿意认可那些服务于公共利益的公共产品供给者。[2]因此,大国能否被其他国家视为全球或区域领导者,不仅取决于该国做了什么,还取决于国际社会的主观评价与合法性认知。从社会交换的角度来看,领导者需要服众,即在关键的全球治理问题上提供可信承诺。而领导者为集体福利买单,关键在于可以回收政治影响力。[3]由于领导者不仅追求集体目标,也追求自身利益,两者之间不能合理平衡则容易产生合法性危机。因此,供给方案是否被接纳,影响领导力的政治合法性。[4]

第一节　权力与领导力概念异同分析

从概念上看,领导力(leadership)、霸权(hegemony)和主导权(dominance)概念接近。其中"hegemony"指一个国家对其他国家的控制,而"dominance"指取得支配或优势地位,两者都包含零和性和整体性,而领导力更关注社会合法性。从词源上看,"权力"的对应的英文是"power",源自法语的"pouvoir",再往前可以溯源到拉丁文中的"potestas"或"potential",两者均源自动词"potere",意为"能够""能力"。在汉语中,"权力"不仅是能力和力量,也含有利弊衡量之意。在国内政治中,良性的领导力可以促进集体利益,并通过动员群众参与筑牢广泛的合法性基础。例如,政党领导力主要源于群众基础,其凝聚力要素涉及物质、道德和智力。[5]权力产生于并存续于互动之中,国家取得和维持领导力有三个基本条件:一是有意愿在特定议题发挥引导、协调和塑造作用，并愿意承担相应的成本；二是有实力承担组织成本，吸引和带动其他参与者；三是有实际的行动策略，进而影响现实的权力与利益关系。[6]

(一) 政治学的"权力"概念

政治学学者对权力的理解主要存在三种看法：资源性权力、关系性权力与结构性权力。[7]第一种视角是主流的资源性权力观。这种权力即资源的理解关注"能力"和"单位属性"，国家所拥有的物质和非物质因素都可以用来衡量国家的权力。基于资源多寡的权力分配构成国际权力结构的基础。这种观点将资源与权力对等，使权力更加具体、可衡量和可预测。[8]第二种视角是关系性权力。一个国家通过使用自己的物质和非物质资源影响另一个国家的行为，社会关系决定权力的行使效力。关系性权力的理解体现在罗伯特·达尔（Robert Dahl）的经典定义中，"A拥有对B的权力，以至于他可以让B做其不会做的事情"[9]。因此，权力不等于资源本身，而是基于资源的关系运作能力，这揭示出权力概念的复杂多样。第三种路径是结构性权力，即权力与外生结构的约束或控制有关。根据苏珊·斯特兰奇（Susan Strange）的观点，结构性权力是"决定如何做事，塑造国家之间的相互联系，与人联系或与公司企业联系的框架的权力"的能力。[10]斯蒂芬·克拉斯纳（Stephen Krasner）提出了结构化的"元权力"，即"改变游戏规则的能力"[11]。国际政治中的权力是一种国家影响力，政治互动是确定权力关系的关键。[12]

"权力"并非总是零和的，全球治理中的权力形式呈现多元化形态。美国政治学者迈克尔·巴内特（Michael N. Barnett）与雷蒙德·杜瓦尔（Raymond Duval）指出，任何权力都要置于具体的历史和社会关系中理解。[13]

首先，权力是投射"影响力"的关系性互动。彼得·莫里斯（Peter Morriss）指出，权力就是故意地施加影响[14]，是将利益和思想因素与政策成果联系起来的"黏合剂"[15]。政治学研究对权力的最著名定义来自罗伯特·达尔（Robert A. Dahl），他认为权力包含强制他人意愿行事的色彩。[16]这实际上从权力的来源，而不是在权力本身的角度来讨论其意义，因此他没有分析社会情境与关系变化。在多重互动情境下，权力是相对的，根据具体议题的变化而变化。权力具有情境性,某种情境下的权力可能到另一种情境中就会失去作用。[17]这构成了权力的悖论:在某些情况下"强大"的国家实际上缺乏实现特定目标的能力,因此特定情境下它实际上并不强大。

其次,权力超出物质范畴,需要意识信念支撑。霸权概念不仅是物质实力优势,还是通过思想观念塑造对方的权力。[18]葛兰西扩展了物质和结构导向,将权力理解成多个维度,既有"对物质的权力",也有"对思想的权力",更有"对关系的权力"。这与史蒂文·卢克斯(Steven Lukes)的思想基本一致,他声称行为主义的权力理解过于狭隘,权力可以无意地、不可观察地被行使。权力是多维度的,涉及真实或客观的利益,外显或潜在的冲突,操纵与诱使,胁迫与说服。[19]他将行为主义非事件/非决定的权力称为第一维度,将达尔及其追随者提出的可观察权力模型称为第二维度,并将意图作为关键因素纳入权力内涵提出了权力的第三维度。

最后,战略能力并不源于实力优势,而是源于体系结构。国际公共产品供给中的结构性权力被定义为"通过有力地改变互动情境来获取优势的能力",并将其与"过程权力"区分开来,后者被理解为"在现有互动情境中获取优势的能力"[20]。可将结构权力理解为在供给国际公共产品过程中获得的政治影响力。另一方面,乔纳森·科什纳(Jonathan Kirshner)则区分了"公开权力"和嵌入制度规则的"隐形权力",前者是指一个国家的综合国力,后者是国家通过全球公共体系结构间接影响他国行为的能力。[21]国际政治经济学者苏珊·斯特兰奇(Susan Strange)认为,全球治理的基础是结构性权力,其具有四个关键支柱:提供全球安全、控制商品和服务的生产系统、金融和信贷结构,以及知识技术等生产性权力。[22]斯特兰奇指出,美国霸权源于结构性金融能力,这种能力嵌入在全球金融体系中,发挥着领导性作用。[23]

(二)理解领导力概念及其类型

从政治学角度看,权力与领导力都是投射影响力的方式,但领导力更加关注领导者与追随者之间的社会互动,及其建构的合法性基础。领导力的核心在于追随者,没有追随者就没有领导者。由此,领导力的最简单定义就是:"有人追随。"[24]领导力的英文单词"leadrship",源起于古德语"li-dan",意为"行走";古英语"lithan"意为"旅行";古挪威语"leid"意为"寻找航海路线"。[25]关系主义的分析强调,领导人能否吸引和说服追随者,是否具备动员与凝聚的手段,影响领导力效果。因此,要重视考察领导力"互动过程",关注他们"贡献了"什么。

领导力涉及直接或间接地塑造他人的利益或行动的能力。领导力不仅包括物质资源的施展能力,还包括让其他国家以新的方式构想其利益和政策目标的能力,即投射一套政治理念或原则的能力。[26]在学理上,奥兰·扬(Oran R. Young)将国际关系中的领导力分为"结构型领导力""创业型领导力"与"知识型领导力"三类,分别产生不同的合法性效力。[27]

第一,结构型领导力(structural leadership)。结构型领导力试图将实力资源转化为谈判的杠杆。政治强制能力是指主导国采取强制手段来塑造国际制度的能力。大国的强制手段可能包括政治压力、军事威胁和经济制裁等多个方面。主导国要求其他国家为国际制度注入资源,也即对成员国"征税"以支持国际制度的运行,主导国在必要时通过发挥强制力来迫使成员国服从国际制度的安排。[28]

第二,创业型领导力(entrepreneurial leadership)。建设性地框定问题、设计解决方案,或为委托人的利益牵线搭桥促进整合性谈判,协调克服集体行动问题。在大多数情况下,创业型领导人的角色是:(a)议程设置者,在国际层面上提交审议的问题及其优先顺序;(b)号召者,通过话语框架使人们将注意力聚焦到治理问题上;(c)创新者,设计出创新的政策方案以克服讨价还价的障碍,为方案实施提供支持。创业型领导者往往愿意(有时甚至渴望)为获得声望、政治影响力而推进集体目标。

第三,知识型领导力(intellectual leadership)。产生智力资本或思想体系的领导者塑造谈判者的思想观点,并为凝聚共识和合法性发挥重要作用。例如,约翰·梅纳德·凯恩斯(John Maynard Keynes)扮演了双重角色,他在20世纪30年代提出"嵌入式自由主义"思想模式,然后作为英国代表参加了一战后的国际货币制度谈判。[29]而让·莫内(Jean Monnet)在实现欧洲一体化的努力,爱丁堡公爵在保护野生动物方面的努力,亨利·杜南(Henri Dunant)在建立红十字国际委员会的活动,以及阿尔维德·帕尔多(Arvid Pardo)在阐述人类共同遗产的概念并将其应用于海洋法的努力,都很有启发性。[30]鉴于国际社会日益多元化,国际公共产品供给的领导者要勾勒未来图景,提出解决方案。

与领导力相近的另一个概念是外交能力。在古代汉语中,"能"意味着才能;力是一个心理学的范畴。[31]外交能力是外交行为体在外交活动中正确驾驭外交资源的实际本领和熟练水平,但其与实力与领导力并不能简单对应,需要在具体社会情境中进行动态化理解。[32]与权力概念不同,外交能力是调动整个机器和工具的主观信念,是塑造世界事务的"软件"或"思想基础设施"。由此外交能力是整合客观资源与主观认知的一种学习能力,具备强大外交能力的国家,不仅具备高超的谈判技巧,而且能在国际制度创设、全球治理议程中推动有关各方形成最终共识。提升外交能力,是促进国际公共产品供给的重要方式。相关概念的辨析可以参见下表3.1。

表3.1　外交能力与领导力概念的关联

外交能力		领导力	
技巧层次（策略或设计）	国家跨主权边界的资源汲取	结构型领导力	将实力资源转化为谈判的杠杆
战略层次（创新与引领）	共识协调的学习过程	创业型领导力	建设性地框定问题、设计解决方案,协调克服集体行动问题
思维层次（信念或叙事）	方案引领的创造性过程	知识型领导力	提出方案或思想体系,凝聚共识与合法性

资料来源:笔者自制。

概言之,供给公共产品是领导者保持自身在内群体合法性的必要条件。对集体利益的贡献程度与所获得的政治反馈(认同与合法性)呈正相关关系;领导者与追随者之间的社会关系(互惠或支配),而非实力或权力差距(资源或地位支配)是政治影响力的源泉。

第二节　政治领导力构建及其合法性

领导力是一种社会契约,公共服务与政治合法性挂钩。具有领导力的行动者会主动供给公共产品方案,社区治理混乱之时往往也是领导者建立集体认同的机会。[33]就国际公共产品供给而言,消费者必须对服务公共利益的领导者给予互惠认同,集体贡献是合法性认同的前提。在互惠原则的约束下,每个人对集体都有义务至少做出超过自我利益所要求的额外贡献,因为每个人都认识到集体利益是相互依赖的。

(一) 领导者能力与影响力投射

领导力的影响力源于追随者的认可,因此是对权力关系的合法化结果。政治领导力的合法性构建可以追溯到古希腊时期,领导者需要尊重追随者的尊严和价值,把服务他人作为第一重要的责任,从而满足追随者的生理、心理和情感需求。[34]一些关于政治领导力的分析也强调领导者的社会责任,为那些被系统边缘化的人服务;它致力于追随者的需求和公共利益,其展现了深刻的领导意识,"因服务,得信任"。例如,中国共产党和政府领导干部的考核要求指出,领导干部要把群众利益放在首位,全心全意为人民服务;因此需要谦逊有为、承担公共责任、对集体利益充满远见;因此要为群众解决实际问题,有处理复杂问题的能力;要坚持"从群众中来,到群众中去",敢于担当,为群众探索出一条致富的光明大道。这与西方国家的公仆式领导概念的含义非常相似。公仆式领导为追随者树立了模仿的榜样,用热情和灵感激发追随者,并积极鼓励追随者挑战现状,表达不同意见。综合来看,领导者需具备三大能力。

第一,调动资源实施计划的统筹能力。处于不同的社会阶层,获得公共产品的机会——无论是在全球、区域、国家或地方——会存在差异。全世界社会和经济中的弱势群体,缺少共享社会发展红利的"公共"福利机会。而国际制度与国际捐助机构,也对世界上最贫穷国家提供帮助时存在一定的限制,并且对它们有所忽视,尽管发展中国家希望摆脱国家贫穷与政治不稳定,但是缺乏足够的内生与外生力量支撑,以至于难以从全球化的红利中受惠,全球化的公害则恶化了其发展问题,更难以保护自己不受外部侵害,无力消除社会不公平的土壤。[35]

第二,远景目标与价值塑造能力。领导者将长远与全局利益展示给共同体成员,从而塑造共同体的责任感。领导力是领导者通过说服或榜样引导追随者为共同体做贡献的过程。换句话说,它是影响和激励他人为团体目标而努力的过程。[36]从这些角度来看,领导力强调塑造对方信念的能力,它并非仅仅通过权力强制或奖励诱导的方式来改变他人行为,更重要的在于让他人觉得有义务这样做,赋予追随者积极和自愿合作的能力。

第三,激励人心的叙事能力。受福柯的话语—权力理论启发,批判性话语分析的关注点不仅仅在语言本身,而是聚焦语言符号背后的权力支配关系,揭示话语如何帮助制造和重塑不平等的权力关系。[37]根据福柯的观点,全球治理的话语是一种制度化的知识结构,是全球公共产品供给的权力关系与政治斗争的产物。崛起国与霸权国可能使用不同的语言呼吁进行全球治理,其不同的蓝图设想体现的是社会身份、社会关系与信念体系的差异。[38]全球治理话语是一种隐性的权力不平等关系。

值得注意的是,追随者的主观评价,是领导者形象的决定因素,由此领导者是重要的"意义制造者",促进组织和个人的价值趋同。

政治学的基本逻辑就在于让利与合法性的不对称互惠交换关系。基于此,积极为国际社会谋福利、做贡献,便成了增强全球领导力的自愿承诺。在"好领导"理念中,效率与道德并重。领导者的道德不仅包括符合正义、公平等道德原则的行为,还包括关心他人、为他人承担责任。[39]公仆式领导致力于追随者的成长,以服务为导向,面向自我和他人,并且领导素质是可塑的。服务型领导模式强调关怀性,但不强调伦理道德。精神领袖的特征包括有远见、希望、信念和无私的爱,例如善良、同理心、诚实和信任。改变实体主义的领导力分析框架,就是要将实力、个性、资源与魅力等非社会关系要素,转变为真正建构政治影响力与领导力的社会关系过程,通过做贡献的过程将自我与世界建构成一个整体。

现有的领导力文献的不足在于,虽然有些学者注意到了领导力的内在结构,但几乎所有学者都忽略了对领导力概念的结构进行综合合理的解释。领导力是领导者和追随者之间的一种影响关系,他们打算进行真正的变革,以反映他们的共同目的。由此领导力是以一种影响的形式发挥领导作用的过程或行动,或者是发起人和追随者之间的一种互动,以实现共同的目的。全球领导力则强调在全球事务中的领导,全球领导国通常要获得国际上的合法性,这就需要合法性和政治信任。在一个权力分散的无政府世界中,实现全球行动的合法性建构,需要平衡全球错综复杂的联系。国际共识发挥"聚光灯效应",可以对不遵守集体承诺和社会契约的行为施加合法性压力。[40]通过使用某些策略,如议程管理或联盟建设,领导者可以帮助一个群体克服这些问题,从而加强集体行动。

社会网络中的互惠原则促进"得"与"失"平衡,实现付出与收获大致对等,否则这个群体就难以自我维持。积极贡献的行动者如果付出物质回报却得不到任何社会回馈，那么这个社区的公共产品供给将无从谈起。互惠就像一个葡萄藤，它的果实有时是酸的，但如果照顾得当并给予适当的环境，它可以是多汁的和甜的。如果领导者为群体利益持续做出贡献，那么领导者会受益（例如提高声誉或社会支持）。在关系互动网络中，互惠规范更容易被学习扩散。愿意为集体利益做贡献的成员将比一直搭便车的成员更容易获得他人信任与支持等社会回报，因此通过模仿成功做法，互惠规范成为社会资本的有机部分，鼓励领导者进行公共产品的最大化供给。搭便车者不承担物质成本或享受物质收益，就需要让渡他们的社会承认，对做出突出贡献的行动者予以认可与尊重，这样才能维持群体长期的存在与运转。[41]

第三节　领导力的关系主义路径分析

在高度不确定的全球治理环境中，领导者将不同追随者连接成命运与共、优势互补的全球合作网络。传统的实体主义观念认为，领导力建立在领导者和追随者之间等级权力关系之上，将领导力大小与实力资源和物质实体挂钩，这种思路难以适应变化动态的相互依赖世界。关系主义路径认为，领导者嵌入在多向关系网络之中，领导者与追随者的互惠合作塑造合法性基础。[42]关系主义视角强调，领导力是一种关系过程，领导者通过为集体利益做贡献，在追随者心目中积累合法性与互惠信任。[43]通过扮演全球协调员与公益服务者角色，领导国致力于解决全球治理难题，与追随者之间建立良性互惠关系。

（一）从"实体性"视角到"关系性"视角

早在公元前4世纪中国的孙子和16世纪意大利的马基雅维利的著作中，就可以找到描述领导者和领导力的文字，但"领导者"和"领导力"这两个概念直到20世纪初才出现在英语词典中。[44]而且直到20世纪70年代，学术界才对"领导"和"管理"进行了区分；在此之前，这两个词常常被混淆使用。传统的实体主义研究将领导力视为个人属性，倾向于强调领导者的品质、决定和行动。领导力特质研究方法起源于19世纪后期的"伟人"理论，其将注意力聚焦到伟人的军事、政治和社会才能。历史学家托马斯·卡莱尔（Thomas Carlyle）甚至宣称："世界的历史不过是伟人的传记。"[45]因此，早期领导力的探索集中在那些已经成功的领导者身上。研究者通过对领导人的传记、行动和后续结果进行总结，试图提炼出成功的领导者特质，例如聪慧、自信、决心、正直和善于交际等。[46]

20世纪30年代，基于实体主义路径的特质理论认为，诚实守信对维护领导者的声誉至关重要。该理论指出：（1）领导者须采取公益行动，帮助追随者、组织和集体向前发展。（2）领导者要对他人负责，作为追随者的榜样需恪守更高的道义标准。（3）领导者要保持战略谦逊，傲慢的领导者不会真正关注集体利益，容易失去追随者的信任。但是，实体主义路径回避了社会互动机制。领导力不能被还原为物质实力，而是领导者与追随者的互动建构产物。黛博拉·韦尔奇·拉森（Deborah Welch Larson）认为，大国崛起并不仅仅是经济实力上的崛起，道义感召和政治领导在一国崛起中有着同等重要的作用。[47]阎学通教授提出的道义现实主义强调，国际领导力需要以符合国际期望的方式发挥影响力；如果领导者能够坚守道义，其国际领导力会显著提升。[48]21世纪的全球相互依赖趋势催生了"后实体主义"的领导力理念，注重从多个行动者的社会互动过程中理解领导力。[49]关系主义视角下的国际公共产品供给将集体利益与自我利益统一起来，有助于积累社会资本与互惠信任。[50]

一方面，关系契约基于互惠和多层次交往，网络合作突出互惠性。在复杂的社会秩序中，领导者等待合法性根植于社会服务和道德秩序中。基于社会交换中的互惠机制，领导者通过关系协商解决治理分歧，有助于维护其关系性权力，从而稳固其领导地位。[51]如果大国仅仅凭借"资源禀赋"优势，很难真正吸引其他国家政治信任。在关系互动过程中，领导者"说服"追随者的过程就是通过服务公共利益建构信任的过程。[52]换言之，绝对实力优势并非领导力的必要条件。真正值得信任的领导者往往要做到：（1）关心公共利益，对社会福利做出有效贡献；（2）满足集体期待，注重政治信任的合法性基础；（3）基于关系网络培育信任，说服与激励其他人为共同目标努力。对此，李·琼斯（Lee Jones）提出，关系网络可以产生非实体影响力，构建关系性领导力。[53]陈琪等人也关注领导力的社会化基础，将国际领导力视为物质实力、观念感召与操作技巧因素的综合产物。[54]

另一方面，关系主义分析更关注网络中大多数成员的同意与认可。

全球政治中的"网络模式"是指国际互动中诸多"节点"以及节点复杂联结,形成一种介于科层模式与市场模式之间的关系模式。[55] 网络模式具有连通性和互惠性特点,有助于促进国际公共产品的供给行动。在全球治理的社会网络中,不同节点的社会影响力有所不同。国际社会的可持续发展离不开这些国际公共产品,互联互通产生的网络效应,将单个国家的贡献转化为集体合法性。例如,当国家加入优惠贸易协定(PTA)的国际条约组织,就会自动形成网络效应,即加入同一个优惠贸易协定的国家数量越多,其网络正外部性就越明显。[56] 基于持久互惠的社会关系联结,网络治理的这种分散性结构有助于建立成本共担、利益共享、过程共商的网络治理模式。从社会系统角度将领导力嵌入在社会关系网络,领导者利用网络关系强度,提升自己的影响力,通过复杂的非线性相互作用产生整体协同效应。梅里·卡瓦列罗-安东尼(Mely Caballero-Anthony)指出在整个区域合作机制的网络图景中,领导者既作为多数网络中的节点之一,也居于不同的网络之间,并发挥桥接作用,就有助于赋予有效的领导能力。[57]

在全球化时代,大国领导力嵌入于社会互动网络,关系主义路径将领导力视为社会建构的过程。如表 3.2 所示,实体主义将领导力还原为领导者属性,难以解释大国的领导力动态变化过程。关系主义路径假定任何实体必须在持续的关系中才能被理解,综合实力只有被转化为服务集体利益,才能建构被社会认同的领导力。

表 3.2　政治领导力研究的两种路径

	实体主义路径	关系主义路径
本体假设	社会由彼此独立的原子构成,个体魅力与属性资源决定行动选择;因此领导者需投资于自身的实体资源,追随者依附强者。	社会源自相互依存的互动建构,主体间预期与实践进程塑造行为;领导者需投资与追随者的关系网络,建立领导力的权威认同。
理论取向	领导力源自先天的个人品性,而不是后天的授予;在封闭的等级体系下,追随者需要单向服从与依附。	领导力嵌入公共产品供给互动;公共产品供给者通过社会互惠网络,争取追随者的领导力合法性认可。

资料来源:修改自 Mary Uhl-Bien, "Relational Leadership Theory: Exploring the Social Processes of Leadership and Organizing," *The Leadership Quarterly*, Vol.17, No.6, 2006, p.665。

（二）领导力生成的社会网络分析

关系性领导能够不使用权力强迫，而是通过为集体服务，促进共同组织目标，激励追随者的合法性认同。嵌入于社会网络中的领导者有能力跨越社会边界，挑战"孤岛"心态、为实现目标而"重新连接"碎片的网络、提出更具创新性的解决方案。

社会网络分析（Social Network Analysis）是刻画全球治理网络的重要科学工具，其有助于捕获领导者的网络领导力。[58]全球化时代的领导力嵌入在关系网络，对全球治理网络的中心性理解，主要涉及程度中心性（即一个人与其他行为者的联系数量）、间性中心性（即连接网络中其他独立部分的桥梁作用），以及特征向量中心性（即与强大或有声望的节点的接近程度）的测度。

其一，领导力合法性或正当性来自社会关系互动。人类是群体性和社会性动物，领导者需要承担一定的社会公共责任，才能得到追随者的信服。嵌入在全球治理网络中的领导者利用与之连接的关系网，把来自不同社群的行动者聚集在一起，寻找问题解决方案。成功的领导者在服务追随者利益的基础上获得合法性权威，积极贡献公共产品以积累政治权威。科特·格雷森（Curt Grayson）在《领导力网络：连接、合作、创造》中，将领导力网络描述为在为他人服务、为组织的工作和目标服务的过程中，建立关系和结成联盟。[59]从领导力的角度来看，网络影响力超越单一的英雄式领导人视角，使我们重新思考嵌入社会网络的力量。领导者的影响力可以通过程度中心性（关系的数量）、间隔中心性（成为其他节点之间的桥梁的可能性）和特征向量中心性（与受欢迎或有名望的节点的接近程度）来评估。

其二，领导力是关系性的，影响追随者的最好方式是通过社会资本培育信任。在国际关系领域，社会资本被界定为一种嵌入于外交关系和社会结构之中的行动资源，这种资源可以增进集体行动的能力，减少国际互动过程中因投机而产生的交易成本。[60]社会资本理论（Social Capital Theory）自20世纪90年代在西方成为一门新兴的分析范式。"社会资本"概念的创始人是法国社会学家皮埃尔·布迪厄（Pierre Bourdieu），他认为社会资本是持久性的、机制化的关系网络以及里面蕴藏的实际或潜在的资源。[61]社会资本所蕴含的信任与互惠规范能够解决共同体成员之间的信任与承诺问题,从而更好地解决集体行动问题。社会资本所蕴含的信任与互惠规范能够解决共同体成员之间的信任与承诺问题,从而更好地解决集体行动问题。

其三,在现代复杂系统的环境中,领导力被视为共享的连接合作。领导者的社会网络指的是领导者所建立的对集体社区利益有一定影响的社会网络关系。领导者的社会网络关系越是优质和庞大,领导者所调动的社会资源的能力就越大。社会网络中的领导者往往扮演多种角色:(1)"召集人"角色。拥有"感召力"的领导者,可以凝聚社会资本和关系网络,将人们聚集在一起,并提供资源来支持特定持续倡议。(2)"规划者"角色。该角色为群体利益进行规划,而良好的规划能使不同的追随者活跃起来,并发挥出最好的作用。(3)"调解人"角色。领导者鼓励个人和团体加入开放的网络,倾听追随者的愿望,同时为多样化和公平的参与创造空间。(4)"编配者"角色。[62]网络编配者意识到他们周围的网络,并在可能实现互利的地方将人们联系起来,发挥团体合作的催化剂。编配者支持与相邻团体和网络建立连接,拓展更广泛的价值创造渠道。[63]总之,在动荡不安的新兴环境中,基于互惠关系的网络互动更加持久,更加具有合法性权威。[64]

领导者不是孤立存在的,而是被困在构成社会世界的关系网络中。当集群相互连接时,领导网络的力量就会增强。安妮-玛丽·斯劳特在《美国的边缘:网络世界的权力》一文中写道:"21世纪新兴的网络世界存在于国家之上,并通过国家存在。在这个世界上,拥有最多联系的国家将成为核心角色,能够制定全球议程,释放创新和可持续增长。"[65]如今美国依然是世界最强大的国家,其全球战略的重点不在于维持绝对的实力优势,而是处于网络枢纽位置以主导全球事务走向。[66]但同时现有大国和崛起大国利用网络杠杆会显著提升影响力。例如,中国通过加入世贸组织(WTO)融入全球经贸网络,向国际社会释放可信承诺的信号。

第四节　全球治理变革的领导力合法化

在全球治理高度相互依赖时代,大国领导力的合法化过程与国际公共产品供给密切相关。面临竞争压力,大国为了建立国际影响力与合法性权威,需要主动让渡国际公共产品的正外部性收益,以换取国际社会的合法性认可。随着霸权国与新兴大国之间的竞争加剧,全球治理权威关系也会发生调整。一方面,国际社会的权威分布不均。国际社会对新兴大国的角色预期与霸权国不同,新的权威主体需要提出具有比较优势的全球治理新方案,满足国际社会的新需求。全球治理存在"共同但有区别责任",权威分化意味着不同大国的国际地位是差序化的。另一方面,权力转移时期的大国对合法性更敏感。历史表明,大国的综合实力与国际地位并不一定同步提升,地位竞争会刺激霸权国打压新兴大国供给的公共产品。换言之,政治领导力源自社会互动过程,基于"合法化"机制来发挥作用。

(一) 全球治理转型期的合法性竞争

当大国具有积极的政治意愿、良好的治理绩效与较高的公众接受度时,其供给的国际公共产品可以转化为政治合法性的基础。合法性是一种特殊的权力形式,源于国际社会的主观评价与集体期望。[67]大国领导力不能被还原为物质实力,而是合法性建构的产物。金索·帕克(Jinsoo Park)指出国际领导力的评判标准包括:有领导供给公共事务的能力和意愿;得到大多数成员的认可或默许;具有将实力资源转化为政治影响力与信任的手段;并且成为国际安全的维护者和区域经济合作规则的制定者。[68]由此,真正的领导国需要将合法性注入国际社会。[69]需要看到,全球治理的政治学逻辑涉及权威分配问题,霸权国与新兴大国围绕合法性展开竞争。理解国际公共产品供给竞争不能简单落脚于效率逻辑,而是需要回归合法性逻辑,它构成"领导力权威"的关键。

为了在竞争中占据优势,新兴大国也需要努力向国际社会作出社会承诺,以公共服务换取政治承认。整体上,公共产品供给竞争中的政治意愿、供给能力与公众接受度三大因素会强化或削弱供给国的合法性,合法性则直接决定政治领导力的效果。[70]当然政治领导力本身具有自我强化的效应,供给国的政治领导力也会反过来强化其政治意愿与受众接受度,构成公共产品供给与领导力相互支撑的良性循环。

第一,政治意愿。国际公共产品的供给不是简单的物力与财力的投入,而是一个关于角色、期望和观念的塑造的过程。所谓"政治意愿"是指大国愿意将自身优势与能力资源与集体公共事业统一起来的信念,是领导者为获得信任与支持所展现的主观能动性。[71]担任领导职务的政治意愿与行动者的利益偏好相关,其积极政治言论和外交行动可以充分展现政治意愿。在无政府状态下,追随者对领导者的真实意图认知存在不确定性,这会产生承诺可信度难题。由于战略追随本身是一种高风险投资,领导者需要传递安抚信号,渐进培育追随者的信任感。在实力不对称与信息不对称的双重压力下,为了化解追随者的担忧,领导者需要发射可信信号。主动供给国际公共产品免费欢迎他国"搭便车"是重要的善意信号,优质国际公共产品容易赢得中小国家的信任。

第二,供给绩效。绩效是治理结果的效益评估结果,提升全球治理的客观绩效就需要带来更好解决方案,提升追随者与国际社会的收益。历史上,被公认的领导者都能够在全球治理中充分发挥比较优势,以"质优价廉"的国际公共产品凝聚共识,支撑主观政治意愿。[72]在全球治理转型阶段,新兴国家往往积极供给新的解决方案,为全球治理提供更高效率的治理路径。当供给者面临其他供给国的竞争时,就需要突出比较优势,改进产品效能。既然国际公共产品的目的在于满足公共需求,化解公共难题,但是如果其功能性质量不过关,则会挫伤国际社会对供给者声誉的信心,甚至会树立负面形象。何况国际公共产品具有正外部性,可以吸引更多参与者共同受益。例如,全球基础设施对援助国而言更是一种战略工具,涉及全球战略影响力投射与地缘政治安全;对受援国而言,全球基础设施是发展支柱或公共产品,有助于促进经济增长与民生发展。

第三,国际接受度。国际公共产品的消费涉及政治博弈,不是简单的经济效率问题,因此只有兼具合法性与绩效优势的产品才会真正说服他国消费。从概念本源上看,领导力源自追随者的尊重认可,社会接受度就是国际社会的主观评价。[73]尽管国际公共产品供给离不开强国的绩效基础,再好的公共产品如果不能化解信任赤字难题,则很难被追随者选择和消费。由此,社会接受度是领导者推销其公共产品并获得尊重的社会化过程,是基于全球贡献产生积极社会影响的过程。为了让其他国家接受自己供给的国际公共产品,各大国会展开过激烈竞争。在全球治理转型阶段,大国领导力的关键在于以身作则、树立榜样,以及传递合法性支持的愿景与理念。社会进化论认为,人类社会存在一种互惠准则:那些乐于为群体做贡献的行动者,理应得到社会性回报。[74]国际公共产品具有天然的互惠性质,消费者需要回馈供给者以社会尊重与地位承认。

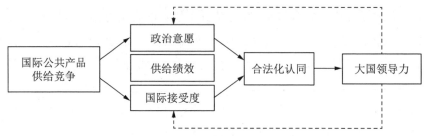

图 3.1 公共产品供给竞争与领导力合法性机制

资料来源:笔者自制。

综上,国际公共产品的合法性机制塑造了领导力权威(参见图 3.1)。具体变量关系如下:(1)自变量:国际公共产品供给竞争。公共产品收益可以被所有人享用,是任何惠及集体利益、具有正外部性的集体产品。(2)因变量:大国领导力。领导力是以非强制方式引导他人追随的社会过程。评判标准包括:有服务公共事务的能力和意愿;得到大多数成员认可或默许;有将资源转化为影响力的手段。(3)合法性机制:主观维度的政治意愿、客观维度的供给绩效与集体维度社会接受度,共同决定合法性强弱,合法性则构成政治领导力的基础。一方面,合法性对潜在领导国构成社会压力,违背社会期望的行动则会被认为不合适与不合法,从而失去吸引追随者的道义性。另一方面,符合社会期望的领导力就获得了影响力放大器,通过合法性认同可以获得不对称的超额回报。领导力一旦被合法化就具有收益递增的效果,构成良性循环。

合法性竞争会激励大国推出各具特色的国际公共产品,以吸引他国追随。正如詹姆斯·怀特海德(James Whitehead)与迈克·佩卡姆(Mike Peckham)指出,领导力是领导者在一个日益复杂的世界中取得合法性与信任的方式。[75]在"百年未有之大变局"的新时代,解决人类社会面临的共同挑战大国应该做表率,加强在国际和地区问题上的协调合作,向国际社会供给更多优质的公共产品。当前,国际形势不稳定性不确定性增加,大国发挥引领作用,共同推进人类和平与发展的崇高事业,这是世界各国人民的共同愿望。

（二）国际公共产品供给的合法化机制

在全球治理扁平化与国际规范非暴力化时代，国际公共产品供给塑造领导力的权威基础。面临合法性权威竞争压力，大国为了建立国际影响力优势，需主动让渡国际公共产品的正外部性收益，以换取国际合法性认可。资源导向的实体主义路径忽视全球治理的权威互动，而关系主义路径下的互惠预期、亲善信号、利益共享与关系协同四大要素构成大国领导力的合法化机制。

从政治合法性角度理解，大国竞争的实质是领导力的合法化竞争。没有追随者的认同，就没有领导者的合法性。合法性可以定义为促使行动者以符合社会期待的方式行动的观念力量。马克斯·韦伯（Max Weber）指出"合法性"（legitimacy）的基础是权威（authority），这是一种基于法律制度、文化规范、观念预期与社会期待的约束力量。[76]在大国权力竞争加剧背景下国际公共产品供给则会成为战略竞争的道义战场，在大国群雄逐鹿的时代全球治理的合法性危机会显著凸显出来。[77]面临竞争压力，大国为了建立国际影响力与合法性权威，需要主动让渡国际公共产品的正外部性收益，以换取国际社会的合法性认可。由此，如何在不使用武力前提下通过供给国际公共产品、服务国际社会来吸引他国追随，是全球政治的重大新议题。

其一，合法性由社会预期及其观念力量支撑。社会化基于"合乎秩序的信念"，对大国言行产生约束。一方面，供给国际公共产品有助于传递善意信号。在信息不对称环境下，供给国际公共产品传递"善意"信号，有助于避免造成战略误解。尤其是新兴大国往往面临国际社会的意图猜疑，需以实际行动满足国际社会对公正合理新秩序的普遍期望。另一方面，供给公共产品符合国际规范崇尚非暴力的趋势。在冷战后，非暴力说服逐步取代武力强制成为国际关系基本规范。为全球公共利益做贡献、谋福利，成为"适当"（appropriateness）的大国角色规范。[78]

其二，全球治理合法性具有规范与绩效双重内涵。规范合法性强调社会预期产生的规范压力，绩效合法性则关注解决问题的能力与成效。[79]一方面，国际社会关注共同利益实现。在多个供给者竞争的格局下，大国要反复论证与展示比较优势，表明自己的解决方案最符合集体利益。另一方面，大国国际声誉与绩效结果挂钩。国际社会在长期实践中观察对比多种治理方案;而高性价比的国际公共产品,可提升供给者的全球公信力。由此,世界银行从绩效角度将国际公共产品界定为,"具有跨境外部效应的商品、资源、服务以及规则或政策制度体系,它们对发展和减贫非常重要"。[80]

其三,国际公共产品的供给需要聚焦比较优势。在高度竞争的时代,不同生态位特点对应不同的供给策略。任何一个国家都不可能垄断所有领域的公共产品供给,国家不论大小都只能尽量扬长避短去利用空余生态位。正如安德鲁·库珀(Andrew F. Cooper)所言,中等强国与新兴大国应将资源集中在最能产生回报的特定领域,有选择地发现并填补治理空间,而非试图覆盖所有领域。[81]当前全球治理赤字加剧,霸权国的合法性权威遭受质疑,这给了新兴大国重塑生态位空间的机会。基于差异化的供给策略形成错落梯次的供给格局,不仅是适应环境变化和资源压力的理性选择,也是新兴大国建立规范合法性与绩效合法性的必由之路。

本书对合法化机制的双逻辑划分,主要基于马克斯·韦伯对"价值理性"与"工具理性"的二分。鉴于冷战后国际关系出现非强制性与网络化特征,在全球治理转型期,供给国际公共产品的合法化逻辑包括社会交换逻辑与经济交换逻辑。

第一种逻辑是社会交换逻辑。在政治领导力生成过程中,经济交换与社会交换的两种逻辑并存。经济交换逻辑以效率为导向,追随者只对能够带来最多利益的领导者表示服从。而社会交换逻辑以合法性为导向,追随者对具有社会威望与互惠认可的领导者表示服从。在"后霍布斯社会",大国更需要关注社会交换对社会预期与合法性认同的塑造,提升追随者对互惠预期与亲善信号的信任。第二种逻辑是网络嵌入逻辑。全球治理中的"网络嵌入"是指诸多"节点"复杂联结形成一种利益共享的利益共同体模式。国际公共产品供给本身具有一对多的关系网络特点,往往由单一大国供给公共产品吸引其他成员消费跟随,这种一对多或少对多的格局具有连通性和扩散性特点,有助于激发集体行动。嵌入在网络中的领导者可以获取网络资源,领导力的国际支持由外交网络规模、关系强度与网络位置决定。在领导力建构过程中,网络节点不断互相交换物质、能量和信息,促进利益共享与关系协同。

概言之,合法性竞争揭示了全球治理的政治逻辑。如果把国际社会看作一个社会化的共同体,则不同国家的全球治理合法性决定其国际地位,大国对合法性的追求也会反过来助推权力竞争。[82]充满地位焦虑的霸权国可能对新方案态度敏感,甚至压制、破坏、污名化新型国际公共产品。[83]如前文所述,霸权国垄断国际公共产品供给,难以满足国际社会对规范合法性与绩效合法性的期望。而新兴大国处于次等强国位置,向上面临霸权国压制,向下需要争取他国支持,更有能力与意愿供给差异化公共产品赢得合法性权威。

第五节 新兴大国的"差序性权威"构建

在后冷战时代,国际社会期望以非支配方式促进全球治理,新兴国家有更大空间与可能展示自身优势。鉴于国际社会的无政府状态,全球治理的大国竞争难以避免。在服务全球"共同利益"过程中,新兴大国面对竞争阻力,可以局部而渐进地克服集体行动障碍,推动全球治理从不平衡到逐渐平衡,从小范围合作到广泛合作。为了在规范合法性上满足社会预期,在绩效合法性上提高治理效果,新兴大国需要基于社会学习与角色分化机制建立差序性权威。差序性权威揭示了全球治理的权威错位分布特点,指引新兴大国建立差异化的供给生态位。

(一)竞争压力与公共产品供给分化

竞争视角下的国际公共产品供给需要厘清竞争分化的内涵、程度与类型差异。在国内政治体系中,存在唯一的政治中心与政府权威,分化形式以横向功能分段为主;反之,由于国际关系缺乏最高权威,每个国家都会努力提升其国际等级地位与威望,纵向分层分化会更为突出。肯尼思·华尔兹(Kenneth N. Waltz)曾断言,国际政治体系在功能上没有差异,认为国家之间的实力区分比功能区分更重要。[84]实际上,他只聚焦了无政府状态下的等级分层的不平等,而忽视了横向领域的功能分化。而杰克·唐纳利(Jack Donnelly)主张对华尔兹的结构概念进行"纵向"和"横向"区分,提出"纵向分化"是一种"相对位置或地位"的上下空间分布,而"横向分化"的政治空间差异可以用"分段"或"区隔"来隐喻。[85]杨原也发现,功能分化会影响国际公共产品供给,国际关系学者需要关注横向维度的功能"分治"模式,将其与纵向等级分化综合起来分析。[86]

社会学分层理论强调,个体、组织与国家的竞争会产生社会位置分化,这种差异一般包括不平等与异质性两种形式。其中,不平等是指竞争压力导致的纵向等级差异,而异质性则是竞争压力导致的横向功能差异。[87]对此,迈克尔·祖恩(Michael Zürn)等人强调,世界历史进程的政治竞争深受这两种分化模式影响。[88]基于此,国际公共产品供给的纵向与横向分化交织,构成一种复杂的生态位(niche)[89]格局。

一方面,在不对称依赖关系中,公共产品供给容易产生"拥挤效应"。这意味着,新兴大国可能与霸权国所供给的国际公共产品发生拥挤重叠,加剧合法性竞争。对此,面临霸权国供给优势与战略压制,新兴大国应该扬长避短,避免进行全球治理的存量竞争,而是投入新资源扩大发展空间或降低拥挤程度,促进国际公共产品供给进入增量竞争阶段。另一方面,国际公共产品供给的竞争分化可以在纵向与横向两个维度展开。生物学"生态位"理论认为,面临生存竞争压力的不同物种需要遵循"立体式—差异化"模式,以拓宽生存空间。生物学家约瑟夫·格林内尔(Joseph Grinnell)指出,"生态位"本质是实现功能分化与空间错位。[90]与之类似,国际公共产品供给也面临功能重叠与空间拥挤两重挑战。面对竞争压力,新兴大国需要积极建立自身的"生态位"体系,最大程度规避霸权国压制、提升合法性效果。

为理解全球治理中的多维合法性竞争,本研究基于"差序格局"概念提出"差序性权威"概念。就结构形态而言,两者都重在展示"分层立体"的互动特征,既有平面的亲疏远近,也有立面的等级有序。著名社会学家费孝通使用"差序格局"概念总结了传统社会的人际互动模式,即基于伦理规范与社会亲疏所形成的差序性关系格局。[91]"差序格局"概念的优势在于,将扁平静态的社会结构转化为多层立体的互动结构,既有纵向的、刚性的等级化"序",也有横向的、弹性的功能属性"差"。实际上,不论是在微观人际关系建构,还是宏观国际关系互动中,普遍存在横向"差"与纵向"序"交织并存的结构。由此,"差序格局"的立体分层逻辑,可为全球治理的理论创新带来启示,尤其适合解释新兴大国参与全球治理过程中的权威竞争逻辑。

本质上,"差序性权威"是一种在不同领域形成的差序认同,是竞争关系的立体分层体现。[92]全球治理的权威竞争是根据行动者的角色与地位对其进行区分的社会过程,同样涉及横向维度的功能"差"与纵向维度的等级"序"。新兴大国为满足国际期望并展示治理能力,通过社会学习与角色分化两大机制凝聚合法性。

一方面,社会学习机制。作为追赶者,新兴大国有很强动机学习模仿成功者,尽量采取符合国际期望的行动,提升规范合法性认同。基于规范预期的社会模仿可以分为不同形式:一种是模仿频率,新兴大国如果观察到某类国际公共产品被频繁供给或需要,则可能优先供给代表广泛"社会需求"的公共产品。另一种是模仿特征。新兴大国也会观察其他大国的言行,展示普遍公认的负责任特征。如果国际社会认可与奖励承担国际责任,那么新兴大国在正反馈激励下,也有动力展示这些特征。

另一方面,角色分化机制。新兴大国嵌入在既有国际格局中,其综合实力增长迅速,具有变革国际秩序的能力与意愿。新兴大国与霸权国尽管有着相似的战略目标,却有着不同的社会角色定位。角色分化机制意味着不同成员获得的反馈与认可存在差异,包括不平等与异质性两种形式:不平等是等级序列分化;异质性则是角色功能分化。[93]新兴大国在角色分化机制作用下,寻找全球治理缺位下的新治理空间。由此,全球治理中的地位竞争压力,会让新兴大国保持与霸权国和其他大国不同的角色定位。

上述两个机制有区别也有联系。社会学习是新兴大国模仿他国,向国际期望(规范合法性)靠拢的过程,强调"趋同"。角色分化则是新兴大国区别自己与他国,突出自身比较优势与治理能力(绩效合法性)的过程,强调"分异"。两者是权威建构的一体两面,统一在新兴大国追求差序性权威的进程之中。

综上所述,构建差序性权威是新兴大国供给国际公共产品的重要动力来源。在权力转移关键阶段,新兴大国在社会学习与角色分化机制作用下,就会为了获得合法性承认参与国际公共产品供给。具体变量关系如下:自变量为"差序性权威"建构,取决于其能否满足社会期望与集体利益,即规范合法性与绩效合法性;因变量为"国际公共产品供给竞争",即主权国家供给惠及集体利益的产品或服务。因果机制在于"合法化认同塑造",包括社会学习机制与角色分化机制。在差序性权威构建的动力驱使下,新兴大国采取差异化的供给策略,既供给差异性产品又拓展供给空间,构建立体多层次的生态位。

(二) 新兴大国的公共产品供给生态位差异

冷战后全球治理格局呈现出多层次、多元化与网络化的发展趋势,新兴大国积极参与国际公共产品供给成为一种显著趋势。"新兴大国"是在既有国际格局中实力迅速增强、产生全球影响的国家,往往与"传统大国或霸权国"概念对应。[94]所谓"新兴"是指其实力短时间脱颖而出,有改革现有国际秩序的诉求;"大国"则意味着其影响力处于全球前列,追求提升国际政治的地位、威望与声誉。当前国际社会较为公认的新兴大国一般指"金砖国家"。[95]基于案例选择的典型性与可比性原则,本书重点比较"金砖国家"中的中国、印度与巴西,总结其国际公共产品供给的动力机制与差异化策略。[96]

"差序性权威"概念基于横向与纵向维度的立体分析,突出新兴大国的选择能动性。在动态演化的全球生态位体系中,新兴大国不是被动等待霸权国的压制、制衡与猜疑,而是会主动积累规范合法性与绩效合法性。21世纪以来,中国、印度与巴西的治理能力与意愿显著提升,在与霸权国以及它们之间的竞争互动中,新兴大国意识到新型国际公共产品是否能获得国际社会认可,取决于其规范合法性与绩效合法性的强度。基于差序性权威的建构逻辑,中国、印度与巴西需要明确自身的供给生态位,权衡供给空间拥挤度与产品功能重叠度,选择不同的供给竞争策略。

在纵向维度的国际地位方面,主要新兴大国的排序显著提升。作为最大的发展中大国,中国综合国力仅次于美国,是世界第二大经济体与第一大贸易国,对世界经济增长的贡献率长期位居世界首位。中国现代化进程不仅实现综合国力的质变飞跃,更拓展了世界现代化版图。印度作为亚洲传统强国,其地缘影响与战略实力在南亚首屈一指,致力于"做有声有色的大国"[97]。近年来其经济与人口增长迅速,2022年印度国内生产总值(GDP)位居世界第五位,2023年印度人口总量跃居世界第一,也是全球增长最快的主要经济体之一。另外,巴西作为南美最大国家,其资源禀赋与综合国力优势明显,为世界第七人口大国与第九经济大国。早在20世纪70—80年代,巴西就是"南南合作"的主要推动者。新时期,巴西依托

"印度—巴西—南非三边对话论坛"(IBSA)、金砖国家机制、二十国集团与葡语国家共同体,发挥全球影响力。

在横向维度的产品功能方面,主要新兴大国提出了创新性的治理方案。随着治理能力提升,中国创造性供给了"一带一路"倡议、三大"全球倡议"、亚投行多边机制、丝路基金、金砖国家新开发银行等一系列新型国际公共产品,并扩容上海合作组织,共建人类命运共同体。2018 年印度大力倡导推进"改革的多边主义",呼吁扩大国际机制代表性。新冠疫情期间发起"疫苗友谊"倡议,倡导"天下一家"理念。2023 年印度作为二十国集团(G20)主席国主持召开"全球南方"峰会、吸纳非洲联盟为成员,提升南方国家应对全球供应链混乱、国际债务增加、资本流动收缩与气候变化能力。同时 21 世纪初期巴西也积极推进全球大国外交,利用多边合作平台塑造自己全球南北方的"沟通桥梁"形象。为改革不合理的国际政治经济秩序,巴西和其他新兴国家一道倡议改革世贸组织、国际货币基金组织、世界银行和联合国系统的决策规则。[98]

虽然新兴大国内部也存在差异与竞争,但中国、印度与巴西等新兴大国整体上具有与霸权国不同的全球生态位。一方面,新兴大国填补美国权威衰落后治理空间。面对霸权国竞争,新兴大国需要考虑国际社会期望与治理能力差距。"二战"后美国积极推进国际经济体系、安全联盟、市场技术与金融货币融为一体,形成所谓"嵌入式自由主义"[99]。冷战后,美国满足国际预期与利益绩效的能力呈弱化趋势。2008 年全球经济危机重创了美国国际领导力,中国、印度与巴西在这种背景下主动进入霸权国退出或缺位的治理领域,提出新的治理方案。社会学习机制让新兴大国意识到,认真总结霸权国的治理教训,就需要真正回应国际社会需求,重点在空间拥挤度相对较低的领域供给公共产品。由此,中国、印度与巴西所供给的公共产品尽管可能与其他大国存在功能重叠,但大多是错位供给,避开了等级地位的直接竞争。

另一方面,新兴大国之间也存在角色定位差异。在角色分化机制驱动下,新兴大国致力于在全球治理进程中找准自身定位、发挥比较优势,建立独具特色的生态位。尽管中印巴三国同属"金砖国家",但它们在国际格局中的地位差别较大。按照生态位逻辑,中国作为仅次于美国的次强国,在提供国际公共产品时的策略需重点考虑同美国形成比较优势;相对地位更低的印度和巴西在提供国际公共产品时,需要同时考虑中美两国的策略选择。在中美竞争之外,印度与巴西相对中国也存在一定的纵向地位分化。由此,新兴大国与霸权国之间的竞争与新兴大国之间的供给竞争,构成了双重"差序"关系。整体上,印度与巴西面临的合法性压力更小,但实力有限,大多采取共生式与嵌入式供给策略。中国面临的合法性压力更大,但实力更强,则多采取错位式与局部替代式供给策略。

如图 3.2 所示,中国、印度与巴西处于类似但有差别的生态位,其参与全球治理的差序性权威也因此存在一定区别,构成一个多元化的新兴供给梯队。基于生态位差异,中印巴三国应"有所为、有所不为",在供给重叠领域展现特色和优点,形成立体差异化的国际公共产品供给路线图。

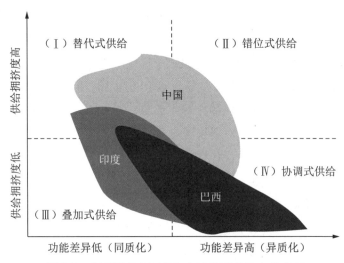

图 3.2　主要新兴大国参与全球治理的生态位差异

结　　语

如古谚语所言:"赠人玫瑰,手有余香。"让利让惠,方可收获认同。国际公共产品供给者需要认识到,权力有效性取决于社会关系的合法性基础。与权力产生的强制性服从不同,领导力是通过为公共事务做出贡献吸引追随者信任与支持的过程。如果领导者提出了合理的治理方案,最终为群体成员谋取了公共福利,那么追随者就会通过服从领导者的权威给予互惠回应。关系理论认为,理解领导力的要点在于:(a)领导力是一种关系属性。领导者和追随者嵌入在相互依存关系中,领导者出让公共产品才能证明自己领导的价值,追随者消费公共产品则是对其领导力的认可;为此需要在特定情境下分析领导力的来源和类型,认识到领导力是一种关系,能力也不是一种物质,而是非物质的精神面貌。[100](b)领导力是一个社会认同过程。领导者需要了解群体的态度和目标,并激励他们努力实现这些目标。当通过供给公共产品满足集体社会期望时,承认就会自动产生。[101]所以要理解追随者如何看待这种领导力,在多大程度上领导力获得了运作的合法性,领导者与支配者的关系是什么。

当今国际公共产品供给面临多种挑战:一方面,全球治理的多元化需求突出。全球治理涉及复杂多样的主体,构成相互依赖与彼此制衡的关系网络,供给者需要调动纵向与横向资源,构建全球支持网络。[102]另一方面,全球合法性认同更加稀缺与重要。在全球分化的多中心世界里,权力分解涉及多层次实践与关切,谁掌握了政治支持网络,谁就能获得全球治理的合法性优势。由此,大国领导力建设不应只关注物质实力的支撑,还需要获得国际社会的广泛支持。在日益相互联系的世界政治中,领导性大国需要在建设性维护现有秩序前提下进行协商、沟通与说服,不仅要有远见和能力为集体利益做出贡献,还要与追随国家在全球互动中建立互惠的关系契约,以建立可持续的领导力合法性。

注释

1. Ian Clark, "China and The United States: A Succession of Hegemonies?" *International Affairs*, Vol. 87, No. 1, 2011, pp. 13—28.

2. Michael A. Hogg, "A Social Identity Theory of Leadership," *Personality and Social Psychology Review*, Vol. 5, No. 3, 2001, pp. 62—73.

3. Jonas Tallberg, *Leadership and Negotiation in the European Union*, Cambridge, UK: Cambridge University Press, 2006, pp. 19—29.

4. 参见 Nannerl O. Keohane, *Thinking About Leadership*, Princeton: Princeton University Press, 2010。

5. Nicola Short, "Leadership, Neoliberal Governance and Global Economic Crisis: A Gramscian Analysis," in Stephen Gill ed., *Global Crises and the Crisis of Global Leadership*, Cambridge, UK: Cambridge University Press, 2012, p. 43.

6. 陈琪、管传靖:《国际制度设计的领导权分析》,载《世界经济与政治》2015 年第 8 期,第 16 页。

7. Martin A. Smith, *Power in the Changing Global Order*, Cambridge, UK: Polity Press,

2012，pp.5—10.

8. Joseph S. Nye, *Bound to Lead: The Changing Nature of American Power*, New York: Basic Books，1990，p.26.

9. Robert Dahl, "The Concept of Power," *Behavioral Science*, Vol.2, No.3, 1957, p.202.

10. Susan Strange, *States and Markets*, London: Pinter Publishers, 1988, p.25.

11. Stephen Krasner, *Structural Conflict: The Third World Against Global Liberalism*, Berkley: University of California Press, 1985, p.14.

12. David Baldwin, "Power and International Relations," in Walter Carlsnaes, Thomas Risse and Beth A. Simmons eds., *The Handbook of International Relations*, Thousand Oaks: Sage, 2000, p.181.

13. Michael N. Barnett and Raymond Duvall, "Power in International Politics," *International Organization*, Vol.59, No.1, 2005, pp.39—75.

14. Peter Morriss, "Power: A Philosophical Analysis," in Mark Haugaard ed., *Power: A Reader*, Manchester: Manchester University Press, 2002, pp.278—203.

15. Martha Finnemore and Judith Goldstein eds., *Back to Basics: State Power in A Contemporary World*, New York: Oxford University Press, 2013, p.16.

16. Robert A. Dahl, "The Concept of Power," *Behavioral Science*, Vol.2, No.3, 1957, pp.201—215.

17. David A. Baldwin, "Power Analysis and World Politics: New Trends versus Old Tendencies," *World Politics*, Vol.31, No.2, 1979, pp.161—194.

18. 参见 Quintin Hoare and Geoffrey Nowell Smith eds., *Selections from the Prison Notebooks of Antonio Gramsci*, London: Lawrence & Wishart, 1971。

19. Steven Lukes, *Power: A Radical View*, Basingstoke: Palgrave Macmillan, 2005, p.29.

20. Benjamin J. Cohen, *Organizing the World's Money*, New York: Basic Books, 1977, p.56.

21. Jonathan Kirshner, *Currency and Coercion: The Political Economy of International Monetary Power*, Princeton: Princeton University Press, 1995, p.117.

22. Susan Strange, *Authority and Markets: Susan Strange's Writings on International Political Economy*, London: Palgrave Macmillan, 2002, p.564.

23. Susan Strange, *Casino Capitalism*, London: Basil Blackwell Ltd., 1986, p.55.

24. ［英］基思·格林特:《牛津通识读本:领导力》,马睿译,南京:译林出版社 2018 年版,第 2 页。

25. 同上书,第 7 页。

26. 刘洋、王逸舟:《我国需要大幅提升外交能力——专访北京大学教授、中国国际关系学会副会长王逸舟》,载《环球财经》2020 年第 7 期,第 63—67 页。

27. Oran Yong, "Political Leadership and Regime Formation: On the Development of Institutions in International Society," *International Organization*, Vol.45, No.3, 1991, pp.281—308.

28. Judith Goldstein, "Ideas, Institutions, and Trade Policy," *International Organization*, Vol.42, No.1, 1988, pp.179—217.

29. John G. Ruggie, "International Regimes, Transactions, and Change: Embedded Liberalism in the Postwar Economic Order," in Stephen D. Krasner, ed., *International Regimes*, Ithaca, N.Y.: Cornell University Press, 1983, pp.195—231.

30. 参见 Ruth S. DeFries and Thomas F. Malone, eds., *Global Change and Our Common*

Future: *Papers from a Forum*, Washington, D.C.: National Academy Press, 1989。

31.《新华词典》,北京:商务印书馆 2002 年版,第 715 页。

32. 王逸舟:《磨合中的建构——中国与国际组织关系的多视角透视》,北京:中国发展出版社 2003 年版,第 105 页。

33. Elinor Ostrom, *Governing the Commons*: *The Evolution of Institutions for Collective Action*, Cambridge, UK.: Cambridge University Press, 1990, p.149.

34. Jill W. Graham, "Servant-leadership in Organizations: Inspirational and Moral," *The Leadership Quarterly*, Vol.2, No.2, 1991, pp.105—119.

35. Rie Odgaard and Kristine Yigen, "Access to Global Public Goods for Socially and Economically Vulnerable Groups," in Erik André Andersen and Birgit Lindsnaes eds., *Towards New Global Strategies*: *Public Goods and Human Rights*, Leiden, The Netherlands: Martinus Nijhoff Publishers, 2007, pp.275—277.

36. Tom R. Tyler, "Process-Based Leadership: How Do Leaders Lead?" p.163.

37. Ruth Wodak, "Critical Linguistics and Critical Discourse Analysis," in Jef Verschueren and Jan-Ola Östman eds., *Handbook of Pragmatics*, Amsterdam: John Benjamins, 1995, pp.204—210.

38. 尉洪池:《话语与权力:全球互联网治理话语与实践分析》,外交学院博士论文 2017 年,第 43—45 页。

39. Joanne B. Ciulla, "Leadership and the Ethics of Care," *Journal of Business Ethics*, Vol.88, No.1, 2009, p.34.

40. Allison Carnegie and Austin M. Carson, "The Spotlight's Harsh Glare: Rethinking Publicity and International Order," *International Organization*, Vol.72, No.3, 2018, pp.1—31.

41. Robert Sugden, "Reciprocity: The Supply of Public Goods Through Voluntary Contributions," *The Economic Journal*, Vol.94, No.376, 1984, pp.772—787.

42. John Kotter, *The Leadership Factor*, New York: The Free Press, 1998, p.5.

43. Mary Uhl-Bien, "Relational Leadership Theory: Exploring the Social Processes of Leadership and Organizing," *The Leadership Quarterly*, Vol.17, No.6, 2006, p.668.

44. 参见 Joseph Rost, Leadership for the Twenty-First Century, London: Praeger, 1991; Keith Grint, *Leadership*: *A Very Short Introduction*, New York: Oxford University Press, 2010。

45. 参见 Thomas Carlyle, *On Heroes*, *Hero-Worship*, *and the Heroic in History*, London: Chapman and Hall, 1869。

46. Peter G. Northouse, *Leadership*: *Theory and Practice* (*6th Edition*), London: SAGE Publications, 2012, p.23.

47. Deborah Welch Larson, "Moral Realism and Sino-American Relations," in Yan Xuetong and Fang Yuanyuan eds., *The Essence of Interstate Leadership*: *Debating Moral Realism*, Bristol, UK.: Bristol University Press, 2023, pp.162—179.

48. 参见 Yan Xuetong, "Political Leadership and Power Redistribution," *The Chinese Journal of International Politics*, Vol.9, No.1, 2016, pp.1—26; Yan Xuetong, *Leadership and the Rise of Great Powers*, Princeton: Princeton University Press, 2019。

49. Lucia Crevani, Nada Endrissat, "Mapping the Leadership-As-Practice Terrain: Comparative Elements," in Joseph Raelin ed., *Leadership-as-Practice*: *Theory and Application*, New York: Routledge, 2016, pp.23—24.

50. Stefan Sveningsson and Mats Alvesson, "Global Leadership: Sustaining Classic Managerialism," in Lena Zander ed., *Research Handbook of Global Leadership*: *Making a Difference*,

Cheltenham，UK：Edward Elgar，2020，p.50.

51. 邢悦、刘钊、常欣：《关系性权力与美国领导地位的兴衰》，载《外交评论》2022 年第 4 期，第 52—86 页。

52. Stuart J.M. Weierter，"Who Wants to Play 'Follow the Leader？' A Theory of Charismatic Relationships Based on Routinized Charisma and Follower Characteristics，" *The Leadership Quarterly*，Vol.8，No.2，1997，pp.171—193.

53. Lee Jones，"Still in the 'Drivers' Seat'，But for How Long？ ASEAN's Capacity for Leadership in East-Asian International Relations，" *Journal of Current Southeast Asian Affairs*，Vol.29，No.3，2010，pp.95—113.

54. 陈琪、管传靖：《国际制度设计的领导权分析》，载《世界经济与政治》2015 年第 8 期，第 16 页。

55. Miles Kahler ed.，*Networked Politics：Agency，Power，and Governance*，Ithaca，NY：Cornell University Press，2009，p.5.

56. Kathryn Sikkink，"The Power of Networks in International Politics，" in Miles Kahler ed.，*Networked Politics：Agency，Power，and Governance*，Ithaca，NY：Cornell University Press，2009，pp.238—240.

57. Mely Caballero-Anthony，"Understanding ASEAN's Centrality：Bases and Prospects in An Evolving Regional Architecture，" *The Pacific Review*，Vol.27，No.4，2014，pp.563—584.

58. Anne-Marie Slaughter，*A New World Order*，Princeton，NJ：Princeton University Press，2004，p.172.

59. 参见 Curt Grayson and David Baldwin，*Leadership Networking：Connect，Collaborate，Create*，New York：Center for Creative Leadership，2007。

60. 参见 Michaelene Cox，*Social Capital and Peace-Building：Creating and Resolving Conflict with Trust and Social Networks*，London & New York：Routledge，2009。

61. Pierre Bourdieu，"The Foums of Capital，" in John Richardson ed.，*Handbook of Theory and Research for the Sociology of Education*，New York：Greenword，1986，pp.241—258.

62. 余文全：《关系网络中的崛起国：编配者与领导力》，载《世界经济与政治》2022 年第 7 期，第 100—125 页。

63. James Whitehead and Mike Peckham，*Network Leadership：Navigating and Shaping Our Interconnected World*，New York：Routledge，2022，pp.42—44.

64. Prasad Balkundi and Martin Kilduff，"The Ties That Lead：A Social Network Approach to Leadership，" *The Leadership Quarterly*，Vol.16，No.6，2005，pp.941—961.

65. Anne-Marie Slaughter，"America's Edge：Power in the Networked Century，" *Foreign Affairs*，January/February 2009.

66. 参见 Scott Malcomson，*in Splinternet：How Geopolitics and Commerce Are Fragmenting the World Wide Web*，New York：OR Books，2016。

67. David C. Kang，"Hierarchy and Legitimacy in International Systems：The Tribute System in Early Modern East Asia，" *Security Studies*，Vol.19，No.4，2010，pp.591—622.

68. Jinsoo P.，"Regional Leadership Dynamics and the Evolution of East Asian Regionalism，" *Pacific Focus*，Vol.27，No.2，2012，p.293.

69. Charles A. Kupchan，"Unpacking Hegemony：The Social Foundations of Hierarchical Order，" in G. John Ikenberry ed.，*Power，Order，and Change in World Politics*，Cambridge：Cambridge University Press，2014，pp.19—23；Yan Xuetong，"Political Leadership and Power Redistribution，" *The Chinese Journal of International Politics*，Vol.9，No.1，2016，pp.1—26.

70. Luk Van Langenhove, Marieke Zwartjes, and Georgios Papanagnou, "Conceptualising Regional Leadership: The Positioning Theory Angle," in Stephen Kingah and Cintia Quiliconi eds., *Global and Regional Leadership of BRICS Countries*, New York: Springer, 2016, pp.20—25.

71. 参见 Vidula B. et al., *The Role of Power in Effective Leadership: A Center for Creative Leaderships Research White Paper*, Greensboro: Center for Creative Leadership, 2008。

72. Douglas L., "Dimensions of Hard Power: Regional Leadership and Material Capabilities," in Daniel F., ed., *Regional Leadership in The Global System: Ideas, Interests and Strategies of Regional Powers*, Aldershot: Ashgate, 2010, pp.31—50.

73. Raino M., "'Leader' and 'Entrepreneur' in International Negotiations: A Conceptual Analysis," *European Journal of International Relations*, Vol.1, No.1, 1995, pp.87—112.

74. Robert T., "The Evolution of Reciprocal Altruism," *The Quarterly Review of Biology*, Vol.46, No.1, 1971, pp.35—57; Daniel N. and Robin D., "Social Markers and the Evolution of Reciprocal Exchange," *Current Anthropology*, Vol.38, No.1, 1997, pp.93—99.

75. James W. and Mike P., *Network Leadership: Navigating and Shaping Our Interconnected World*, New York: Routledge, 2022, pp.7—8.

76. Max Weber, *Economy and Society: Vol.I*, Oakland, CA.: University of California Press, 1978, p.53.

77. 参见 Michael Z., *A Theory of Global Governance: Authority, Legitimacy, and Contestation*, Oxford, UK.: Oxford University Press, 2018。

78. Shipping Tang, *A Theory of Security Strategy for Our Time: Defensive Realism*, London: Palgrave Macmillan, 2010, pp.1—2;[美]亚历山大·温特:《国际政治的社会理论》,秦亚青译,上海:上海人民出版社 2000 年版,第 288—291 页。

79. Michael Zürn, "Global Governance and Legitimacy Problems," *Government and Opposition*, Vol.39, No.2, 2004, pp.260—287; Michael Zürn, *A Theory of Global Governance: Authority, Legitimacy, and Contestation*, Oxford: Oxford University Press, 2018, pp.8—9.

80. Operations Evaluation Department, *The World Bank's Approach to Global Programs: An Independent Evaluation*, Washington DC.: World Bank, 2002, p.2.

81. Andrew F. Cooper, "Niche Diplomacy: A Conceptual Overview," in Andrew F. Cooper ed., *Niche Diplomacy Middle Powers After the Cold War*, London: Macmillan Press Ltd, 1997, pp.1—3.

82. William C. Wohlforth et al., "Moral Authority and Status in International Relations: Good States and The Social Dimension of Status Seeking, Review of International Studies," *Review of International Studies*, Vol.44, No.3, 2018, pp.526—546.

83. Tudor A. Onea, "Between Dominance and Decline: Status Anxiety and Great Power Rivalry," *Review of International Studies*, Vol.40, No.1, 2014, pp.125—152.

84. 参见[美]肯尼思·华尔兹:《国际政治理论》,信强译,上海:上海人民出版社 2017 年版。

85. Jack Donnelly, "Rethinking Political Structures: From 'Ordering Principles' to 'Vertical Differentiation'—and Beyond," *International Theory*, Vol.1, No.1, 2009, p.51.

86. 两极结构下,大国可能在水平横向维度产生两个彼此泾渭分明的敌对阵营,这被称为"分治"模式,各自能够供给互补性公共产品,参见杨原:《体系层次的国家功能理论——基于对结构现实主义国家功能假定的批判》,载《世界经济与政治》2010 年第 11 期,第 129—153 页。

87. [美]彼特·布劳:《不平等和异质性》,王春光、谢圣赞译,北京:中国社会科学出版社

1991 年版,第 268—269 页。

88. Michael Zürn, Barry Buzan and Mathias Albert, "Conclusion: Differentiation Theory and World Politics," in Mathias Albert, Barry Buzan and Michael Zürn, eds., *Bringing Sociology to International Relations: World Politics as Differentiation Theory*, Cambridge University Press, 2013, pp.235—236.

89. "niche" 一词也可以音译为"利基",也可意译为"生态位",表示生态系统中的位置差异,参见 Arnaud Pocheville, "The Ecological Niche: History and Recent Controversies," in Thomas Heams et al., *Handbook of Evolutionary Thinking in the Sciences*, London: Springer, 2015, pp.547—586;此概念在国际关系研究中的应用,参见 Chunman Zhang, "The Power of a Niche Strategy and China's Preemptive and Adaptive Response to the US Indo-Pacific Strategy," *China Review*, Vol.20, No.3, 2020, pp.239—259;姚远:《国际金融公共产品类型化与中美错位供给》,载《当代亚太》2021 年第 6 期,第 131—166 页。

90. 转引自 Bernard C. Patten and Gregor T. Auble, "System Theory of the Ecological Niche," *The American Naturalist*, Vol.117, No.6, 1981, pp.893—922。

91. 费孝通用"投石水波"隐喻人际关系的差序格局,"好像把一块石头丢在水面上所发生的一圈圈推出去的波纹。每个人都是他社会影响所推出去的圈子的中心。被圈子的波纹所推及的就发生联系"。参见费孝通:《乡土中国》,北京:北京出版社 2004 年版,第 32 页。

92. Daniel Bodansky, "The Concept of Legitimacy in International Law," in Rüdiger Wolfrum and Volker Röben eds., *Legitimacy in International Law*, New York: Springer, 2008, pp.309—317.

93. Michael Zürn, Barry Buzan and Mathias Albert, "Conclusion: Differentiation Theory and World Politics," in Mathias Albert, Barry Buzan and Michael Zürn, eds., *Bringing Sociology to International Relations: World Politics as Differentiation Theory*, Cambridge, UK: Cambridge University Press, 2013, pp.235—236.

94. Andrew F. Hart and Bruce D. Jones, "How Do Rising Powers Rise?" *Survival*, Vol.52, No.6, 2010, pp.63—88.

95. Leslie Elliott Armijo, "The BRICS Countries(Brazil, Russia, India, and China) as an Analytical Category: Mirage or Insight," *Asian Perspective*, Vol.31, No.4, 2007, pp.7—42.

96. 俄罗斯在联合国安理会中继承苏联席位,近年对西方国际秩序发起挑战,新兴大国身份存在争议;南非综合实力相对较弱,影响力主要局限于非洲。2023 年 8 月金砖峰会邀请沙特、伊朗、埃及、阿根廷、阿联酋和埃塞俄比亚加入金砖组织,这些新加入或正申请加入的"金砖"成员国亦不计入案例。

97. 参见[印]瓦哈拉尔·尼赫鲁:《印度的发现》,齐文译,北京:世界知识出版社 1956 年版。

98. Stefan A. Schirm, "Leaders in Need of Followers: Emerging Powers in Global Governance," *European Journal of International Relations*, Vol.16, No.2, 2010, pp.197—221; Denise Gregory and Paulo Roberto de Almeida, "Brazil and the G8 Heiligendamm Process," in Agata Antkiewicz and Andrew F. Cooper eds., *Emerging Powers in Global Governance: Lessons from the Heiligendamm Process*, Waterloo, Ont.: Wilfrid Laurier University Press, 2008, pp.137—139.

99. John Gerald Ruggie, "International Regimes, Transactions, and Change: Embedded Liberalism in The Postwar Economic Order," *International Organization*, Vol.36, No.2, 1982, pp.379—415.

100. Michael Barnett and Raymond Duvall, "Power in International Politics," *International Organization*, Vol.59, No.1, 2005, pp.39—75.

101. Joseph S. Nye，"Soft Power：The Evolution of a Concept，"*Journal of Political Power*，Vol.14，No.1，2021，pp.1—13.

102. Ian Bache and Matthew Flinders，"Multi-level Governance：Conclusions and Implications，" in Ian Bache and Matthew Flinders eds.，*Multi-level Governance*，New York：Oxford University Press，2004，pp.195—205.

第四章

美国霸权"领导力"与自由主义国际秩序

领导力理论认为供给国际公共产品(软件与硬件)是获得全球承认的必要条件。领导权可以是仁慈的或胁迫性的,但只有仁慈的领导者才会积累合法性认同。第二次世界大战后,自由国际主义秩序通过一系列多边机构协调货币和贸易关系,催生了嵌入式自由主义。[1]随着美国对日本和西欧进行援助("马歇尔计划"),大力发展安全联盟网络("北约"),美式霸权在西半球得以建立。美国作为西方国家联盟的倡导者,承担了所谓捍卫"自由主义国际秩序"的公共责任,因此换得了伙伴的支持与信任,实现所谓道义仁慈。[2]冷战后美国则在西方阵营之外,通过供给国际公共产品进一步扩大了全球领导力的影响范围,吸引更多追随者。但是美国霸权式"领导力"的合法性存在张力,当美国过度依靠单边行动与实力强制,那么其"领导力"合法性便会受到国际质疑。

第一节　国际秩序变迁的大国领导力兴衰

"领导"和"领袖"或"领跑者"等词语义范围很广,一般指某个领域走在前面和/或贡献更多的行动者,以树立榜样,希望其他人也能效仿,或者诱发合作和集体行动。领跑者是一种能力,指的是在某一绩效领域的先行者。例如,中国在二氧化碳排放和可再生能源投资方面是一个"世界领跑者",但是从领跑者到领导者转变需要通过供给公共产品换取国际社会的普遍尊重与认可。如果行动者只寻求胜利而不打算吸引追随者,他们就不是领导者。领导者和追随者在追求集体目标的过程中扮演不对称的角色。霸权本身不是领导力,是由领导力和胁迫的混合体组成的,而领导力的合法性基于同意,而非胁迫。然而,建立共识是一项艰巨的工作,总会有一些阻力。领导力更注重通过服务和贡献共同利益（而不仅仅服务于领导者的目标），吸引追随者同意或默许其优势地位。

（一）全球治理的领导力变迁

领导国需要先做出贡献，并避免诉诸胁迫，供给公共产品服务集体项目来合法地吸引追随者支持。因此霸权国即便很强大，也需要努力服务公共利益，尤其是为全球治理提供更有效的应对方案。而且，霸权体系下的全球治理方式，反映出霸权特有的政治和社会价值观偏好。第二次世界大战后的布雷顿森林体系下的多边机构——国际货币基金组织、世界银行和关税及贸易总协定——负责维持基于非歧视原则的全球秩序，形成"美国霸权下的自由主义国际秩序"。[3] 然而所谓自由主义国际秩序并不只是美国权力的产物，也是其他国家对美国霸权回应的产物。

从大历史的演化视角来看，国际系统有一个生命周期，即开始、发展时期和结束/最终过渡。500 多年的大国兴衰历史上，这种争夺权力的斗争构成了霸权交替的长周期。在大国竞争的长周期中，每一次大战后都会产生一个获胜的霸主，即一个占统治地位的领导国，它能够制定规则，管理国际政治与经济关系行为。随着霸主获得无与伦比的权力，它需要将权力优势转化为合法性认同，以维持全球体系的秩序。无论是从短期还是长期维度看，进化和周期共同构成了人类社会的螺旋式上升运动。

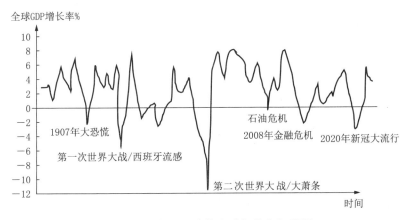

图 4.1 20 世纪以来的全球经济危机周期

资料来源：笔者自制。

如图 4.1 所示，大规模的全球经济衰退呈现一定的周期性。经济周期变化与政治霸权转移密不可分。金德尔伯格指出，20 世纪 30 年代之所以出现经济大萧条，其中一个重要原因是没有霸权国家提供诸如开放的贸易体系和最后国际贷款人这样的国际公共产品。[4]随着霸权国家的过度扩张或国内政治经济问题的出现，其会随之衰落，从而导致霸权国家提供国际公共产品的主观意愿弱化和客观能力下降。若无新兴霸权国家来承担领导责任继续提供国际公共产品，则将造成国际发展、经济和安全体系动荡。这一观点被罗伯特·吉尔平发展为"霸权稳定论"，即只有在霸权国存在的特殊条件下，才能促成国际协调合作。[5]哈佛大学教授小约瑟夫·奈(Joseph S. Nye)则基于此提出所谓"金德尔伯格陷阱"[6]叙事。

（二）战后秩序安排与全球领导力转移

历史经验表明，全球主要大国是国际公共产品的主要供给来源，尤其是那些处于实力顶端和最具竞争力的国家具有更大的公益责任。例如，16 世纪的葡萄牙、17 世纪的荷兰、18 世纪的英国与 20 世纪的美苏。所有这些大国都愿意提供国际公共产品，因为它们可以收获全球声誉、尊敬与荣耀，扩展政治影响力。将时间变量纳入全球公共治理周期中来，可以看到在全球治理的生命周期内，如果霸权国有意愿维护国际公共产品，则共同体公益可以延续；如果领导赤字或霸权衰落，那么共同体必须商讨出替代方案，进入新一轮公共产品的供给竞争周期（参见图 4.2）。整体而言，16 世纪至今五个世纪里出现的世界领导国包括 16 世纪的葡萄牙、17 世纪的荷兰、18 世纪与 19 世纪的英国、20 世纪的美国，这些世界领导国大多维持了全球体系与秩序稳定。其中主要的霸权国包括荷兰(17 世纪中)、英国(19 世纪中)和美国(20 世纪中)，供给了大量国际性政治、经济和思想公共产品。

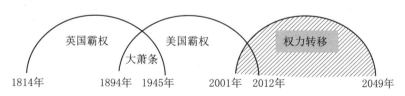

图 4.2　全球霸权与公共产品供给周期

资料来源：笔者自制。

从长周期上看,霸权的巅峰阶段与全球领导力上升阶段基本吻合。乔治·莫德尔斯基(George Modelski)在《世界政治中的长周期》(*Long Cycles in World Politics*)一书中,提出了著名的长周期理论。国际关系长周期理论有四个基本命题:一是世界体系需要一个领导者;二是世界领导者均脱颖于全球战争;三是海权是世界领导者的必备条件;四是国际关系的演变模式是"循环的",世界领导者主导的国际体系的周期约为100—120年(两个康波的时间)。[7]国际关系长周期理论的四个发展阶段(对应康波的四个阶段):全球性战争阶段、世界性强国出现阶段、合法性丧失阶段和权力分散阶段。一方面,战后国际秩序变化是偶发的、多变的、复杂的,充满了意料之外的结果。国际危机让重建国际秩序的机会之窗瞬间打开,新兴强国有机会重新铺设国家间关系运行的秩序"轨道"。大国战争之后的重建时刻往往构成国际体系的重要转折点,包括1648年、1713年、1815年、1919年和1945年等。在这些时刻,新兴强国获得了塑造世界政治的战略机遇。大战后的胜利国家发现自己处于异常有利的位置,可以提出新规则和国际关系准则,并以此来重塑国际秩序。如约翰·伊肯伯里所言,在无政府体系中进行国际秩序安排,实际上有三种方案:(1)寻求"集体"安全,实力大致相当的国家组成联盟,以确保没有其他国家获得压倒性的权力。(2)"霸权"主导的安全模式,即一个国家或国家集团拥有支配性的等级权力。尽管各单位之间可能存在着大量的相互依赖和功能差异,但政治权力高度集中。(3)"宪制"规则的国际秩序,基于协商一致制定的国际制度、规则和规范阻止任何单一国家支配其他国家,形成国际权力的分散和制衡。[8]

另一方面,在重大历史关头,领导国家会将价值理念和规范想法注入国际社会。[9]例如,美国所谓自由主义国际秩序并不是普遍价值或理想的表达。相反,它充斥着美国社会特有的文化和政治理想。随着美国势力的衰落和自由主义国际秩序的削弱,竞争对手和继承者将提出新的文化价值和政治理想。斯蒂芬·克拉斯纳强调,美国的传统和历史经验推动其在第二次世界大战后有相当的意愿承担起领导者的责任。[10]第二次世界大战后的"自由国际秩序"是威尔逊自由主义和权力平衡现实主义的结合,由四个主要部分组成:(1)自由经济秩序。(2)防务与安全自由。(3)人权和政治自由。(4)全球公域自由。为战后秩序稳定提供大量新型国际公共产品。[11]

第二节　布雷顿森林体系与自由主义秩序

国际领导力的合法性权威,源于大国为国际社会做出贡献与服务。在布雷顿森林体系时期,多边国际机制、全球军事联盟与自由贸易网络支撑起了所谓美式"领导力",其供给的国际公共产品在海外引起了局部共鸣,吸引部分西方国家选择战略追随。美国供给的全球安全机制增加了各国行动的可预测性,反过来又保障了区域和平与经济繁荣,在领导者和追随者之间建立起利益与价值纽带。

(一) 大战之后的美国秩序倡议

在历史上,美国曾经在国际经济危机与国际冲突中扮演积极角色,其领导力赢得了其他国家支持,依托超级实力解决国际难题,从而具备政治合法性。[12]早在殖民地独立时期,托马斯·潘恩(Thomas Paine)的小册子《常识》(*Common Sense*)激励美国爱国者参与到独立事业中,启示他们美国有能力"重新建立新世界"[13],同时美国的建国者又期望通过树立榜样而非通过武力来做到这一点。

第一次世界大战摧毁了旧的国际秩序,如何建立一个持久和平的国际体系成为重要问题。战时的欧洲普遍渴望建立一种摆脱权力政治的"新秩序",希望通过国际制度来约束霸权竞争与战争冲突。随着国际权力的重心开始向大西洋的胜利者转移,美国总统伍德罗·威尔逊倡议通过创建国际联盟,寻求开辟"新"的国际秩序。美国的领导力愿景首次全面地展示出来,致力于建立一个持久和平与公正的国际体系。[14]战后国联的成立,向世界展示了从"旧秩序"到一个更有"全球意识"和"国际主义精神"的新国际秩序的转变。以促进全球治理的集体参与。[15]第一次世界大战后时代的突出特点是,军事战争手段开始受到国际制度约束,国际法与国际组织作用凸显,国际规范与国际主义思潮影响日盛。同时,亚非反殖民运动也对新的国际秩序提出了独特见解,批判了国际政治的等级秩序,客观上冲击了欧洲中心论对国际政治的长期垄断地位。[16]

在此背景下,1918年12月威尔逊参加巴黎和平会议,说服欧洲国家签署《凡尔赛和约》并建立国际联盟,第一次在世界范围内建立起了集体安全机制。[17]然而威尔逊的外交成功却遭遇国内反对,国内的孤立主义传统派认为欧洲事务与美国利益无关,他们担心加入国际联盟会约束美国的外交选择自由空间。最终美国参议院拒绝批准《凡尔赛和约》,美国没能参加国际联盟,错失第一次领导世界的可能机会。此后随着全球大萧条和法西斯主义在欧洲的兴起,孤立主义情绪加剧。富兰克林·罗斯福认识到公众的情绪,在第二次世界大战初期美国置身事外。但是,第二次世界大战初期美国拒绝领导的行动并没有带来和平。罗斯福认为美国积极争取全球"领导力"可以真正带来和平。与威尔逊的道义性愿景不同,罗斯福强调的是国家利益。罗斯福在推进美国直接参与第二次世界大战后不久,开始思考美国应该寻求创造什么样的新世界的问题。[18]

第二次世界大战后美国处于前所未有的实力巅峰,罗斯福、杜鲁门政府延续了威尔逊的全球设想,将美国"领导力"全面嵌入在国际多边机制体系之中,让其他国家在享受国际公共产品的同时,接受美国的全球"领导力"地位。为此,美国主导建立了大量多边主义国际机制,包括联合国、国际货币基金组织、世界银行和关税及贸易总协定(世界贸易组织的前身)等。1944 年 7 月,美国在新罕布什尔州的布雷顿森林召集了 44 个盟国,为新的国际金融秩序制定蓝图。美国参议院在 1945 年 7 月 28 日以压倒性优势同意建立联合国,布雷顿森林体系和联合国的建立使美国可以首次在全球范围内勾画国际秩序蓝图。1947 年 3 月,"杜鲁门主义"出台,美国政府公布了重建欧洲的"马歇尔计划"。两年后又签署了创建北大西洋公约组织(NATO)的条约。美国在全球建立史上规模最大的联盟体系,将自己定位为全球超级大国。

在自由主义者看来,美国为世界提供公共产品和服务促进了世界稳定繁荣,成为所谓"仁慈的霸权"。加州大学洛杉矶分校学者弗雷德·尼尔(Fred W. Neal)在《世界领袖的道德责任》一文中指出,美国的外交政策建立在美国是世界主导国的道义基础之上。此后历届美国总统热情地宣扬这种国际责任,他们希望为全人类利益服务。[19]例如,哈里·杜鲁门总统在 1947 年指出:"美国正在遵循一项明确的、清晰的对外政策。这项政策过去是,现在是,将来也会是,帮助自由人和自由国家……为他们做出充分贡献……为稳定和持久的和平做出全部贡献。我们奉行这一政策是为了确保世界的和平和福祉。"[20]美国国务卿杜勒斯也指出:"我们希望让美国的朋友尽可能强大,给予他们自己更好的保护,更有效地为共同迈向更稳定与和平的世界做出贡献。"[21] 基于此,美国的官方叙事宣称:"今天的美国承担着自由世界的大部分责任,因为我们必须这样做。如果我们不发挥我们的领导作用,许多基本责任就难以得到履行。"[22]

(二)战后自由主义国际秩序建立

国际自由主义者强调,第二次世界大战后美国承诺遵守国际制度的约束,不仅向国际社会传递可信承诺,而且有助于供给具有全球合法性认同的国际公共产品。各国认可接受美国的领导,作为交换,美国供给国际公共产品。[23] 第二次世界大战后,美国主导建立起一个庞大的国际制度网络,并将西方意识形态植入其中,形成所谓国际自由主义秩序。

自由主义国际秩序的不同形态,可被称为 1.0、2.0 和 3.0 版本。(1)第一个版本为威尔逊式英美自由主义,为第一次世界大战后的国际秩序提供解决方案。自由国际主义有一个乐观的假设,通过建立一个开放的、以规则为基础的体系,各国的利益与全球公共利益就会自动实现统一。实际上,全球治理的集体行动并非可以自动形成,国际社会的全球治理困境长期存在。(2)第二个版本是 1945 年后冷战自由国际主义,与苏联的东方阵营展开集团化的竞争。在 1945 年以后美国成为所谓自由主义国际秩序的捍卫者,推进西方国家政治体系、安全联盟、市场技术与金融货币融为一体。半个世纪以来,美国作为霸权国,实际上既促进也阻碍了一个开放的、基于规则的自由秩序的运作。(3)第三个版本是后霸权时代的自由秩序,自由国际主义的 3.0 版本并不表现为旧秩序的崩溃,而是美国领导力权威开始陷入危机。面临新兴国家的崛起,全球范围内的权力与权威分配面临新的压力。在冷战后自由国际秩序中,美国需要适应霸权相对衰弱、全球治理失序与新兴大国崛起的新事实。[24] 挑战在于美国是否愿意和有能力对全球治理作出新承诺,是否能够在关键议题上与新兴国家分享领导力,克制单边主义冲动。

惨痛的两次世界大战与核武器的出现,使得国际秩序的主导性文化开始反思暴力的局限性,世界逐步进入"后霍布斯时代"。在这个时代竞争与冲突依然存在,但是国家之间不再是你死我活的"零和博弈",限制与约束战争或霸权的力量开始增强。第二次世界大战后的国际秩序某种程度上吸收与继承了威尔逊式国际主义精神。具有合法性的全球霸权需要比其他国家的全球贡献更多国际公共产品,充当"仁慈"的公共产品供给者。国际公共产品供给不是基于同理心的利己主义,而是通过牺牲短期利益换取长期目标的理性选择。[25]

第三节　新型国际制度平台与美国"领导力"

冷战后随着苏联解体,美国领导的霸权秩序并没有像当时许多人所预期的那样衰落。在国际秩序变动的关键节点,美国总统布什发表了著名的"新世界秩序"演讲,激发了自由主义国际秩序的胜利情绪。但世界是否真的进入了一个"新世界秩序",还是仅仅是传统秩序的某种延续与变化?[26]第二次世界大战后以自由规则为基础的全球秩序建立,促进了美国霸权的合法化。在"后霸权的世界",当全球金融危机削弱霸权国及其创建的国际体系基础时,权威就从霸权国向其他国家进行重大转移。[27]因而霸权国供给公共产品是有风险与局限的。[28]

(一)制度霸权与美国"领导力"嵌入

第二次世界大战后的多边机制秩序反映了美国的实力与霸权优势。自由主义的制度秩序是一种霸权克制的宪政规则。大战后的秩序选择需要保持制约与霸权克制,基于规则的"宪法"秩序可以超越权力政治的均势秩序。[29]第二次世界大战后,美国主导建立起一个庞大的国际制度网络,并将西方意识形态植入其中,形成所谓国际自由主义秩序。无论世界是单极的还是多极的,美国都需要为世界供给国际公共产品,以激励集体行动。但是美国霸权是否甘于被制度约束,存在争议。对此,约翰·鲁杰认为存在一种"美国免责论",美国时常绕过国际规则与制度。例如,在防止核扩散的问题上,美国意图禁止阿拉伯国家和伊朗发展核武器,却对以色列庞大的核武库视而不见,削弱了其领导力的合法性。[30]如今,美国特朗普政府带有孤立主义、单边主义和现实主义特征的外交政策。特朗普政府认为,美国被国际机制和国际规则所"绑架",束缚了美国的"手脚"。美国开始偏离"基于规则"的自由主义基础,领导力权威开始动摇。[31]

第二次世界大战后美国成为"自由主义利维坦",受他国邀请而进行领导,用自己的权力和财富为他国提供"公共服务"。仁慈的领导者会激发下属产生感恩与回报之情,从而引发下属效忠;而倘若领导者采取恩威并施,追随者在这种"宽严并济"的工作氛围中,可能会善意地理解威权领导的行为。[32]随着时间的推移,以美国霸权为中心所建立起来的国际制度回报增加,成为路径依赖。[33]

根据金德尔伯格的观点,如果霸权国利用权力榨取租金,那么其他国家也是难以反抗的。如果每个人都受益,那么霸主剥削也就合法化了。如果领导力的政治回报超过了供给公共产品的经济成本,那么霸权国就有动机做出贡献。但是霸权稳定论过度强调了美国的国际贡献,忽视了霸权合法性与公共产品供给之间的关联,因此存在诸多逻辑漏洞。换言之,霸权稳定论是美国领导力的理想化叙事,夸大了霸权国的贡献。将全球稳定和发展简单地与霸权联系起来,不仅逻辑上存在问题,而且与历史上部分霸权国破坏全球治理的现实也不相符。霸权是自私自利的权力,通过重建统治秩序和社会叙事体系,让其表面上看起来满足了大多数人的需要,而实际上是出于霸权利益的需要。

(二) 全球经贸合作中的美国"领导力"

美国与国际社会的关系定义着领导力的合法性基础,当美国因物质优势而采取单边机会行动伤害国际社会公共利益时,其领导力合法性基础就会被削弱;而如果美国愿意放低姿态采取多边行动并在全球治理中承担主要国际责任,那么就可以加强国际社会对其领导力的合法性预期。[34]美国的领导地位一直是第二次世界大战后全球贸易秩序的关键支柱,为实现贸易自由化发挥了两项功能:第一,确保贸易伙伴之间的非歧视性,使进口产品与本土产品享受相同优惠。第二,促进互惠,通过与贸易伙伴合作共同降低贸易壁垒。这两种功能都有助于建立关税及贸易总协定(GATT)下的最惠国待遇(MFN)规范,即给予一个伙伴的贸易特权普适于所有成员国。通过这种双重功能,关贸总协定建立起一个自由的世界贸易体系,由此取代双边的、"以邻为壑"的传统贸易机制,为全球经贸供给了国际公共产品。[35]通过将互惠嵌入非歧视原则中,美国领导建立和管理了基于规则的国际贸易体系。在布雷顿森林会议的基础上,美国于1947年牵头成立了关贸总协定,凝聚起一个共同的期望,即降低关税和在全球范围自由贸易中实现本国经济繁荣。[36]换句话说,美国自由贸易的国际领导角色满足了追随者的共同利益,通过供给国际公共产品协调促进全球贸易繁荣发展。

随着世界贸易组织的建立,美国可以稳定地扮演国际经贸议程的制定者角色,并将其在贸易自由化方面的领导作用扩大到包括劳工权利、环境保护和知识产权保护。美国霸权式"领导力"角色的转变,削弱了其领导的互惠与非歧视的自由贸易原则,近年来,美国作为贸易自由化者的倡导者角色,受国内政治与大国竞争影响,其结果是经贸公共产品的"公共性"与开放性开始萎缩,全球一体化的经贸网络开始被竞争性联盟所分裂。从1994年到2019年,区域性自由贸易协定的数量从44个增加到293个,而美国只参加了13个此类协定。区域贸易协定在21世纪初期迅速增加,但大多是由东亚国家(88项协定)与欧洲国家(100项协定)发起倡议与主导。[37]而美国对在亚太经合组织基础上创建一个更大的生态自由贸易区(即亚太自由贸易区)持有模糊态度。小布什政府指出,《跨太平洋战略经济伙伴关系协定》(TPSEP)被视为美国在亚太自贸区内扮演更广泛的议程制定者角色的模板,演变成后来的《跨太平洋伙伴关系协定(TPP)》。[38]TPP打算通过将美国的自贸区伙伴和非伙伴纳入一个更新和发展的全球多边贸易体系,稳定美国在贸易方面的领导地位。[39]

随着多哈回合谈判的失败,小布什政府也开始担心日益增长的区域主义可能将美国排除在外。例如,日本整合亚洲贸易的努力(后来被称为"东盟+6")或澳大利亚提出的"亚太共同体"。为了挽回美国贸易霸主声誉,奥巴马政府2009年11月在东京的一次演讲中指出:"我知道,近年来,美国已经脱离了这些(多边)组织。因此,让我明确一点:那些日子已经过去了。作为一个亚太国家,美国期望参与塑造这一地区未来的讨论,并在组织建立和发展时充分参与其中。"[40]奥巴马政府认为TPP会促进美国对世界经济最具活力地区的合作前景。奥巴马政府提倡在《跨太平洋伙伴关系协定》框架中展示美国领导的包容性概念,即把加拿大和墨西哥这些美国在《北美自由贸易协定》中的伙伴拉进来。[41]简而言之,奥巴马政府试图通过广泛的议程设置,在自由贸易者和公平贸易者的角色之间形成一种平衡,稳定国际社会与国内社会对美国领导角色的期望。强调通过《跨太平洋伙伴关系协定》可以为参与亚太一体化提供足够激励,促进国内与国际经济改革发展,维持更长远的美国繁荣前景。[42]正如美国负责东亚和太平洋事务的助理国务卿柯克·坎贝尔描述的那样:从亚洲的朋友那里,美国寻求的是恪守对国际责任与公共事业的积极承诺,在引导亚太地区所有国家治理一系列共同的区域和全球挑战时达成合理的解决方案。[43]

在亚太国家不断崛起的背景下,奥巴马 2015 年在《华盛顿邮报》上撰文表示,《跨太平洋伙伴关系协定》的尽快签署和执行将使得美国能够制定国际贸易规则。奥巴马写道:"世界改变了,规则也在随之而改变。书写规则的应该是美国,而不是像中国这样的国家。让我们抓住这个机会,通过《跨太平洋伙伴关系协定》,确保美国不是随波逐流,而是规则的制定者。"[44]2015 年《美国国家安全战略》进一步指出:"维持美国的领导地位,取决于塑造一个新兴的全球经济秩序,继续反映美国的利益和价值观。尽管我们基于规则的体系取得了成功,但正面临其他不太开放的经济模式的竞争。"[45]美国领导角色关系变化表明,领导角色具有固有的关系性、功能性和时间性特点。当霸权国不承担国际领导义务时,原有追随者就可能提出新的替代方案,而不能供给国际公共产品的领导国则事实上已经没有了合法性与权威。[46]

第四节 美国的霸权"领导力"及其历史演进

21 世纪迎来了一个相互依存度显著提高的时代,新的世界秩序突出了美国领导力的"网络效应"。在后冷战"世界新秩序"中,美国霸权促进了西方与世界的密集连接,为全球秩序供给了一套独特的规则机制、价值信念与权力模式。[47]然而经历小布什政府的"大中东改造"计划,以及特朗普时期的"美国优先",美国的全球"领导力"的国际合法性基础严重受挫,国际合法性基础显著削弱。面对全球治理赤字,美国重振全球领导地位的努力喜忧参半,2021 年拜登政府上台后则致力于复兴美国的全球领导力,但 2025 年特朗普再次执政进一步强化了美国的民粹主义、孤立主义与霸权主义风格,进一步损伤其领导力的合法性基础。

(一)冷战后美国大国"领导力"变化

冷战后,随着分隔东西方的障碍瓦解,西方世界所享有的安全、经济与价值类公共产品扩展到全球其他地区。但是冷战后的"单极时刻"让美国开始放松自我克制,其使用强制蛮力而非说服领导的方式,对全球霸权的合法性认同带来伤害。例如,绕过联合国安理会与部分盟友对伊拉克进行入侵,这种强权逻辑颠覆了美国自身建立的自由民主原则,使得跟随者对美国霸权的合法性产生质疑。

第二次世界大战后至冷战结束之间的美国秉持国际主义原则,抛开狭隘的民族主义,供给了丰富的国际公共产品,促进更广泛的共同利益,赢得了全球领导力。在冷战期间,美国的霸权领导帮助促进了盟友的发展,最终创造了所谓自由主义秩序。1991年乔治·H.W.布什总统在国情咨文中提到"世界新秩序"的构想,他指出:"在这个秩序中,不同的国家在共同的事业中被吸引到一起,以实现人类的普遍愿望:和平与安全、自由和法治。这样的愿景值得我们为未来奋斗。"[48]冷战结束初期美国领导了海湾战争,30多个国家加入了这场压倒性胜利的战争,世界似乎已经到了"历史尽头"。

1999年,美国领导北约就科索沃问题对塞尔维亚发动战争,但这场战争没得到联合国的支持。根据国际法,这场战争的合法性可能并不充足。美国在"新经济政策"助推下,将全球化作为经济繁荣的动力,1993年批准《北美自由贸易协定》(NAFTA)。第二年,美国又支持创建世界贸易组织,吹捧所谓"华盛顿共识",即各国应给予市场更多的自由,放松对货物和资本跨越边界的限制。在美国推动下,国际货币基金组织和世界银行在全球推广这些自由市场政策,尽管它对很多发展中国家并不适用。这一时期美国国家安全事务助理安东尼·雷克(Anthony Lake)提出了雄心勃勃的"威尔逊式全球议程",将自由共同体推广到全世界。[49]他宣称拥护华盛顿共识的国家不仅会变得更加繁荣,而且会更加民主。

在美国正处于实力顶峰之际,乔治·W.布什继续滥用美国的全球霸权。[50]他在抨击克林顿外交政策的同时,将重点集中在中东地区。然而,伊拉克战争却遭受全球争议。小布什甚至不顾一些最亲密盟友的反对而执意开战,这对美国的全球领导地位造成严重损害,美国的国际行动合法性受到质疑。小布什政府的单边主义与大国傲慢无疑引发了国际批评。随着2008年美国陷入了自大萧条以来最严重的经济衰退,"华盛顿共识"面临越来越多批评与质疑。

其他新兴大国的崛起,也开始对美国的领导地位产生冲击,它们逐渐承担起更多的国际责任,同时维护现有国际秩序的稳定。背负着伊拉克战争与经济衰退压力,巴拉克·奥巴马在 2009 年上任时承认,冷战后美国逐步放弃全球"领导者"是决不能犯的错误。[51]他批评指出美国对中东的过度介入已经扭曲了美国的外交政策。"美国不能再忍受一个失去战略平衡的四年了。"[52]为了让美国霸权"领导力"建立在可持续基础上,奥巴马提出"长博弈"(long game)概念来重振美国的国际影响力,即在海外慎重使用武力,最大化寻求与其他国家合作;认识到美国在全球化时代的相对权力正在萎缩,面对棘手的新问题需要其他国家的支持;美国不能逃避应对全球治理威胁的大国责任。[53]为了支撑美国的全球领导地位,奥巴马政府强调基于规则的国际秩序需更具包容性与合作性。美国在 2008 年金融危机中不仅突出二十国集团的重要性,也吸引中国、印度等新兴国家供给更多国际公共产品,鼓励全球盟友承担更多的国际责任。但是,随着地缘政治竞争加剧,美国政府推出的"亚太再平衡"战略与北约东扩战略,挤压中国与俄罗斯战略空间。奥巴马的做法未能进一步提升美国的全球领导地位,而且在许多方面缺乏高质量的国际公共产品的供给。奥巴马努力重建美国与欧洲关系,并寻求将美国经济和军事注意力从中东转向亚洲。他从伊拉克撤军,并试图推动撤出阿富汗。他寻求建立全球联盟来解决核扩散和气候变化问题,开始与欧洲和亚太国家就广泛的新贸易协议进行谈判,努力将全球主要经济体与美国更紧密地联系在一起。一位奥巴马官员称政府的做法是"从后面领导"。[54]奥巴马在其总统任期结束时,美国的全球领导地位受到盟友怀疑,面临对手的挑战,并在国内引起争论。

此后,2017 年唐纳德·特朗普的"美国优先"战略进一步加速了美国全球领导力的衰落。[55]这种更加民族主义、交易性的外交政策,让美国放弃了自二战后对国际社会长期承担的领导责任。[56]事实上,"美国优先"淡化了第二次世界大战后美国长期贡献全球公共利益与供给国际公共产品的领导力传统。特朗普通过放弃美国全球领导力来解决美国面临的问题。具有讽刺意义的是,他认为美国背负过多的领导力责任才导致了美国的内外问题。[57]他告诉北约的盟友"学会自己保卫自己",甚至建议日韩获得核武器。他批评美国的自由贸易政策,表示退出《跨太平洋伙伴关系协定》,重新谈判《北美自由贸易协定》,并对中国征收巨额关税。他认为美国在民主和人权方面不是榜样,"我们必须解决我们自己的麻烦"[58]。特朗普政府的进攻性与竞争逻辑,严重削弱了美国的全球领导地位。美国第二次世界大战后建立的国际制度与公共产品体系被特朗普逐渐破坏。[59]

受民粹主义情绪主导,特朗普政府在一系列其他全球问题上继续奉行"美国优先"战略,加速推卸国际责任,特朗普政府在 2017 年 12 月发布的《美国国家安全战略》报告中称,美国正处于一个"竞争性的世界","美国面临着一个异常危险的世界,充满了广泛的威胁,这些威胁在最近几年里愈演愈烈"。[60] 2018 年 3 月 22 日,美国贸易代表办公室(USTR)发布关于中国贸易政策的"301 报告",指责中国的"经济侵略",挑起中美经贸摩擦。[61] 从叙事风格上看,特朗普的修辞没有奥巴马式的温暖和华丽辞藻;而是简洁的、粗暴的,甚至是低级庸俗的。[62] 据美国前国家安全顾问史蒂夫·班农(Steve Bannon)回忆,特朗普是一个"情绪化的人","他内心最深处是愤怒和黑暗的"。[63] 特朗普认为,美国不应承担领导世界的负担,而是应该享受霸权国家的好处,这种"霸权国搭便车"的自私做法遭到追随者的普遍批评。特朗普沉迷于摧毁这种基于规则的秩序,无法理解供给国际公共产品对政治领导力的意义。

2021 年执政的拜登政府不仅专注于印太大国竞争,同时积极投资促进美国科技创新、联合盟国增加威慑、构建可持续的全球经济和金融架构,与中国进行建设性接触。作为民主党总统,拜登重举人权价值观大旗,在气候治理与疫情防控议题上与民主国家联盟,并与中国进行谈判。尽管这一策略无疑也会给中国造成压力,但是拜登政府相对重视遵循国际规则,而不会如特朗普般言而无信。美国新政府高度重视加强"盟友合作",避免特朗普式的单边行动。特朗普任内四年严重损害了美国的国家利益和声誉,与中国的贸易摩擦、退出国际组织、威胁盟友、大选乱象,以及糟糕的疫情处理手法,都需要全面检讨。

从慕尼黑安全会议上的首次国际外交演说,到印太"四方安全对话"的首次线上虚拟峰会,拜登高调展示出"美国回来了"的姿态,积极重振美国的全球领导力。[64] 面对后新冠疫情时代的复杂挑战,拜登政府也注重推进有限的多边主义,开始弥合盟国之间的分歧,推动建立国际基础设施、重构全球产业链、强化美国民主价值,为新的国际领导力投资。美国拜登政府基于"印太"概念,积极吸引印度融入其全球战略伙伴关系体系,并加强美日印澳四方安全对话(QUAD)机制,鼓励印度成为美国"印太战略"中对华制衡的战略支点。重新确立美国全球领导地位依然面临诸多挑战,但拜登政府明白蛮力会伤害领导力的合法性基础。拜登政府强调,因特朗普专断风格所引发的国际信誉下降。美国是不可或缺的国家,但是要放下傲慢与展示肌肉的蛮力思维。但 2025 年 1 月,特朗普再次赢得大选并开启第二任期,开始再次否定美国的国际领导力,忽视对国际公共产品的投入,展示出显著的新孤立主义色彩,忽视供给国际公共产品对促进更加繁荣、安全与自由的世界,以及强化美国领导力的战略价值所在。[65]

(二)新兴大国崛起与美国"领导力"衰退

在冷战初期,美国构建的"自由世界情结"助推其建立全球领导力的信念。美国相信,在不确定的世界捍卫美国利益和价值观,需要为世界提供切实可行的问题解决方案。例如,美国的全球联盟体系维持了世界稳定,但是如果美国不能兑现战略承诺或采取不负责任的行动,那么其可信度与合法性基础就会严重削弱。因此,全球领导力的根本在于,美国能否将国家利益与全球利益统一起来。[66]美国需要通过与重要盟友的反复"磋商"来确定,如何使用美国的军事、政治和经济优势才有助于建立领导地位。否则,强大实力可能反过来伤害领导力,成为其他国家惧怕与反感的根源。在特朗普两届政府期间,美国兴起的单边主义与新孤立主义,降低了国际社会对全球治理领导力的期望。

有数据显示,美国大多数盟友与伙伴国民众(63%)都希望美国能发挥特殊的全球领导力作用。[67]但是,如果美国不能满足国际社会期待则容易产生领导力危机。[68]《歌利亚的案例:美国如何在 21 世纪充当世界政府》一书以"歌利亚"隐喻美国的全球角色,在《圣经》中,"歌利亚"这个超级巨人身高超过 9 英尺,在挑战以色列人的战斗中身穿全副盔甲,但被弱小的牧羊人大卫使用石子射中而倒地,其超强实力难以掩盖灵活性缺陷。[69]从多极化角度看,冷战后美国的领导力的衰落是不可避免的。[70]

2014 年美国国家战争学院副院长迈克尔·马扎尔(Michael J. Mazarr)在《辨别力战略:持久领导力的全球姿态》一文中写道,未来十年,美国大战略面临的主要挑战是如何在霸权衰落的阴影下持续发挥全球领导力。这事关国际稳定和美国本土的安全。美国战略的首要任务是找到一个更可持续的全球角色，维持战略信誉、保持领导力与克制力。[71]当美国不能担当起全球"稳定器"角色，那么就会失去领导力合法性。[72]美国中央情报局前副局长约翰·麦克劳克林也主张，美国应换一种方式领导世界。主要集中在一些敏感性较弱的非政治性领域以及全球议题方面加深合作，着重在反恐、能源安全、网络安全、人工智能、公共卫生、气候变化等问题上寻求拿出引领性方案。

盖洛普民意调查发布的"美国全球领导力项目"显示，民众对美国的全球领导力看法发生了变化。例如，2015年有45％的人对美国全球领导力表现表示满意，而2019年民众对美国全球领导力的认可度骤降至31％。[73]尤其是在特朗普政府时期，美国的外交政策较少考虑到其他国家的期待。面对国际社会对美国领导力的普遍期望，特朗普政府的单边主义、孤立主义与民粹主义倾向，使国际社会普遍担忧美国可能放弃全球领导责任。[74]此外，皮尤研究中心数据也显示，越来越多的美国人认为，美国的全球声望和领导力正在下降。在2013年12月的民意调查中，约有53％的受访者表示，与十年前相比，美国现在的重要性和领导力都有所下降，高达70％的被调查者认为美国在国外受到的尊重减少了，美国的全球领导力光环也开始褪色。[75]英国广播公司2013年5月的一项民意调查发现，只有约45％的国外受访者对美国的看法主要是正面的。两个月后发布的皮尤研究中心全球态度项目民意调查发现，世界上越来越多的人，现在把中国视为世界上领先的经济大国。2008年全球金融危机、2013年美国政府停摆，让部分舆论认为是时候开始考虑建立一个非美国化的世界了。

第五节　全球关系网络中的美国"领导力"

领导力的社会建构属性体现在，即便一个大国的综合实力不变，其领导力也可能发生重要变化。正如理查德·纽斯塔特（Richard Neustadt）在《总统权力与现代总统》一书中指出："真正的权力是相互的，并随着情境的不同而明显变化。"[76]全球领导力不同于单纯的物质权力结构，是国际社会的反复互动所塑造的社会产物。[77]历史上,尽管围绕应该如何分摊领导力成本问题存在争论,但维持全球领导力则是美国两党与国内社会的长期共识。例如,"尼克松主义"则强调指出:"新的责任分担不是要求美国比过去扮演更少的领导力,而是要求建立一种全新的、更微妙的领导力……在现代世界,领导力不能是'自己动手',而是在于为世界提供帮助、激励和灵感,以共同完成使命。"[78]在后冷战时代,美国历届政府在很大程度上遵循乔治·H.W.布什关于"基于美国领导力设计国际新秩序的理念"[79]。关键在于美国外交政策要满足国际与国内公众的期望,因为领导力来自追随者的政治认可与信任。

(一)对美国领导力来源的争议

部分现实主义学者认为,正是基于无与伦比的物质优势,美国才能在全球扮演领导角色,如果综合实力衰落,领导力也会流失。现实主义论者以结构性的、传统的物质力量概念为核心,声称物质优势是建立首要地位的基础,据此通过维持国际制度、全球自由市场、国际规则和全球军事设施的安全保障,提供各种国际公共产品。[80]斯蒂芬·布鲁克斯(Stephen G. Brooks)等人指出,由于美国在国防、科技与军事研发方面的实力远远超过其他国家,其独特的全球力量投射能力支撑起全球领导力。[81]由于这种高度集中的权力,美国将长期处于比任何其他国家更强的领导世界的地位。[82]这种唯物主义的理解使现实主义者认为美国的领导力是实力的货币,除非美国急剧衰落,否则就会长期维持优胜地位与领导力杠杆,从而通过维护国际秩序获得不成比例的收益。[83]美国的金融霸权促使其他国家持有美国资产(即使有大量的贸易赤字);美国的军事力量提升了美国的全球存在力,并在世界范围内提供大规模的军事安全援助,力图创造一个安全的投资环境。由此领导力依赖于结构上的实力优势。[84]批评者指出美国的物质基础与领导力是不可简单对等的,单极化可能会使霸权国的承诺无法被监督,因此存在可信度问题,或者出众实力可能诱发单边主义行动,最终侵蚀美国的权力。[85]美国实力缺乏系统性约束会引发国家间的不满,依靠美国的自我约束则需要额外的战略保证。

与现实主义的领导力理论不同,自由主义关注基于利益依赖、制度化约束的美式领导权概念。根据美国国内政治的宪政结构类比,制度自由主义认为第二次世界大战后美国通过建立多种复杂的国际制度网络,将自己深深地嵌入到开放的、基于规则的国际秩序中;国际制度除了既有促进合作的功能外,更是将美国的霸权优势"锁定"或淡化的缓冲器,美国主动"捆绑双手"向合作伙伴展示可信承诺的信号,从而换来国际社会对美国领导地位的支持。该理论强调,美国为全球安全与经济体系做出了贡献,为确保开放、自由与包容的合作框架供给大量国际公共产品,展示出新型大国领导力的公共服务属性与责权力下放原则。[86] 自由主义秩序相对更加扁平化,通过制度内共享的权力分配,来增强领导力合法性基础。[87] 即便美国自身实力衰落,其主导的自由主义秩序可以通过制度惯性得以维持。但是国际制度本身的延续会滞后或阻碍国际政治的现实发展,当新兴大国崛起而国际制度改革难以满足其意愿时,那么国际制度就会变得越来越僵化,会削弱美国领导力的合法性基础。[88] 伊万·摩根(Iwan Morgan)也认为,美国的霸权地位事实上严重依赖其他国家,这使得美国很脆弱。例如,以多国主要货币为标志的多极经济秩序,通过去美元化进程对美国领导力构成了限制。[89] 当霸权国的全球领导力基础被动摇后,崛起大国就可能创造和提供新的国际公共产品与全球治理替代模式。正如奥巴马所说:"当我们不能清楚和公开地解释美国的国际努力时,就会面临国际怀疑,就会侵蚀我们在伙伴和人民心中的合法性。"[90]

(二) 美国霸权的合法性基础削弱

霸权是大国的固有属性,必须将其最小化并转化为领导力,而领导力的特点是在国际舞台上获得合法性认同。霸权一词来自希腊语"hegemonia",意思是统治、领导、引导,表达了政治主体对统治的渴望。[91] 当前美国相对衰落,而新兴大国(中国、俄罗斯、巴西与印度等)是否会在区域或全球层面弥补霸权缺位,尚充满不确定性。尽管这些地区大国在自由贸易和金融稳定方面发挥了建设性领导作用,但尚且缺少全球性治理体系的建构。国际社会对新兴大国的全球角色还存在争议,新兴大国能否创造出新的供给模式,在权力转移阶段新兴大国能否处理好与霸权国的敏感关系,都关系着全球治理的发展方向与成效。新兴大国供给的国际公共产品对全球治理体系的演变有重大影响,因为这些公共产品在短期内可对僵化的自由主义国际秩序提供补充方案,包括纳入对新兴国家和发展中国家的诉求,在更加包容的全球多边框架中建立伙伴关系,以促进全球治理的合法化与去中心化。

实际上,新兴大国供给国际公共产品[92]的动力并不弱于霸权国;其积极搭建平台、发出倡议的方式,也与传统霸权国不一样。据英国经济政策研究中心(CEPR)报告显示,金融危机前后发达国家采取的贸易保护主义行为明显多于新兴国家。例如,2009 年美国贸易保护措施的次数为 120 次,到 2013 年就猛增至 741 次,而 2016 年更激增至 1 066 次,成为实行贸易保护主义最多的大国。[93]与之形成鲜明对比的是,中国成了捍卫全球化进程的中流砥柱。2014 年 7 月中国领导人习近平对世界宣布,中国将更多提出全球治理的中国方案、贡献更多造福世界的中国智慧。[94]同年 8 月,习近平主席出访蒙古国时明确表示,"独行快,众行远","欢迎大家搭乘中国发展的列车,搭快车也好,搭便车也好,我们都欢迎"。[95]在随后举办的亚太经合组织北京峰会上,习近平主席多次阐明:"中国愿意通过互联互通为亚洲邻国提供更多公共产品,欢迎大家搭乘中国发展的列车。"[96]这种新兴大国发挥主导作用,而霸权国破坏全球化的做法,是霸权稳定论与西方自由主义叙事难以深刻予以解释的。

结　　语

美式霸权具有明显的自由主义色彩,自由国家的开放性和跨国国际公共产品供给确保了战后自由主义国际秩序的非强制性特征。[97]在第二次世界大战后不久建立的国际安全和经济机制体现了美国领导力的互惠性和合法性。[98]这种合法性赋予了霸权体系比现实主义霸权模式所期望的更大程度的稳定性和复原力,领导力进程不是单向的等级支配,而是双向互惠的政治秩序。

金德尔伯格认为,20 世纪 30 年代的历史教训表明,美国扮演了世界经济与金融稳定的"稳定器"角色。但是霸权稳定论没有区分集中化的强制领导与分散化的仁慈领导。在仁慈领导模式中,最大的行为者的绝对规模越大,意味着它在提供物品方面有更大的利益,因此更有可能获得特权。实际上,美国霸权与全球稳定之间不存在必然因果关系,美国霸权与全球稳定可能存在巧合。第二次世界大战后独特的历史时刻为美国创造了罕见的机会窗口；霸权国不成比例地受益于国际公共产品，霸权并不仁慈。而且霸权供给国际公共产品的时间很短，主要集中在 1890—1910 年英国的金本位制与第二次世界大战后的布雷顿森林体系；如果着眼于长时段，可以看到国际关系主流是"无霸权"时代，例如威斯特伐利亚体系、维也纳体系与凡尔赛体系是多极协调的产物。何况，当今后冷战时代美国的全球领导力面临诸多质疑，美国供给国际公共产品的能力与意愿发生了变化，新兴国家参与全球治理的能动性也对美式领导力产生冲击。

注释

1. John M. Owen, "Two Emerging International Orders? China and The United States," *International Affairs*, Vol.97, No.5, 2021, pp.1415—1431.

2. G. John Ikenberry, "Constitutional Politics in International Relations," *European Journal of International Relations*, Vol.4, No.2, 1998, pp.147—177; G. John Ikenberry, "Institutions, Strategic Restraint, and the Persistence of American Postwar Order," *International Security*, Vol.23, No.3, 1999, pp.43—78.

3. John Gerald Ruggie, "International Regimes, Transactions, and Change: Embedded Liberalism in The Postwar Economic Order," *International Organization*, Vol.36, No.2, 1982, pp.379—415.

4. 参见 Charles P. Kindleberger, *The World in Depression, 1929—1939*, Berkeley: University of California Press, 1973。

5. 参见 Robert Gilpin, *War and Change in International Politics*, Cambridge, UK.: Cambridge University Press, 1981。

6. Joseph S. Nye, "The Kindleberger Trap," *Project Syndicate*, January 9, 2017, https://www.belfercenter.org/publication/kindleberger-trap, 访问时间：2022 年 11 月 1 日。

7. 参见 George Modelski, *Long Cycles in World Politics*, Seattle, WA: University of Washington Press, 1987; George Modelski, ed., *Exploring Long Cycles*, Boulder, CO.: Lynne Rienner Publishers, 1987。

8. 参见 G. John Ikenberry, *After Victory: Institutions, Strategic Restraint, and the Rebuilding of Order after Major Wars*, Princeton, NJ: Princeton University Press, 2001。

9. Charles A. Kupchan, "Unpacking Hegemony: The Social Foundations of Hierarchical Order," in G. John Ikenberry ed., *Power, Order, and Change in World Politics*, Cambridge, UK.: Cambridge University Press, 2014, pp.19—23.

10. Stephen D. Krasner, "United States Commercial and Monetary Policy: Unraveling the Paradox of External Strength and Internal Weaknes," in Peter J. Katzenstein ed., *Between Power and Plenty: Foreign Economic Policies of Advanced Industrial States*, Madison, WI.: The University of Wisconsin Press, 1978, pp.51—87.

11. Joseph S. Nye Jr., "The Rise and Fall of American Hegemony from Wilson to Trump," *International Affairs*, Vol.95, No.1, 2019, pp.63—80.

12. Dirk Nabers, "Power, Leadership and Hegemony in International Politics," in Daniel Flemes ed., *Regional Leadership in The Global System: Ideas, Interests and Strategies of Regional Powers*, Burlington: Ashgate Publishing Company, 2010, pp.55—57.

13. Thomas Paine, *Common Sense*, New York: G. P. Putnam's Sons Knickerbocker Press, 1894, https://www.law.gmu.edu/assets/files/academics/founders/Paine_CommonSense.pdf.

14. 参见 Andrew Williams, *Failed Imagination? The Anglo-American New World Order from Wilson to Bush*, Manchester: Manchester University Press, 2007。

15. Alfred Zimmern, "The Ethical Presuppositions of a World Order," in Philip Henry Kerr Lothian et al., *The Universal Church and the World of Nations*, London: Allen & Unwin, 1938, p.27.

16. Amitav Acharya and Barry Buzan, *The Making of Global International Relations: Rethinking the Social Sciences*, Cambridge: Cambridge University Press, 2019, p.97.

17. "The Covenant of the League of Nations," June 28, 1919, http://avalon.law.yale.edu/imt/parti.asp.

18. Ivo H. Daalder and James M. Lindsay, *The Empty Throne: America's Abdication of Global Leadership*, New York: Public Affairs, 2018, pp.2—5.

19. Fred W. Neal, "Moral Responsibility for World Leadership," *Political Research Quarterly*, Vol.9, No.4, pp.826—831.

20. Harry S. Truman, "A Period of Crisis Is Now at Hand," *Department of State Bulletin*, XVII, No.435, 1947, p.854.

21. John Foster Dulles, "The Mutual Security Program-An Investment in Strength," *Department of State Bulletin*, XXXII, No.830, May 23, 1955, p.856.

22. George W. Ball, "The Responsibilities of a Global Power," *Department of State Bulletin*, II, No.1319, 1964, p.475.

23. G. John Ikenberry, "Constitutional Politics in International Relations," *European Journal of International Relations*, Vol.4, No.2, 1998, pp.147—177; G. John Ikenberry, "Institutions, Strategic Restraint, and the Persistence of American Postwar Order," *International Security*, Vol.23, No.3, 1999, pp.43—78.

24. G. John Ikenberry, "The Three Faces of Liberal Internationalism," in Alan S. Alexandroff and Andrew F. Cooper eds., *Rising States, Rising Institutions: Challenges for Global Governance*, Washington, D.C.: Brookings Institution Press, 2010, p.18.

25. Charles P. Kindleberger, *The World in Depression, 1929—1939*, Berkeley: University of California Press, 1973, p.307.

26. G. John Ikenberry, "The Myth of Post-Cold War Chaos," *Foreign Affairs*, Vol.75, No.3, 1996, pp.79—91.

27. 参见 Charles Kupchan, *No One's World: The West, the Rising Rest, and the Coming Global Turn*, New York: Oxford University Press, 2012。

28. Stephen Krasner, "State Power and the Structure of Foreign Trade," *World Politics*, Vol.28, No.3, 1976, pp.317—347.

29. G. John Ikenberry, "Constitutional Politics in International Relations," *European Journal of International Relations*, Vol.4, No.2, 1998, pp.147—177; G. John Ikenberry, "Institutions, Strategic Restraint, and the Persistence of American Postwar Order," *International Security*, Vol.23, No.3, 1999, pp.43—78.

30. Barry Buzan, "A World Order Without Superpowers: Decentred Globalism," *International Relations*, Vol.25, No.1, 2011, pp.3—25.

31. 袁征、宫小飞:《拜登政府〈国家安全战略〉评析》,载《中国评论》2022 年 12 月号。

32. Mary Uhl-Bien et al., "Followership Theory: A Review and Research Agenda," *The Leadership Quarterly*, Vol.25, No.1, 2014, pp.83—104.

33. ［美］约翰·伊肯伯里:《大战胜利之后:制度、战略约束与战后秩序重建》,门洪华译,北京:北京大学出版社 2008 年版;［美］约翰·伊肯伯里:《美国无敌:均势的未来》,韩召颖译,北京:北京大学出版社 2005 年版,第 169—170 页。

34. Hanns W. Maull, "Hegemony Reconstructed? America's Role Conception and its Leadership within its Core Alliances," in Cornelia Frank, Hanns W. Maull and Sebastian Harnisch eds., *Role Theory in International Relations: Approaches and Analyses*, New York: Routledge, 2011, pp.176—193.

35. Patrick J. McDonald, "Peace through Trade or Free Trade?" *The Journal of Conflict Resolution*, Vol.48, No.4, 2004, pp.547—572.

36. Christopher Alessi and Robert McMahon, "U. S. Trade Policy," Council on Foreign Relations, March 14, 2012, www.cfr.org/backgrounder/us-trade-policy.

37. WTO Secretariat, "RTAs Currently in Force (by Year of Entry into Force), 1948—2019," World Trade Organization, 2019, http://rtais.wto.org/UI/Charts.aspx.

38. United States Trade Representative, "The President's Trade Policy Agenda," https://ustr.gov/sites/default/files/The-Presidents-Trade-Policy-Agenda.pdf.

39. Larry Catá Backer, "The Trans-Pacific Partnership: Japan, China, the U. S., and the Emerging Shape of a New World Trade Regulatory Order," *Washington University Global Studies Law Review*, Vol.13, No.1, 2014, pp.49—81.

40. The White House, "Remarks by President Barack Obama at Suntory Hall," November 14, 2009, https://obamawhitehouse.archives.gov/realitycheck/the-press-office/remarks-president-barack-obama-suntory-hall.

41. Barack Obama, "The Way Ahead," *The Economist*, 2016, www.economist.com/briefing/2016/10/08/the-way-ahead.

42. Ian F. Fergusson and Brock R. Williams, The Trans-Pacific Partnership (TPP): Key Provisions and Issues for Congress, Congressional Research Service R44489, 2016, p. 4, https://fas.org/sgp/crs/row/R44489.pdf.

43. 转引自:Jeffrey J. Schott, "Overview: Understanding the Trans-Pacific Partnership," in Cathleen Cimino-Isaacs and Jeffrey J. Schott eds., *Trans-Pacific Partnership: An Assessment*, Washington, D.C.: Peterson Institute for International Economics, 2016, p.10。

44. Barack Obama, "President Obama: The TPP Would Let America, not China, Lead the Way on Global Trade," The Washington Post, May 2, 2016, www.washingtonpost.com/opinions/president-obama-the-tpp-would-let-america-not-china-lead-the-way-on-global-trade/2016/05/02/680540e4-0fd0-11e6-93ae-50921721165d_story.html?utm_term=.ea3019f41104.

45. The White House, National Security Strategy, 2015, http://nssarchive.us/wp-content/uploads/2015/02/2015.pdf.

46. Stephen G. Walker, *Role Theory and the Cognitive Architecture of British Appeasement Decisions: Symbolic and Strategic Interaction in World Politics*, New York: Routledge, 2013, p.203.

47. Naazneen Barma, Ely Ratner and Steven Weber, "A World Without the West," *National Interest*, Vol.90, No.3, 2007, pp.23—30.

48. George H. W. Bush, "Address Before a Joint Session of the Congress on the State of the Union," January 29, 1991, http://www.presidency.ucsb.edu/ws/?pid=19253.

49. Anthony Lake, "From Containment to Enlargement," US *Department of State Dispatch*, September 27, 1993, p.659.

50. George W. Bush, "A Distinctly American Internationalism," Ronald Reagan Library,

Simi Valley California，November 19，1999，https：//www. mtholyoke. edu/acad/intrel/bush/wspeech. htm.

51. Barack Obama，"Remarks to the Chicago Council on Global Affairs，" April 23，2007，http：//www. presidency. ucsb. edu/ws/index. php? pid=77043.

52. "Obama's Remarks on Iraq and Afghanistan，" New York Times，July 15，2008，http：//www. nytimes. com/2008/07/15/us/politics/15text-obama. html.

53. "Obama's Speech in Berlin，" New York Times，July 24，2008，http：//www. nytimes. com/2008/07/24/us/politics/24text-obama. html.

54. 转引自 Ryan Lizza，"The Consequentialist，" *New Yorker*，May 2，2011，https：//www. newyorker. com/magazine/2011/05/02/the-consequentialist。

55. David E. Sanger and Maggie Haberman，"In Donald Trump's Worldview，America Comes First，and Everybody Else Pays，" *New York Times*，March 26，2016，https：//www. nytimes. com/2016/03/27/us/politics/donald-trump-foreign-policy. html.

56. Thom Shanker，"Defense Secretary Warns NATO of 'Dim' Future，" *New York Times*，June 10，2011，http：//www. nytimes. com/2011/06/11/world/europe/11gates. html.

57. Donald J. Trump，"Remarks at McGlohon Theatre at Spirit Square in Charlotte，North Carolina，" October 26，2016，http：//www. presidency. ucsb. edu/ws/? pid=119188.

58. "Transcript：Trump on NATO，Turkey's Coup Attempt，and the World，" New York Times，July 21，2016，https：//www. nytimes. com/2016/07/22/us/politics/donald-trump-foreign-policy-interview. html.

59. D. Sabbagh，"The U.S. Presidential Elections and The Issue of Race"，*Sciences Po*，11 February，2020，https：//www. sciencespo. fr/en/news/news/the-us-presidential-elections-and-the-issue-of-race/5082.

60. "National Security Strategy of the United States of America，" https：//trumpwhitehouse. archives. gov/wp-content/uploads/2017/12/NSS-Final-12-18-2017-0905. pdf，访问时间：2022 年 10 月 1 日。

61. USTR，*Report to Congress on China's WTO Compliance*，https：//ustr. gov/sites/default/files/2018-USTR-Report-to-Congress-on-China%27s-WTO-Compliance. pdf，访问时间：2022 年 12 月 9 日。

62. John M. Murphy，"Barack Obama and Rhetorical History，" *Quarterly Journal of Speech*，Vol.101，No.1，2015，pp.213—224.

63. Michael Wolff，*Fire and Fury：Inside the Trump White House*，New York：Henry Holt and Co.，2018，p.181.

64. 张腾军：《拜登对华政策信号：竞争对手定位不变，但不推动新冷战》，载《中国新闻周刊》2021 年第 985 期，第 10 页。

65. Ivo H. Daalder and James M. Lindsay，*The Empty Throne：America's Abdication of Global Leadership*，New York：Public Affairs，2018，Chapter 10.

66. Richard N. Gardner，"The One Percent Solution：Shirking the Cost of World Leadership，" *Foreign Affairs*，Vol.79，No.4，2000，pp.2—11.

67. Jeffrey M. Jones，"Americans See U.S. as Exceptional；37% Doubt Obama Does，" Gallup，www. gallup. com/poll/145358/americans-exceptional-doubt-obama. aspx.

68. 参见 Michael Mandelbaum，*How America Acts as the World's Government in the 21st Century*，New York：Public Affairs，2006。

69. 参见 Michael Mandelbaum，*The Case for Goliath：How America Acts as the World's Government in the 21st Century*，New York：Public Affairs，2005。

70. Charles O. Lerche，"The Crisis in American World Leadership," *The Journal of Politics*，Vol.28，No.2，1966，pp.308—321.

71. Michael J. Mazarr，"A Strategy of Discriminate Power：A Global Posture for Sustained Leadership," *The Washington Quarterly*，Vol.37，No.1，2014，pp.137—150.

72. 俞正樑：《从辨别力战略到全球领导力——评迈克尔·马扎尔的"辨别力"》，载《国际关系研究》2014 年第 5 期，第 5—6 页。

73. Gallup，"The U.S.-Global Leadership Report：What People Worldwide Think of U.S. Leadership," The U.S.-Global Leadership Track，www. gallup. com/file/services/191819/US-GlobalLeadershipReport2016. pdf；Gallup，"Rating World Leaders：The U.S. vs. Germany, China and Russia," www. gallup. com/analytics/247040/rating-world-leaders-2019. aspx.

74. 参见 Constance Duncombe and Tim Dunne，"After Liberal World Order," *International Politics*，Vol.94，No.1，2018，pp.25—42；Ivo H. Daalder and James M. Lindsay，*The Empty Throne：America's Abdication of Global Leadership*，New York：Public Affairs，2018。

75. Wesley K. Clark，*Don't Wait for The Next War：A Strategy for American Growth and Global Leadership*，New York：Public Affairs，2014，pp.129—130.

76. Richard E. Neustadt，*Presidential Power and the Modern Presidents：The Politics of Leadership from Roosevelt to Reagan*，New York：Free Press，1980，p.32.

77. Gordon M. Friedrichs，*U.S. Global Leadership Role and Domestic Polarization：A Role Theory Approach*，New York：Routledge，2021，p.5.

78. Richard Nixon，"Radio Address About Second Annual Foreign Policy Report to the Congress," The American Presidency Project，February 25，1971，www. presidency. ucsb. edu/node/240718.

79. George H. W. Bush，"Address at West Point," Miller Center，January 5，1993，http：//millercenter.org/the-presidency/presidential-speeches/january-5-1993-address-west-point.

80. Mac Thornberry and Andrew F. Krepinevich. Jr.，"Preserving Primacy," *Foreign Affairs*，Vol.95，No.5，2016，pp.26—35.

81. Stephen G. Brooks and William C. Wohlforth，*World Out of Balance：International Relations and the Challenge of American Primacy*，Princeton，NJ：Princeton University Press，2008，p.56.

82. 参见 Robert J. Lieber，*Power and Willpower in the American Future：Why the United States Is Not Destined to Decline*，New York：Cambridge University Press，2012。

83. Carla Norrlof，"Dollar Hegemony：A Power Analysis," *Review of International Political Economy*，Vol.21，No.5，2014，pp.1042—1070.

84. Charles P. Kindleberger，"Dominance and Leadership in the International Economy：Exploitation, Public Goods, and Free Rides," *International Studies Quarterly*，Vol. 25，No. 2，1981，p.243.

85. Duncan Snidal，"The Limits of Hegemonic Stability Theory," *International Organization*，Vol.39，No.4，1985，pp.579—614；Isabelle Grunberg，"Exploring the 'Myth' of Hegemonic Stability," *International Organization*，Vol.44，No.4，1990，pp.431—477.

86. Rosemary Foot, S. Neil MacFarlane and Michael Mastanduno，*US Hegemony and International Organizations：The United States and Multilateral Institutions*，Oxford：Oxford University Press，2003；Eric Helleiner，"Political Determinants of International Currencies：What Future for the US Dollar?" *Review of International Political Economy*，Vol.15，No.3，2008，pp.354—378.

87. David A. Lake，"Dominance and Subordination in World Politics：Authority, Liberal-

ism，and Stability in the Modern International Order," in John G. Ikenberry ed.，*Power*，*Order*，*and Change in World Politics*，Cambridge：Cambridge University Press，2014，pp.61—82.

88. 参见 Fareed Zakaria，*The Post-American World*，New York；London：Norton，2008。

89. Iwan Morgan，"The Indebted Empire：America's Current-Account Deficit Problem," *International Politics*，Vol.45，No.1，2007，pp.92—112.

90. The White House，"Remarks by the President at the United States Military Academy Commencement Ceremony," May 28，2014，https://obamawhitehouse.archives.gov/the-press-office/2014/05/28/remarks-president-united-states-military-academy-commencement-ceremony.

91. 参见［英］佩里·安德森：《原霸：霸权的演变》，李岩译，北京：当代世界出版社 2020 年版。

92. 一般而言，凡是溢出国界的公共产品我们都称之为"国际公共产品"，在国际公共产品内部根据层次差异，可以再分为区域性国际公共产品和全球性国际公共产品。本文认为两者的内涵有细微的差异，但指涉内容大体一致，本文从全球治理角度论述中国的角色，因此更多使用"国际公共产品"，对两者不做过细的区分。

93. 中国在 2016 年贸易限制措施只有 241 次，少于印度的 562 次、巴西的 299 次，是世界主要经济体中采取贸易限制措施数量最少的国家之一。参见 Simon J. Evenett and Johannes Fritz，*FDI Recover? The 20th Global Trade Alert Report*，August 30，2016. http://www.globaltradealert.org/reports/download/15。

94.《习近平接受拉美四国媒体联合采访》，人民网，2014 年 7 月 15 日。

95.《习近平：欢迎搭乘中国发展的列车》，新华网，2014 年 8 月 22 日。

96. 习近平：《中国愿为国际社会提供更多公共产品》，人民网，2016 年 9 月 3 日，http://politics.people.com.cn/n1/2016/0903/c1001-28689064.html。

97. Daniel Deudney and G. John Ikenberry，"The Nature and Sources of Liberal International Order," *Review of International Studies*，Vol.25，No.2，1999，pp.186—189.

98. Robert Gilpin，*The Political Economy of International Relations*，Princeton，NJ：Princeton University Press，1987，pp.72—80.

第五章

东亚区域公共产品供给与中国大国担当

区域领导者是指处于领导地位的国家或非国家行为体,这些在区域中充当"领导者"的行为体需要做出独特的贡献,并获得区域成员认可。区域与全球领导力的建设着眼于不同层次,但都强调追随者自发的接受与认可。在东亚案例中,1998年亚洲金融危机背景下的中国与日本都是潜在的区域领导者。在危机前后的几年时间里,中国、日本、韩国与东盟成员国的复杂互动致力于推进区域一体化程度,并克服集体行动的困境。中国通过主动供给新型公共产品,为应对亚洲金融危机做出独特贡献,国际形象与地区领导力得以显著提升。随着"东盟＋3"和东亚峰会的制度化,以东盟为中心的制度化领导力,开始取代中日地区领导力的竞争。[1]

第一节　东亚领导力的区域合法性构建

国际公共产品不仅可以共享,而且可以凝聚区域社会资本,为领导力建设提供社会黏合剂。1997年亚洲金融危机和美国在亚洲的霸权合法性下降,鼓励日本进一步扩大地区主义行动。同时国际货币基金组织(IMF)在亚洲金融风暴期间低效与僵硬的应对方案遭到东亚国家广泛批评,在国际机制失灵的情况下东亚国家团结合作的动机更加强烈。中国从危机中认识到,全球化的浪潮已经不可逆转;建立区域治理机制以确保其经济安全符合国家利益。日本则希望建立地区领导力是为了摆脱"旧角色"身份,淡化东亚邻国对其复杂的历史记忆。

(一)东亚领导力分化与日本角色变化

在冷战时期日本不仅是美国的东亚盟友,也是区域一体化进程的实际推动者。20世纪70年代日本首相福田赳夫便提出"福田主义",宣称要为东南亚以至世界的和平及繁荣做出贡献,在这之前日本也向美国保证日本对东亚公共产品的供给与美国全球领导力相互支撑。20世纪70年代初,美国对亚洲经济和安全的保障兴趣减弱之际,日本则开始为地区经济稳定建立新机制。通过与东盟协调的一系列多边项目,牵头推动建立亚洲开发银行(ADB),寻求扩大在促进亚洲和平与发展方面的作用。这些国际承诺与国际公共产品都包含国家利益的政治考量。鉴于美国在"尼克松主义"冲击下降低对东亚事务的参与,日本希望扮演地区领导国,领导东亚国家走向一体化。从20世纪80年代开始,日本开始显露出对地区领导力的渴望。

1997年亚洲金融危机前后,日本强调要在政治和心理上将自己重新定位为东亚领导国。危机前夕,东盟成员国一致认为区域内最大经济体日本需要做出特殊贡献。印尼前外交部长阿里·阿拉塔斯指出:"我期待着日本在我们的共同努力中发挥重要作用,以减轻金融和经济危机对社会影响,并最终完全克服这场危机。"[2] 21世纪初,中国开始主动与东南亚国家接触,在贸易和安全领域采取积极政策。日本媒体感到"中国对东盟的影响力超过了日本"[3]。在小泉纯一郎执政期间(2001—2006年),中日关系的恶化加剧了。[4]这种竞争典型体现在2005年建立东亚峰会(EAS)的方案上,中国主张建立一个以"东盟＋3"为基础的东亚峰会,而日本则支持建立一个以"东盟＋3＋3(澳大利亚、新西兰和印度)"为基础的东亚峰会。两种方案都没有获得足够的区域追随者。例如,在建立东亚峰会方面,马来西亚和越南支持中国,而印度尼西亚和新加坡则跟随日本。[5]

在美国霸权合法性衰落情况下,日本则尝试供给区域性公共产品。从"亚洲货币基金组织"到"新宫泽倡议"再到《清迈倡议》,日本通过一系列的政策倡议,将区域金融合作确定为区域的核心议程之一。"新宫泽倡议"致力于促进东亚经济的连带性,由1997年时任日本大藏省大臣的宫泽喜一所提出,力促亚洲货币合作的构想,此后日本对区域合作的态度日趋积极。2000年日本首相森喜朗提出加强区域开放的三原则。中国时任国务院总理朱镕基也在同年强调,亚太经合组织应成为区域合作和一体化的主要渠道。在两国支持下,亚太经合组织成功地成为第一个正式的东亚合作框架。

与此同时,中国在稳定地区经济和建立金融机制方面的积极作用凸显。韩国和东盟国家要求日本和中国在促进东亚集团的发展中发挥关键作用,追随者的期待鼓励中日为地区事务供给国际公共产品。2000年5月,东盟国家加上中国、日本和韩国("东盟+3")正式签署了《清迈倡议》,旨在解决区域流动性短缺问题、建立双边互换安排网络,这标志着亚洲区域金融合作的开端。中国在《清迈倡议》中共出资384亿美元,占总出资额的32%,与日本并列第一,展现了承担大国责任的诚意。[6] 2009年12月,"东盟+3"成员国同意将《清迈倡议》扩大为一个多边储备池计划,即"清迈倡议多边化"(CMIM),其规模从1 200亿美元增长到2 400亿美元,建成成员国捐款资助的区域外汇储备池。区域金融合作最雄心勃勃的尝试是亚洲开发银行2005年提出的建立亚洲共同货币——亚洲货币单位(ACU)——的提议,这是一个由"东盟+3"货币组成的货币篮子,为建立区域共同货币迈出重要一步。但遗憾的是,亚洲金融危机过后各国利益冲突凸显,这些宏伟构想最终没有被落实下去。[7]

面对中国和日本的竞争性吸引,东南亚小国不仅采取平衡对冲策略,而且主张建立"东盟中心性"[8],呈现"10+3"的区域一体化基本格局。东盟方式的非强制性与协商性,在东亚大国意识形态、地缘政治与经济利益竞争局面中,反而建立起以小国为主导的集体领导力。在东亚地区,密切社会互动积累了区域与全球社会资本,东南亚国家的"复杂接触"战略反过来社会化了中国和日本的领导风格,最终东亚形成了"小马拉大车"的特殊结构:中日韩是区域一体化的三个主要支点,但在很多情况下,真正的倡议提出者与资源整合者则是东盟。[9] 在东亚一体化网络中东盟处于网络中心位置,增强了说服竞争性大国一起参与区域治理的能力。

(二)两次亚洲金融危机下的区域领导力

1997—1998年亚洲金融危机使东亚国家经济遭遇巨大冲击,虽然危机爆发后国际货币基金组织表示会提供援助,但其条件非常苛刻且反应迟钝。最致命的是,国际货币基金组织开出的救治方案是受援国接受利率大幅上升、资本账户自由化和关闭陷入困境的金融机构,这不仅不对症而且让东亚国家的情况雪上加霜。例如国际货币基金组织1998年强迫印尼政府签署协议,推出严厉的节约措施,威胁不发放支持经济的贷款。国际货币基金组织强加条件,致使印尼居民人均年收入从 1 200 美元下降到 300 美元,200 万人在此期间失去了工作。[10]印尼央行行长苏德拉查·吉万多诺(J. Soedradjad Djiwandono)回忆时称:"每天都在拼命应对,东南亚陷入暗淡时光。"[11]在亚洲金融风暴期间,国际货币基金组织的应对不力受到广泛批评,除菲律宾外,东亚国家都没有请求国际货币基金组织的援助。

亚洲金融危机改变了东南亚很多国家对日本的看法,东盟成员国普遍期待亚洲最大经济体日本施以援助。当时的印尼外交部长阿里·阿拉塔斯讲话指出:"我期待着它(日本)在我们的共同努力中发挥重要作用,以减轻金融和经济危机对我们人民的社会影响,并最终完全克服这场危机。"[12]考虑到日本在 20 世纪 90 年代经济首屈一指,因此对日本的地区领导力有较高期待。在危机爆发后,日本很快承诺给予物质支持,日本为克服东亚金融危机提供了大约 800 亿美元的财政援助。[13]危机发生后,日本提议在"东盟+3"框架内进行制度化协商,囊括东盟十个成员国与中国、日本和韩国。2003 年 12 月,东盟+3 国高级官员组成的东亚研究小组(EASG)发表的《关于日本—东盟合作的未来道路的东京宣言》,倡导日本"外向型"区域主义观点。2005 年 12 月在吉隆坡举行的东亚峰会,肯定了日本的领导力愿景。[14]

区域领导力建立在互惠的基础上,它需要沟通的社会过程,吸引潜在追随者。金融危机是中国与东亚国家关系的关键节点,危机的冲击对中国地区形象与可信承诺产生了重大影响。在危机中,大国的言行会直接为其积累声誉,多次的患难与共也能催发情感认同,产生情感性信任。面对日益扩散的金融危机,中国承受住国内外巨大压力,除了及时向东南亚国家伸出援助之手,更进一步承诺人民币不贬值。而且中国也动用外汇储备,援助陷入困境的邻国,在逆境中选择了"雪中送炭",这些帮助不仅及时而且很有分量。人民币不贬值的承诺稳住了东南亚金融市场的信心,为东南亚乃至亚洲金融的稳定发挥了积极作用,不少东南亚媒体称赞"中国顶住压力,稳住了亚洲"[15]。1997 年的东南亚金融危机与 2008 年的次贷金融危机为我们理解中国援助政治逻辑提供两个重要案例。在两次危机中,中国援助外交体现在四个层次:(1)积极回应危机,树立负责任大国形象;(2)通过制度约束,发送昂贵的可信信号;(3)推进贸易便利化,让惠于邻国；(4)改革区域金融机制，整合多方利益。2008年全球金融危机后中国的东亚影响力显著提升，用"以大事小"的仁义之举帮助周边邻国，是支撑中国区域领导力的基础。

以2007年4月美国第二大次级房贷公司新世纪金融公司破产事件为"标志"，次贷危机由房地产市场蔓延到信贷市场。与1997年亚洲金融危机不同，这次危机的风暴中心位于美国和欧洲，东南亚和中国并非直接的受灾国，但是因为东亚对欧洲和北美出口市场的高度依赖，全球金融危机也对东南亚和中国产生了不同影响。次贷危机是伴随着大约于2005—2006年的美国房地产泡沫破灭，以及"次级贷款"与可调整利率贷款(Adjustable Rate Mortgage)的高违约率而开始的。[16]从世界格局上看，次贷危机的最显著结果是提升了中国的全球地位。中国经济在危机中保持了6.5％以上的高速增长，这与引发次贷危机导致金融体系严重受损的美国对比明显。[17]

一方面，东亚与世界力量对比发生重大变化。在两次重大的经济危机中，中国成功避免了经济"硬着陆"，总体保持了良好的发展态势。2008年全球金融危机后，中国成为地区和全球经济复苏的关键引擎。经过20年的快速发展，中国在亚太地区国内生产总值(GDP)所占份额从4％显著上升到25％。美国的比重则从49％下降到42％，而日本比例从1994年的33％下降到2014年的11％，中国经济规模仅次于美国。[18]这种显著的经济成就对世界产生了广泛的吸引力。随着中国在亚洲的政治、经济和外交影响力持续增长，一个正在出现的地缘政治现实是，"两个亚洲"的兴起。即一个以中国为主导的"经济亚洲"和一个仍然由美国主导的"安全亚洲"。[19]目前中国几乎是所有东亚国家的最大贸易伙伴国，美国在东亚地区的五个盟友日本、韩国、澳大利亚、菲律宾和泰国，如今也纷纷以中国为最大贸易伙伴。

另一方面，随着不确定性增加，东南亚国家普遍采取对冲策略。大国竞争态势的微妙变化会敏感地传导给这些东南亚小国。[20]一位新加坡官员坦言："我们最大的恐惧是同时接到两个电话，一个来自华盛顿，另一个来自北京，叫我们在一场冲突中选择站在谁一边。"[21]正因为财富与安全的双重分离，东南亚国家需要时刻两手准备，在大国政治中间左右逢源，才能找到自己的生存空间。历史上，美国、苏联、中国、日本与印度等大国纷纷在东南亚地区展开过激烈竞争,长期深处大国博弈中间地带的东南亚国家,尽管实力有限,但深谙大国平衡之道。就像东南亚的季风一样,大国竞争的地缘政治季风深刻塑造了东南亚国家的心理与行为。东盟国家从明确立场转变成模糊站队,以"对冲"战略积极塑造复杂的东亚政治经济格局。[22]

本杰明·科恩(Benjamin J. Cohen)认为,要达成区域性金融合作的承诺需要考虑两个先决条件:其一,是否存在一个强有力的地区大国,或者多个大国的强有力组合,并承诺运用它们的影响力来促进各个参与者的联合努力。其二,参与者之间是否拥有广泛的联系网络(共同体的程度),以及是否有牺牲部分主权的充分承诺。简言之,国际金融一体化的成败关键在于可信承诺,即参与者是否能坚守国际承诺。[23] 2008 年次贷危机对中国的外贸出口产生了较大影响,却整体上提升了中国作为全球大国的影响力。中国除了合作阻击全球金融危机蔓延之外,更看到了危机所暴露出来的全球金融体系的弊端,因此在危机爆发不久中国便提出了改革现有国际金融体系的倡议。

第二节 东亚一体化与中国大国担当

经历两次冲击,亚洲国家正在应对日益增长的外部压力,通过逐步采取措施,特别是加强区域金融合作,推进结构性的金融和货币改革。[24] 危机后的教训反思,促使东南亚国家强化了自身金融政策和制度框架,以减少外部脆弱性。在两次亚洲金融危机中,中国能够为区域发展供给公共产品,确保东亚金融稳定和经济安全的领导者,更能与区域国家休戚与共,展现负责任大国的领导力。

(一) 援助政治与中国睦邻外交

领导者带头做出集体贡献,通过沟通协调与社会互动,将权力优势转化为共同体的信任与支持。[25] 1998 年,亚洲金融危机是中国与东南亚国家关系中至关重要的分水岭,在此之前,大多数地区国家对中国有着非常严重的疑虑和担忧。而此后,中国与东南亚各国在经济、社会和政治领域的多层次接触日益加深,而这一地区在中国周边外交中的地位也越来越重要。

其一，积极回应危机，树立负责任大国形象。当危机发生后，中国意识到这是展现自己的诚意的机会窗口。在两次金融危机前后，中国领导人频频使用"负责任"的话语标签。在危机中，中国扮演了一个积极、高效的国际角色。截至 2012 年 3 月，中国人民银行共与 18 个国家（地区）签订了总额为 1.656 3 万亿元人民币的货币互换协议，其中与东南亚 4 个国家签订的互换协议总额为 5 020 亿元人民币，占货币互换总额的比重为30.3％。货币互换的目的在于降低筹资成本并降低汇率变动所带来的损失。中国领导人多次强调中国对邻国的友谊和对地区的责任感。中国领导人经常用的词汇是"路遥知马力，日久见人心"，这意味着中国与邻国的友谊已经过时间的考验。与西方国家形成鲜明对比的是，中国不是掠夺性的强制霸权。危机期间对本地区的贡献表明，中国正在成为一个承担更多的大国责任的区域领导者。[26]

其二，通过制度约束，发送昂贵的可信信号。中国加入世界贸易组织的漫长 15 年谈判，是一次传递融入国际社会的昂贵信号。因为中国放弃了给予发展中国家的"特殊和差别"待遇，并承诺满足世界贸易组织的要求。例如，中国同意在 2005 年之前将工业品的平均关税从 24.6％ 下调至8.9％。但同一时期，阿根廷维持了 30.9％ 的关税，巴西保持着 27％，印度保持着 32％，印度尼西亚则保持着 36.9％ 的高关税。另外，危机前后，中国推进的区域金融一体化合作，通过小步骤合作带来更大步骤的合作。[27]艾丽斯·巴（Alice D. Ba）把中国与东南亚在危机中的互动视为是一个社会化的复杂接触（Complex Engagement）过程。[28]复杂接触的目的是积极寻求共识，以说服另一个人改变态度和信念。20 世纪 90 年代，中国积极参与重要的多边框架：南海研讨会、亚欧会议、亚太经济合作组织和"东盟10＋3"（APT）会议，中国也与东盟进行了双边接触和对话，并通过东盟—中国高官磋商、东盟—中国联合委员会会议、东盟＋中国框架（APT）和东盟—中国峰会，传递安抚性信号展示合作意图。[29]

其三，推进贸易便利化，让惠于邻国。中国日益增长的影响力主要来自无与伦比的市场容量、日益提升的经济援助（主要是基础设施项目的贷款）和投资带来的经济利益，中国的经济发展模式以及与东南亚的经济文化融合，已经构成重要的软实力来源。[30]2014 年中国对亚洲投资主要分布在新加坡、印度尼西亚、老挝、巴基斯坦、泰国、马来西亚和韩国等国家和地区。其中,对东盟十国的投资流量为78.1亿美元,占对亚洲投资流量的9.2%。[31]东亚和东南亚地区的基础设施建设资金需求占亚洲总需求的50%以上,亚洲国家基础设施和互联互通建设的庞大需求为中国加强在该区域的基础设施投资建设提供了大量机遇。"一带一路"沿线国家未来在公路、铁路、港口、油管、桥梁、输电网络、光缆传输等基础设施互联互通中将衍生出大量投资合作机会。2016年,中国对东盟十国的投资流量为102.79亿美元,占对亚洲投资流量的7.9%。位居2016年中国对外直接投资流量前20的东南亚国家有:新加坡(31.7亿美元)、马来西亚(18.3亿美元)、印度尼西亚(14.6亿美元)、越南(12.8亿美元)、泰国(11.2亿美元)。[32]中国—东盟已携手走过硕果累累的"黄金十年",为稳定国际商品市场和全球贸易量做出了重要贡献。[33]

(二)促进区域金融机制建立

中国一直是亚洲债券市场发展倡议的积极倡导者和参与者。2005年中国允许符合条件的国际开发机构在国内发行人民币债券(即熊猫债券),更是体现了我国参与亚洲债券市场发展的决心,并为推动该市场的发展做出了实质性贡献。在流动性援助方面的最大进展体现在《清迈倡议》的提出,这是一个区域性货币互换网络协议。"10+3"财长会议于2000年5月在泰国清迈达成《清迈倡议》。根据《清迈倡议》,相关国家可分别向"共同外汇储备基金"投入一定金额的外汇储备资金,当某个国家面临外汇资金短缺困难时,其他国家则可以纾困。这些努力促进了东亚区域金融合作机制的完善。

第一,开启多边区域货币互换协定。亚洲金融危机让东南亚国家深切体会到"远水救不了近火"。在危机期间,美国利率上调造成亚洲货币进一步贬值,国际货币基金组织给予亚洲的救助资金,以财政紧缩政策为导向,反而加速了东亚经济体的下滑趋势,所有这些对国际组织和西方国家的不满,成为危机后推动深化区域一体化进程的重要动力。[34]金融危机之后,为防范和应对金融风险,中国与东盟建立了地区监督机制,并先后形成了三个框架:首先是1997年11月形成的马尼拉框架小组(Manila Framework Group,MFG),该框架旨在提供一定程度的地区监控,作为对国际货币基金组织所实施的全球监控的补充。其次是 1998 年 10 月建立的东盟监督进程（ASEAN Surveilance Proces，ASP），目标是监控区域经济变量以及社会与行业部门的发展。再次为 1999 年 11 月东盟 10 国和中、日、韩建立的"10＋3"监督进程，这是对东盟监督进程的扩展。另外，中国银监会成立以后，已先后与泰国、越南等国建立合作框架，为以后次区域监督机制的建立提供良好平台。

第二，推进《清迈倡议》下的货币互换机制建设。2000 年 5 月，刚刚经历过金融危机的东盟 10 国和中、日、韩 3 国就建立"双边货币互换机制"达成一致[35]，这是东亚金融合作取得实质性进展的标志事件。2003 年 10 月，时任中国国务院总理温家宝首次提出"推动清迈倡议多边化"的倡议，建议将《清迈倡议》下较为松散的双边货币互换机制整合为多边资金救助机制，得到与会领导人的积极响应。2007 年 5 月，作为清迈倡议多边化的一种形式，"10＋3"财长会议同意建立外汇储备库，由各成员分别划出一定数量的外汇储备，建立区域储备基金，帮助危机国家应对短期流动资金困难。[36] 2008 年 5 月，各国财长决定区域外汇储备库起始规模为 800 亿美元，中日韩与东盟出资比例为 80％和 20％。2009 年 12 月，"10＋3"财长和央行行长以及香港金融管理局总裁正式签署清迈倡议多边化协议。一个规模为 1 200 亿美元的亚洲区域外汇储备库正式成立并运作。该协议的核心目标是，建立公共外汇储备，共同防范金融危机。《清迈倡议》及其多边化互换网络是金融危机催生出的第一个重要的区域金融合作机制，有助于汇集部分外汇储备，以加强地区金融的协调与共同体意识（参见表 5.1）。

第三，以"10＋"机制推进金融合作。1997 年亚洲金融危机给了东盟国家深刻教训，让东盟自成立以来首次深切意识到集体协调对地区安全和发展的重要性。在地区层面，东盟国家采取了一系列联合举措，包括建立东盟监督机制，鼓励利用东盟货币解决内部贸易支付问题，加速区域经济一体化，改善本地区投资环境等。这些举措促进了区域内贸易和投资便利，特别是在海关合作领域让各国受益明显。除了东盟内部合作外，东亚区域经济一体化进程也加速。一方面，是中国与东盟国家建立"10＋1"合作机制。1997 年 12 月 16 日，首次东盟—中国领导人非正式会议确立了中国与东盟面向 21 世纪的睦邻互信伙伴关系。2003 年 10 月 8 日，第

表 5.1 "清迈倡议"的出资结构安排

	额度（十亿美元）	比重（%）	借款乘数
中国	38.4 （大陆 34.2；香港 4.2）	32.00 （大陆 28.5；香港 3.5）	大陆 0.5 香港 2.5
日本	38.40	32.00	0.5
韩国	19.20	16.00	1
三国合计	96.00	80.00	—
东南亚国家			
印度尼西亚	4.77	3.97	2.5
泰国	4.77	3.97	2.5
马来西亚	4.77	3.97	2.5
新加坡	4.77	3.97	2.5
菲律宾	3.68	3.07	2.5
越南	1.00	0.83	5
柬埔寨	0.12	0.10	5
缅甸	0.06	0.05	5
文莱	0.03	0.02	—

资料来源：中国人民银行。

七次东盟—中国领导人会议确立了中国与东盟面向和平与繁荣的战略伙伴关系。2010 年 1 月,中国—东盟自贸区如期全面建成。另一方面,建立"东盟10＋3"机制。东盟与中日韩（"10＋3"）合作源于 1990 年马来西亚总理马哈蒂尔提出的"东亚经济集团"（EAEC）设想。1995 年,在曼谷举行的东盟峰会提议举行东盟与中日韩领导人会晤。作为一个独特的区域性框架,东盟国家加强了与东亚邻国的经济合作。1997 年,首次东盟与中日韩（时为"9＋3"）领导人非正式会议在吉隆坡举行,"10＋3"合作进程由此启动。"10＋3"已经建立了 65 个对话与合作机制。

党的十八大以来,中国更提出了外交工作要讲原则、讲情谊、讲道义,义利并举、以义为先,要诚心诚意对待周边国家,争取更多朋友和伙伴。[37]在 2013 年 10 月中共中央周边外交工作会议提出的"亲、诚、惠、容"新理念中,"惠"字就是要多照顾对方感情与利益,及时让利,惠及周边。[38] 2014 年

7 月中国国家主席习近平对世界宣布,中国将更多提出全球治理的中国方案、贡献更多造福世界的中国智慧。[39] 新兴大国通过让周边国家"搭便车",邻国也会改变对中国的形象认知。[40]

赢得人心的,不仅仅是资金,更是担当。面对内外压力,中国在应对两次金融危机时既坚守自身利益,也兼济邻国,避免危机中"以邻为壑"的做法,而是主动发出合作倡议,提出凝聚人心的危机应对方案,并力所能及地施以援手,帮助东南亚邻国渡过了难关。时艰下的政治更加宝贵,危机中的承诺更加不易。事实证明,"雪中送炭式"的危机援助和"守望相互"式的让利互惠,极大缓解了东南亚国家对中国崛起的担忧,让东南亚国家认识到一个经济繁荣强大的中国将是地区稳定的坚强后盾。[41]

第三节　日常情境下中国睦邻援助承诺

对外援助被视为增加软实力,提升可信度的重要方式。中国对外援助的言辞和实践,不仅为国家利益服务,也将为塑造积极的国际形象服务。假若缺乏正面的国际形象,国家利益的维护成本将大大增加。[42] 在对东南亚援助问题上,中国长期以来做了很多承诺,也兑现了很多承诺。中国对东南亚援助是睦邻外交精神的延伸。受历史习惯与传统友谊的影响,中国对东南亚国家的援助不可避免地带有"义"的诉求。对外援助是展现硬实力和软实力的方式,中国持之以恒地传递诚意信号,积极构建东南亚国家对中国领导力的合法性预期。

(一) 援助承诺与中国影响力投射

从实力(即资源)到影响力结果,存在一个转化的过程。[43] 因此,不能简单地罗列中国的实力,而应关注中国资源运作的过程,即与东盟国家的互动。与西方大国将人道主义援助与政治条件挂钩的附加要求不同,中国对外援助相对而言更加"柔性"与务实,强调人心教化,这集中体现在中国"对外援助八项原则"之中。在冷战期间,中国曾全力支持抗美援越战争,向越南、柬埔寨、老挝、缅甸所提供的援助占中国当时对外援助总额的80%左右。进入 20 世纪 90 年代以后,中国外援重点开始从东南亚转向非洲,但对东盟国家的援助总量仍保持在援助总额的 20%左右。[44] 1997 年亚洲金融危机以后，中国加大了对东南亚援助力度。而且与老牌发达国家相比，中国作为一个新兴的援助国对东南亚的投入越来越大(参见图5.1)。[45]

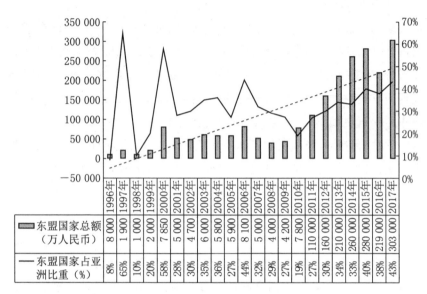

图 5.1　1996—2017 年中国对东盟国家援助走势

资料来源：综合中国商务部数据制作。

长期坚持不懈的援助最能体现援助方的诚意与决心。在东南亚，除了文莱与新加坡两个小国，大部分国家都是发展中国家，是对外援助的主要对象。2000 年至 2012 年中国对东南亚的援助占到了亚洲援助总额的42%。在国别上，中国对菲律宾的援助占东南亚总量的 22%，柬埔寨占18%，马来西亚占 18%，老挝则占 17%。[46]在同东盟国家开展双边援助的同时，中国也积极利用多边合作框架，落实援助举措。2005 年，在第 9 次东盟与中、日、韩领导人会议上，温家宝宣布在给东盟国家提供 30 亿美元的优惠信贷基础上，再增加 50 亿美元优惠贷款。[47]此后中国在大型设备采购、基础设施建设、通信信息、农业灌溉、水力发电、工业生产等多个领域，与柬埔寨、老挝、越南、缅甸、印度尼西亚、菲律宾等东盟国家合作实施了百余个优惠贷款项目，取得了良好效果。[48]

中国目前出版的两份对外援助白皮书体现的是援助原则和地区整体特点，并没有公布具体的东南亚地区的国别数据。而 2009 年 3 月由美国威廉玛丽学院(College of William & Mary)建立的"援助数据库"(AidData)，通过综合各种信息来源的基础上进行科学估算,发布了完整的中国对外援助数据库。该数据库的最大亮点不仅在于数据连续一致,更在于其以可视化方式呈现。例如,2000—2012 年期间中国累计援助东南亚国家项目728 个,这是仅次于非洲的中国对外援助第二大区域。为了解中国对东南亚援助的效果与进展,下文以国别为单位,分别总结自 20 世纪 90 年代中期以来中国对东南亚国家的援助情况。

(二) 中国对越南、老挝的援助承诺

自 1990 年两国关系正常化后,中国开始恢复对越南援助。1994 年江泽民主席访问了越南,这是中国国家元首首次访问越南。双方在 1999 年达成了边界协议,2000 年达成北部湾海洋边界和渔业合作协议。随着双边关系的改善,中国逐步加大了对越南的援助(参见表 5.2)。实际上,在冷战期间越南曾是中国的第一大援助对象国,特别是在抗美援越战争期间,中国对越南的援助远远超出自身实际能力范围,最高占到了中国所有对外援助的 70% 以上。[49] 新时期的中国对越援助回归理性,服务于睦邻外交需要。2002 年,中国宣布向越南提供 1.2 亿美元的低息贷款。2003 年,中国取消了越南的部分债务,并提供了 3 600 万美元的钢铁开发项目和4 000 万美元的铜矿开采项目。这些协议有助于刺激双边贸易,而贸易提升也有利于补偿中国所提供的援助。2003 年,中国对越南直接外资的财政援助达 1.46 亿美元,共计支持了 61 个发展项目。[50] 2005 年,中国向越南提供了约 2 亿美元的赠款和贷款。[51] 由于双方援助的很多项目和金额并不公开,因此对中越援助关系的判断只能根据多种渠道进行综合。根据报道,2010 年中国给予越南 628 个项目经济优惠贷款,总值近 22 亿美元。[52]这些投资是否应该被视为对外援助尚无法确认。

2010 年 1 月 1 日中国—东盟自由贸易区正式启动,当时越南正担任东盟主席国,因而外界认为中国的经济援助为双方落实自贸区协议创造了良好氛围。在这前后,中越关系开始因南海争端而出现较大波折,中国大幅增加经济援助也有助于缓解紧张氛围,为解决争端创造条件。对外援助不仅有助于改善政治关系,对经贸合作的促进效应更是显著。随着2010 年 1 月东盟与中国建立"共同市场",中国与越南的经济合作进一步强化。例如,中国铝业公司在越南中部地区投资铝土矿开采,这种发展援

助有助于促进越南经济发展,并推进双方在该领域的贸易合作。[53]

表 5.2　2000—2014 年中国对越南的援助列表

援 助 项 目	时 间	受援国	金额 (百万美元)[54]
中国支持改善湄公河航道	2002 年	湄公河五国	不详
中国向越南提供 1 070 万美元升级化肥厂	2000 年	越南	24.91
中国向越南贷款 2 150 万美元升级化肥厂	2000 年	越南	49.813
向 Thai Nguyen 钢铁公司扩建项目拨款 2 140 万美元	2000 年	越南	49.660
支持越南官员研究经济社会发展	2002 年	越南	5.46
中国承诺向越南提供教科书和教学设备	2002 年	越南	不详
中国进出口银行为 Cao Ngan 热电厂贷款 8 550 万美元	2002 年	越南	193.245
为越中友谊宫的建设融资	2003 年	越南	39.93
中国进出口银行为 Sin Quyen 铜矿贷款 4 050 万美元	2003 年	越南	89.233
为北方铁路线信号和信息系统建设优惠贷款 6 400 万美元	2003 年	越南	141.01
中国向越南捐赠 10 万美元的紧急援助,用于禽流感	2004 年	越南	0.21
中国向越南提供物资以应对禽流感	2004 年	越南	0.50
中国进出口银行贷款 2.5 亿美元支持宁平氮肥厂建设	2004 年	越南	515.2
云南机械设备进出口有限公司(YMIEC)贷款 9 980 万美元扩建 Dung Quat 造船厂	2004 年	越南	205.667
给予胡志明国家政治学院 6 000 万元人民币无偿援助	2005 年	越南	14.38
培训 6 名越南外交官	2005 年	越南	不详
向越南捐赠 150 万元人民币抗击禽流感	2005 年	越南	0.360
向越南 Cat Linh-Ha Dong 轻轨贷款 4.19 亿美元	2005 年	越南	822.97

（续表）

援 助 项 目	时 间	受援国	金额 （百万美元）
为扩建哈巴氮肥厂给予 3 200 万美元不退还援助	2005 年	越南	62.852
越南派出 40 名官员到中国参加培训课程	2005 年	越南	不详
中国支持越南人员培训资金 5 000 万元人民币	2006 年	越南	11.53
中国为越南渔民搜救工作提供帮助	2006 年	越南	不详
中国承诺向越南煤矿矿业集团出口买方信贷	2006 年	越南	270.393
提供 9 750 亿越南盾贷款升级从荣市到胡志明市的信号和信息系统	2006 年	越南	112.129
中国电信部门向越南捐赠电脑	2006 年	越南	不详
为乌比电厂项目二期贷款 1.785 亿美元	2006 年	越南	242.242
为 Cam Pha 热电厂建设贷款 2.25 亿美元	2006 年	越南	413.867
中国医生为越南患者提供白内障手术	2009 年	越南	不详
中国大使馆给洪水灾民提供 1 万美元援助	2010 年	越南	0.12
中国使馆援助越南 9 000 万越南盾	2010 年	越南	0.06
进出口银行为 Vinh Tan 2 电厂贷款 3 亿美元	2010 年	越南	377.310
国家开发银行给予越南 2 亿美元项目贷款	2011 年	越南	222.00
中国银行为安汉热电厂贷款 1.43 亿美元	2011 年	越南	158.73
越南使馆捐赠 5 000 美元给橙剂代理的受害者	2011 年	越南	0.05
中国捐赠 1 万美元援助越南的洪水灾民	2012 年	越南	0.01
中国基金为越南河内郎子高速公路投资 3 亿美元	2013 年	越南	305.02

资料来源：作者根据 AidData 数据库整理（http://china.aiddata.org/projects）。

　　中国是老挝的第二大援助国,其主要的援助形式有捐赠、低息贷款、发展援助项目、技术援助和外国投资,以及青年志愿者服务队和农业培训。1991 年,中国和老挝签署了边界划分协定,此后,1992 年中国为老挝提供了更多的经济和军事援助。1997 年,中国、东盟和亚洲开发银行启动了建立"泛亚铁路"项目,该项目计划建立从中国昆明联通新加坡的铁路网络,这条铁路将直接穿越老挝全境,与之配套的是中国承诺在万象市区建立一些大型文化综合设施。在 1997 年亚洲金融危机期间,中国的援助帮助老挝货币避免了大幅度贬值。2000 年,江泽民主席访问老挝,这是中国元首首次访问老挝,中国依然向老挝政府承诺并提供了大规模援助资金,但具体数额尚未公布。据部分学者统计,在 1988 年至 2001 年间中国向老挝共提供的援助金额累计达 17 亿美元,这标志着中国对老挝财政援助的大幅增长。[55] 2002 年中国援建的万荣水泥厂完工,老挝政府对此项目给予极高评价,甚至将该项目的照片印在了老挝 5 000 元纸币上。[56] 同年,中国承诺取消老挝的大部分债务,双边关系依然保持紧密。[57]

　　2006 年胡锦涛主席访问老挝,中方承诺提供 4 500 万美元经济技术合作资金,并免除部分老挝债务,此后还承诺将在万象建立老挝文化中心,并在西北部建立一个水电站。[58] 2008 年中国在老挝的投资显著增加,达到 36 亿美元,占老挝外商总投资的 41％,这些投资中近三分之一集中在水电领域,其余涉及采矿、橡胶种植园、电信、建筑、酒店和餐饮等领域。当然中国在老挝的大力投资也在民间引发了关于"中国入侵"的恐惧,有传言说有 5 万个中国家庭正在迁入老挝北部的开发区。[59] 实际上,中国新移民迁入老挝,与中国在老挝东北部和西北部的经济特区开发有关。在所谓"金三角"附近地区,老挝政府通过与中国、泰国的区域合作,努力促进当地经济发展,并因此鼓励中国企业大力投资。到 2010 年年中,中国已经超过泰国,成为老挝最大的投资者。[60]

　　如表 5.3 所示,中国对老挝的援助内容较为丰富。在社会发展领域,中国在东南亚开展罂粟替代种植,致力于改善民生。中国对缅甸、老挝等国的罂粟替代种植计划开始于 2003 年,经过四年发展开展替代种植地区的罂粟种植面积就下降了 85％以上,效果显著。[61] 中国还向当地提供禁毒技术的援助,促进了当地经济的健康发展。[62] 整体上看,中国对老挝的援助基本上与柬埔寨类似,即长期稳定的援助既促进了双边经贸发展,也提升了紧密的政治关系，是中国对东南亚援助外交的成功典范。

表 5.3　2000—2014 年中国对老挝的援助列表

援 助 项 目	时 间	受援国	金额 （百万美元）[63]
中国为柬埔寨、老挝和越南城市规划项目承诺 50 万美元	2013 年	柬埔寨、老挝、越南	0.51
进出口银行为老挝电信部门贷款 3 000 万美元	2001 年	老挝	68.20
进出口银行贷款建设 Xeset 2 水电站	2001 年	老挝	245.537
中国青年志愿者团队第一次赴老挝	2002 年	老挝	不详
中国协助在老挝琅勃拉邦建设医院	2002 年	老挝	不详
中国在老挝进行养牛项目	2002 年	老挝	不详
中国在老挝建造文化宫	2002 年	老挝	不详
老挝药物管制方案的技术培训	2002 年	老挝	不详
中国青年志愿者团队第二次赴老挝	2003 年	老挝	不详
中国青年志愿者团队第三次赴老挝	2003 年	老挝	不详
援助万象平原的地质调查	2003 年	老挝	不详
对老挝举办东盟峰会给予 1 300 万元人民币援助	2004 年	老挝	3.24
中国青年志愿者团队第四次赴老挝	2004 年	老挝	不详
为昆明—曼谷高速公路老挝段莫汉—南仑大桥建设提供 3 000 万美元	2004 年	老挝	7.47
进出口银行出口卖方信贷南梦 3 水电站（Nam Mang 3 Hydropower Station)	2004 年	老挝	83.636
改善 Patuxai 公园项目	2004 年	老挝	2.490
中国青年志愿者团队第五次赴老挝	2005 年	老挝	不详
老挝农业展示中心建设	2005 年	老挝	8.56
中国批准老挝为戒毒治疗提供援助	2005 年	老挝	0.17
中国青年志愿者团队第六次赴老挝	2006 年	老挝	不详

援 助 项 目	时 间	受援国	金额 （百万美元）
中国给予 4 500 万美元的老挝债务减免	2006 年	老挝	82.773
中国向老挝提供一揽子援助	2006 年	老挝	不详
国家开发银行贷款建设体育场馆	2007 年	老挝	146.48
中国基金 1 000 万美元用于琅勃拉邦老挝友谊医院附加项目的建设	2007 年	老挝	16.28
中国捐赠 5 亿美元用于老挝预防禽流感	2007 年	老挝	0.08
中国在老挝资助 50 万美元毒品戒毒中心	2007 年	老挝	不详
中国向老挝赠送价值 50 万元人民币的药品	2007 年	老挝	0.11
贷款重建琅勃拉邦机场	2007 年	老挝	96.603
中国对老越铁路进行研究	2008 年	老挝	0.14
中国在老挝资助大学奖学金	2008 年	老挝	不详
中国为 Phongsaly 发展提供 20 万美元	2008 年	老挝	0.275
中国政府向粮食计划署捐赠老挝粮食援助	2008 年	老挝	0.69
中国政府为老挝提供湄公河洪水援助	2008 年	老挝	0.138
中国进出口银行贷款 1.27 亿美元建设老挝南汗 3 水电站	2009 年	老挝	172.35
贷款 3.08 亿美元建设老挝南汗 2 号水电站	2009 年	老挝	418.00
中国公司向老挝政府捐款 4.2 万元人民币洪水救灾款	2009 年	老挝	0.083
中国资助老挝的建设项目	2009 年	老挝	不详
向老挝提供 20 万美元救灾款应对热带风暴	2009 年	老挝	0.272
中国向老挝国民议会提供电脑、摄像机	2009 年	老挝	0.06
中国协助老挝路 13 号修缮	2009 年	老挝	54.82
为南屯河（Nam Theun）二号灌溉系统建设提供优惠贷款	2010 年	老挝	129

（续表）

援　助　项　目	时　间	受援国	金额 （百万美元）
为老挝航空机库和维修培训中心项目提供 1 670 万美元的优惠贷款	2010 年	老挝	20.406
进出口银行贷款湄公河大桥 5 400 万美元	2010 年	老挝	62.885
为丰沙里—云南公路建设提供贷款	2011 年	老挝	96.49
给予老挝国际会议中心工程 4.5 亿元人民币贷款	2011 年	老挝	77.31
中国国家开发银行贷款和 CWE 投资建设 Nam Ngiep 水电站	2011 年	老挝	383.00
国家开发银行贷款建设老挝水电项目二期（南欧江 1，3，4，7）	2011 年	老挝	1 110.00
中国向老挝国立大学捐赠价值 13 500 美元的办公用品	2011 年	老挝	0.014
中国向老挝的洪水捐款 3 万美元	2011 年	老挝	0.03
中国提供 3 020 亿老挝基普升级万象瓦岱国际机场	2011 年	老挝	47.145
中国眼科医生免费给予白内障手术治疗	2011 年	老挝	不详
国家开发银行贷款建设老挝水电工程一期（南欧江 2，5，6）	2012 年	老挝	699.00
中国向第七届亚欧议会伙伴关系会议和第九届亚欧首脑会议提供了商品援助	2012 年	老挝	不详
中国向老挝新建的公立学校捐款 11 万美元	2012 年	老挝	0.12
中国向老挝的慈善机构捐赠一辆救护车	2012 年	老挝	不详
给老挝十三号路 Muang Xay-Pakmong 段的复原提供贷款	2012 年	老挝	87.37
中国向老挝交出价值 200 万元人民币的援助物资	2012 年	老挝	0.34
进出口银行贷款建设昆明—万象高速铁路	2012 年	老挝	7 625.1
进出口银行贷款建设 Pakbeng-Ngeun 大桥	2012 年	老挝	33.042

（续表）

援 助 项 目	时 间	受援国	金额（百万美元）
为老挝塞沙拉龙灌溉项目提供优惠贷款	2012 年	老挝	58.720
中国中医医师给予免费医疗咨询	2012 年	老挝	不详
为万象供水工程扩建提供优惠贷款	2013 年	老挝	93.78
中国向老挝交付了 10 套干燥窑	2013 年	老挝	不详
中国将两架 MA60 飞机交给老挝	2013 年	老挝	不详
中国支持老挝 Bokeo 桥梁建设	2013 年	老挝	不详
中国大使馆捐赠电脑支持老挝网络安全	2013 年	老挝	不详
政府官员接待大楼的建设	2013 年	老挝	不详
帮助老挝国家电视台（LNTV）升级其频道技术	2013 年	老挝	不详
中国建设老挝总统宾馆	2014 年	老挝	不详
中国为防治老挝跨界动物疫病捐款 600 万美元	2014 年	老挝	6.00
中国拨款 8 200 万美元用于 NR13 道路升级	2014 年	老挝	82.00
中国向老挝提供 50 万美元的就业援助项目	2014 年	老挝	0.5
中国在老挝启动文化中心	2014 年	老挝	不详
老挝国家建设前线（LFNC）培训中心的建设	2014 年	老挝	不详
中国工程师支持沿湄公河航行改善	2002 年	湄公河五国	不详
中国为 GMS 地区核心环境项目贡献 50 万美元	2013 年	湄公河五国	0.51
中国基金投资 GMS 国家农业信息网络	2013 年	湄公河五国	不详

资料来源：作者根据 AidData 数据库整理（http://china.aiddata.org/projects）。

（三）冷战后中国对缅甸与柬埔寨的援助

长期以来，中国是缅甸最大的经济援助来源国。自 1988 年以来，中国向缅甸军政府援助了大量武器装备，外界估值为 14 亿至 20 亿美元，同时中国为缅甸发展累计提供近50亿美元的贷款,其中包括工厂设备、矿产勘探投资、水电合作、油气生产以及农业项目等。20世纪90年代开始,中国加大了对缅甸的援助,缅甸也增强了对中国的依赖。1998年,中国向仰光提供了2.5亿美元的优惠贷款,用于建设该国最大的水电站。[64] 2000年,中国承诺为一座水力发电厂提供1.2亿美元的援助。[65] 据了解,2002年底中国建筑公司在缅甸共投资了800个项目,总值20亿美元;到2005年底,投资金额已经增加到了22亿美元。2003年以后因为缅甸国内政治原因,美国等西方国家开始对其采取贸易制裁,而中国成为缅甸最大援助来源国,在缅甸备受孤立的特殊时期中国为其提供了2亿美元的贷款。[66] 2007年,中缅就建设滇缅天然气输送项目达成合作协议,中缅援助关系进一步稳固。当然,中国对缅甸的大量援助一方面拉近了双方战略关系,同时也引起部分缅甸政治精英的担忧。特别是在边境移民方面,有相当数量的中国人已经半永久性地迁至缅甸,缅甸社会对越来越多的中国新移民产生了复杂的看法。随着中国廉价商品长期大量涌入缅甸市场,对本地加工制造业也产生了不小冲击。尽管面临不少挑战与问题,中国睦邻外交通过援助方式长期与缅甸保持了特殊的战略依赖关系。

2009年,中国和缅甸签署了29亿美元的中缅油气管道合作项目,该项目将建设两条管道将从中东和非洲航运过来的石油和天然气,经由皎漂港通过陆地输送到昆明,油气输送工程为中国提供一个安全便捷的石油和天然气运输渠道,缓解了对所谓"马六甲困境"的担忧。[67] 据报道,目前有超过30多家中国跨国公司活跃在缅甸各个工地,这些企业直接参与建设了60多个水电、石油、天然气和采矿项目。[68] 也有学者指出,自1988年以来,缅甸总共获得了200亿美元的外国资金,而其中近70%来自中国,中国长期成为缅甸最大的援助国与投资国。然而,2011年缅甸内政发生重大变化,军政府向民主化改革取得重要进展,缅甸开始与包括美国与日本在内的西方国家改善关系。其中最引人注目的是,缅甸政府暂停了由中国电力投资集团公司投资的36亿美元密松水电站项目。大坝项目遇阻的原因很复杂,但其中两大原因不可忽视:一方面,缅甸社会对过度依赖中国的担忧加重,特别是中国企业的大量投资涉及很多缅甸核心经济领域。此外,中国公司建设的不少项目是基础性工程,对百姓的经济生活改善并没有直接的影响,而且中国企业长期不善于与当地民众融为一体,在遭遇危机事件时处理方式欠缺柔和。而密松水电站项目因涉及搬迁与环境保护问题,被媒体曝光和非政府组织维权后,激发了缅甸社会对中国企业所援建项目的担忧。当然,这种微妙变化还没有完全影响中缅关系,中国依然保持了对缅甸的大规模援助。2011年两国贸易额增长了35.2%,缅甸新增外资的70%来自中国和泰国,而美国只占百分之一。[69]中国依然是缅甸最重要的援助者和投资者,也是其第二大贸易伙伴。与美国与日本等竞争对手相比,中国在缅甸依然保持着显著的优势。

随着缅甸政局的显著变化,2013年开始西方国家和国际组织恢复了对缅甸的援助和投资。日本国际合作银行通过世界银行和亚洲开发银行向缅甸提供了9亿美元的"过渡贷款"以帮助其偿还债务。世界银行随后又提供了4.4亿美元的贷款,以支持缅甸金融改革。此外,部分西方国家减免了缅甸的债务,亚洲开发银行则承诺为缅甸社会和经济发展项目提供5.12亿美元资金支持。[70]在一定程度上,中缅关系受到新政府与西方国家关系改善的影响,但是中国仍然是缅甸最重要的贸易伙伴。与此同时,美国等国家转而对缅甸民主改革和人权状况表示失望,近年来爆发的若开邦罗兴亚人难民危机,更是让缅甸与西方国家关系再次紧张,西方国家往往以民主和人权指标与援助挂钩,这对于正处于转型阶段的缅甸而言无疑是重大压力。随着西方国家与组织再次削减援助,设立投资限制,中国在缅甸的影响力与援助依然保持着独特地位。近年来,中国加大对柬埔寨的援助,具体内容参见表5.4。

表5.4　2000—2014年中国对缅甸的援助列表

援　助　项　目	时　间	受援国	金额 (百万美元)[71]
中国中医医师给予免费医疗咨询	2005年	柬埔寨、 缅甸、越南	不详
中国工程师支持沿湄公河航行改善	2002年	湄公河五国	不详
中国为GMS地区核心环境项目贡献50万美元	2013年	湄公河五国	0.51
中国基金投资GMS国家农业信息网络	2013年	湄公河五国	不详
中国承诺农机工厂项目	2000年	缅甸	40.61

（续表）

援 助 项 目	时 间	受援国	金额（百万美元）
中国向缅甸小学捐赠	2000 年	缅甸	0.35
给予下蓬龙水电站项目售卖方贷款	2000 年	缅甸	280.302
中国向缅甸捐赠农作物替代罂粟	2002 年	缅甸	不详
中国减免缅甸债务 7 200 万美元	2002 年	缅甸	162.73
中国青年志愿者团队第一次赴缅甸	2003 年	缅甸	不详
捐赠 12 000 美元用于罂粟替代作物和畜牧业培训	2003 年	缅甸	0.03
中国向缅甸捐赠了 2 台数字地震仪	2003 年	缅甸	不详
中国向缅甸国家剧院捐赠乐器	2003 年	缅甸	不详
中国向缅甸捐赠价值 500 万元人民币的运动器材	2003 年	缅甸	1.33
中国向缅甸提供 5 000 万元人民币农业和水电项目	2003 年	缅甸	13.31
在 Yeywa 建设水力发电项目的进出口银行贷款	2003 年	缅甸	440.659
中国向缅甸捐赠了 30 辆奥迪轿车	2004 年	缅甸	不详
中国资助缅甸化肥厂建设	2004 年	缅甸	412.159
中国拨款 2 800 万美元用于建设 Zhang-feng-Bhamo 路	2004 年	缅甸	6.97
中国向缅甸贷款 1 500 万元人民币兴建发电厂	2004 年	缅甸	3.735
向邦朗大坝(蓬朗二段)水电项目贷款	2004 年	缅甸	不详
中国青年志愿者团队第二次赴缅甸	2005 年	缅甸	不详
训练缅甸警方缉毒执法	2005 年	缅甸	不详
中国大使馆与中国企业共同向仰光火灾遇难者捐赠救灾物资	2005 年	缅甸	不详
中国驻缅甸大使馆捐助 186.54 万缅元	2005 年	缅甸	0.63
中国外交人员和公司为海啸救济捐款 600 万缅元	2005 年	缅甸	2.069
中国政府捐助 20 万美元用于海啸救援	2005 年	缅甸	0.393

（续表）

援　助　项　目	时　间	受援国	金额（百万美元）
中国向缅甸捐赠 130 列旅客列车	2006 年	缅甸	不详
中国向缅甸罂粟替代计划捐赠了 500 吨大米	2006 年	缅甸	不详
中国向缅甸罂粟替代项目捐赠抗疟疾药物	2006 年	缅甸	0.12
中国免去 2.4 亿元人民币的债务	2006 年	缅甸	55.37
中国贷款 8 400 万美元购买两台石油钻机	2006 年	缅甸	154.510
中国为造纸厂建设提供卖方信贷	2006 年	缅甸	149.912
进出口银行向缅甸提供 3 150 万美元的贷款	2006 年	缅甸	57.941
中国捐赠 50 万美元用于飓风救灾	2008 年	缅甸	0.70
中国向缅甸捐赠价值 50 万美元的风灾物资	2008 年	缅甸	0.70
中国向缅甸的掸邦和克钦邦捐赠 1 万吨稻米	2008 年	缅甸	不详
提供 3 000 万元人民币资金抗击"纳尔吉斯"气旋灾害	2008 年	缅甸	5.953
广西向缅甸提供 25 万美元用于飓风救灾	2008 年	缅甸	0.345
云南省向缅甸捐赠了 25 万美元的救灾物资	2008 年	缅甸	0.345
中国经济随员办公室与企业共同捐赠飓风救助金	2008 年	缅甸	不详
中国医务人员向缅甸赠予医疗设备和专业知识	2008 年	缅甸	不详
中国中医医师给予免费医疗咨询	2008 年	缅甸	不详
中国向缅甸捐助 5 600 万元人民币用于减灾	2009 年	缅甸	11.13
中国向缅甸提供三架 MA60 飞机	2009 年	缅甸	不详
中国大使馆向缅甸学校捐赠电脑和视听设备	2009 年	缅甸	0.150

（续表）

援 助 项 目	时 间	受援国	金额（百万美元）
中国向缅甸捐赠 30 台机车	2010 年	缅甸	不详
中国向缅甸仰光的中国学校捐赠技术设备	2010 年	缅甸	不详
中国为缅甸地震救灾捐款 50 万美元	2011 年	缅甸	0.56
中国持有缅甸佛牙遗迹 48 天的供奉	2011 年	缅甸	不详
中国向缅甸捐赠了集装箱检测设备	2012 年	缅甸	不详
中国捐赠 635 万美元在缅甸克钦邦建立老人之家	2012 年	缅甸	6.725
向缅甸提供价值 3 000 万元人民币的模块化房屋 350 套	2012 年	缅甸	5.03
中国大使馆向缅甸地震灾区捐款 1 万美元	2012 年	缅甸	0.11
协助缅甸实兑（Sittwe）灾害后房屋重建	2013 年	缅甸	不详
中国捐赠 1.2 亿缅元和大米用于缅甸学校建设	2013 年	缅甸	0.13
中国向缅甸捐赠释迦牟尼佛牙佛塔复制品	2013 年	缅甸	不详
为第 27 届东亚运动会缅甸代表团提供价值 794 万美元的体育器材和培训	2013 年	缅甸	8.073
派遣 700 名专家赴缅甸参加第 27 届东亚运动会	2013 年	缅甸	不详
与缅甸签署 1 亿美元农村小额信贷贷款协议	2013 年	缅甸	101.68
向缅甸贷款 9 200 万美元用于建造两列火车	2013 年	缅甸	93.29
对第 27 届 SEA 运动会进行可行性研究	2013 年	缅甸	0.03
中国医疗队给予缅甸病患免费的白内障手术	2013 年	缅甸	不详
中国向缅甸学校捐赠 1.2 亿缅元	2014 年	缅甸	0.12
中国总理向缅甸学生捐赠教学工具和电脑	2014 年	缅甸	不详

资料来源：作者根据 AidData 数据库整理（http://china.aiddata.org/projects）。

中国是柬埔寨最大的援助国之一,长期以来中国的援助包括对公共工程、基础设施和水电项目的贷款和支持。[72]此外,中国还与柬埔寨政府签署了贸易协议,使得柬埔寨对华出口实行零关税。2003 年,中国在柬埔寨的投资有所增加,次年,柬埔寨政府报告披露来自中国的投资与援助显著增加。[73]2006 年,时任总理温家宝向柬埔寨承诺提供 6 亿美元的援助和贷款,其中 2 亿美元用于建设跨越湄公河和洞里河的桥梁。2007 年,中国又向柬埔寨提供了价值 6.01 亿美元的经济援助,这一数额超过了当时所有其他捐助者的承诺总额,使中国在对柬埔寨援助中独占鳌头。2008 年,中国承诺为两个水电项目提供 10 亿美元的援助。[74]到 2010 年中期,中国向柬埔寨提供的援助资金达到了 80 亿美元,至此中国成为柬埔寨的最大援助国(参见表 5.5)。[75]

表 5.5　2000—2014 年中国对柬埔寨的援助列表

援 助 项 目	时 间	受援国	金额(百万美元)[76]
中国进出口银行为纺织工厂建设优惠贷款	2000 年	柬埔寨	14.02
中国向柬埔寨国王工作组提供 1.5 万美元援助	2000 年	柬埔寨	0.04
中国向柬埔寨国王工作组捐赠建筑材料	2000 年	柬埔寨	0.28
中国提供 200 万元人民币的赈灾物资	2000 年	柬埔寨	0.561
向柬埔寨捐赠 500 万元人民币救灾物资	2000 年	柬埔寨	1.40
进出口银行用于恢复 Kirirom I 水电站的贷款	2000 年	柬埔寨	35.967
中国银行向柬埔寨胶合板工厂提供低息贷款	2000 年	柬埔寨	不详
修复吴哥窟的 Chau Say Tevoda 寺庙	2000 年	柬埔寨	2.803
中国向柬埔寨警方捐赠法医设备	2001 年	柬埔寨	0.18
中国将公路钢梁(4 500 万元人民币)运抵柬埔寨	2001 年	柬埔寨	12.36
中国在柬埔寨钻 500 多口井	2001 年	柬埔寨	4.35
向柬埔寨提供参议院图书馆和办公室的建设援助	2001 年	柬埔寨	4.51

（续表）

援 助 项 目	时 间	受援国	金额 （百万美元）
中国代表团向柬埔寨捐赠艺术设备	2001 年	柬埔寨	0.4
捐赠刑事调查设备	2001 年	柬埔寨	0.15
中国向柬埔寨捐赠排雷设备（10.8 万美元）	2002 年	柬埔寨	0.24
中国向柬埔寨捐赠办公设备（100 万元人民币）	2002 年	柬埔寨	0.27
中国在柬埔寨金边提供 1 900 万元人民币建设毛泽东大道	2002 年	柬埔寨	5.19
减免柬埔寨 2 亿美元的债务	2002 年	柬埔寨	452.04
捐赠 1 500 米桥梁钢筋	2002 年	柬埔寨	20.48
中国向柬埔寨选举委员会捐赠选举设备	2003 年	柬埔寨	0.04
中国赠款柬埔寨 5 000 万元人民币	2003 年	柬埔寨	13.31
中国工程师和技术人员为柬埔寨购物中心提供专业技术	2003 年	柬埔寨	不详
向 7 号国道免息贷款 2 400 万美元	2003 年	柬埔寨	52.879
援建首座中柬友谊大桥（塞孔）	2004 年	柬埔寨	
向柬埔寨提供禽流感紧急救援	2004 年	柬埔寨	0.10
中国捐赠 400 辆警用摩托车	2004 年	柬埔寨	不详
中国向柬埔寨国王工作组捐赠建筑机械	2004 年	柬埔寨	0.50
中国向柬埔寨提供 2.5 亿元人民币优惠贷款	2004 年	柬埔寨	62.25
给予 2.5 亿元人民币支持柬埔寨发展信息通信产业	2005 年	柬埔寨	59.92
中国向柬埔寨捐赠工作材料	2005 年	柬埔寨	0.48
中国向柬埔寨捐赠 PCVSAT 卫星气象设备	2005 年	柬埔寨	不详
中国举办 2005—2006 年柬埔寨培训班	2005 年	柬埔寨	
为"柬埔寨王国新部长大厦项目"提供资金	2005 年	柬埔寨	53.948

（续表）

援 助 项 目	时 间	受援国	金额（百万美元）
派遣给柬埔寨国王工作组的技术专家和材料	2005 年	柬埔寨	19.838
给予中文学校捐助	2006 年	柬埔寨	0.03
帮助柬埔寨全国电信网络升级	2006 年	柬埔寨	367.88
中国建设价值 2.8 亿美元的 Kamchay 水电站	2006 年	柬埔寨	735.76
中国派出调查组到柬埔寨国家植物园	2006 年	柬埔寨	0.69
中国与柬埔寨签署提供抗疟药物的协议	2006 年	柬埔寨	不详
向金边捐赠 30 辆消防车	2006 年	柬埔寨	不详
为柬埔寨政府办公楼建设提供资金	2006 年	柬埔寨	59.781
提供 THSCAN 移动集装箱扫描系统	2006 年	柬埔寨	不详
中国向柬埔寨捐赠 104 辆警用摩托车	2007 年	柬埔寨	不详
中国向柬埔寨捐赠 200 台水泵	2007 年	柬埔寨	不详
中国向柬埔寨 NEC 捐赠办公用品	2007 年	柬埔寨	2.04
给柬埔寨外交与国际合作部捐赠办公设备	2007 年	柬埔寨	不详
派 4 名青年志愿者前往柬埔寨	2007 年	柬埔寨	不详
第二座柬中友好（Prek Kdam）大桥优惠贷款	2007 年	柬埔寨	46.846
第三座柬埔寨友好（Prek Tamak）大桥优惠贷款	2007 年	柬埔寨	70.804
进出口银行 10/57 号国道优惠贷款	2007 年	柬埔寨	68.161
柬埔寨 GMS-IS（一期）1.35 亿元人民币贷款	2007 年	柬埔寨	28.881
柬埔寨国道 76 号建设贷款 5 100 万美元	2007 年	柬埔寨	84.469
进出口银行贷款 7 150 万美元用于建设柬埔寨 8 号国道（从塔克到柬越边境）	2007 年	柬埔寨	116.39
对柬埔寨东部扫雷行动给予支持	2008 年	柬埔寨	0.83
中国向柬埔寨皇家科学院提供电子图书馆	2008 年	柬埔寨	0.11

（续表）

援 助 项 目	时 间	受援国	金额（百万美元）
中国捐赠纪念邮票，以纪念中柬建交50周年	2008 年	柬埔寨	不详
中国向柬埔寨国王工作组捐赠机器	2008 年	柬埔寨	不详
中国向柬埔寨参议院捐赠办公设备和车辆	2008 年	柬埔寨	0.2
向柬埔寨议会部门捐赠运输车辆和办公设备	2008 年	柬埔寨	0.10
中国向柬埔寨提供跨亚铁路可行性研究资助	2008 年	柬埔寨	3.997
为吴哥寺修复提供资助	2008 年	柬埔寨	0.893
中国政府为2008—2009学年提供54个奖学金名额	2008 年	柬埔寨	不详
中国眼科医生免费给予柬埔寨患者白内障手术治疗	2008 年	柬埔寨	不详
捐赠钻井设备	2008 年	柬埔寨	0.10
向金边皇家图书馆捐赠	2008 年	柬埔寨	不详
进出口银行对 NR62（Tbeng Meanchey-Preas Vihear）& NR210 项目给予优惠贷款	2008 年	柬埔寨	79.701
中国中医医师给予免费医疗咨询	2008 年	柬埔寨	不详
提供1 480 万美元贷款建设 8.1 和 8.2 国道	2009 年	柬埔寨	20.085
为参议院新办公楼建设项目提供资助	2009 年	柬埔寨	10.450
为柬埔寨工业、矿业和能源部提供办公用品	2009 年	柬埔寨	不详
中国政府为2009—2010学年提供24个奖学金名额	2009 年	柬埔寨	不详
柬埔寨国道78号的优惠贷款	2009 年	柬埔寨	101.47
资助国道3762线建设项目	2009 年	柬埔寨	20.67
为甘榜特拉贝克河防洪工程一期提供优惠贷款	2009 年	柬埔寨	42.090

（续表）

援 助 项 目	时 间	受援国	金额 （百万美元）
进出口银行给予从金边到巴维特项目建设 115 千伏输电线路和变电站特许贷款	2009 年	柬埔寨	94.444
进出口银行给予 57B 号国道改造项目优惠贷款	2009 年	柬埔寨	364.921
进出口银行为农村电网项目（项目一期）提供 5 356 万美元的优惠贷款	2009 年	柬埔寨	72.686
吴哥窟武雄庙恢复和保护项目	2009 年	柬埔寨	7.946
中国银行与柬埔寨的 Mobitel 签署 5.91 亿美元的再融资协议	2010 年	柬埔寨	743.30
中国进出口银行为柬埔寨 62 号公路南段修复提供优惠贷款	2010 年	柬埔寨	67.37
中国承诺向柬埔寨提供 2 亿美元的债务减免	2010 年	柬埔寨	251.54
中国向粮食计划署捐赠了 50 万美元用于柬埔寨粮食安全	2010 年	柬埔寨	0.63
中国向柬埔寨捐赠 50 万美元的现金援助	2010 年	柬埔寨	0.63
中国向柬埔寨红十字会捐赠 1 万美元，培训该国的年轻志愿者	2010 年	柬埔寨	0.01
中国向奉辛比克党（FUNCINPEC Party）捐赠办公用品	2010 年	柬埔寨	不详
向柬埔寨提供 4 990 万美元贷款建设等一期 Kanghot 灌溉开发项目	2010 年	柬埔寨	62.774
提供 5.4 亿美元的贷款建造 Stung Tatay 水坝	2010 年	柬埔寨	679.157
中国为 95 名柬埔寨学生提供培训项目	2010 年	柬埔寨	不详
为柬埔寨国道 61 号修复项目提供优惠贷款	2010 年	柬埔寨	11.941
四川省向柬埔寨捐赠农产品	2010 年	柬埔寨	0.186
中国政府为 2010—2011 学年提供 54 个奖学金名额	2010 年	柬埔寨	不详
2010—2011 年派出中国语言教学志愿者	2010 年	柬埔寨	不详

援　助　项　目	时　间	受援国	金额（百万美元）
进出口银行优惠贷款上勒溪水力发电项目（额勒赛项目）	2010 年	柬埔寨	518.172
援建第五座中柬友谊大桥（金边水净华新桥）	2011 年	柬埔寨	不详
基督复临会发展救济局（ADRA）收到中国香港特区政府的洪灾捐赠	2011 年	柬埔寨	0.07
中国向柬埔寨捐赠港口安检设备	2011 年	柬埔寨	不详
中国进出口银行为柬埔寨农村电网扩建一期（22 千伏）提供优惠贷款	2011 年	柬埔寨	56.48
为 204 名柬埔寨学生提供培训项目	2011 年	柬埔寨	不详
中国向柬埔寨参议院捐赠电脑和空调	2011 年	柬埔寨	不详
中国向柬埔寨捐赠语言书籍	2011 年	柬埔寨	不详
中国向柬埔寨捐赠办公设备	2011 年	柬埔寨	0.09
中国向柬埔寨教育部门捐赠办公用品	2011 年	柬埔寨	不详
中国向柬埔寨国王工作组捐赠卡车和其他机器	2011 年	柬埔寨	不详
中国向柬埔寨洪水灾民捐款 150 万美元	2011 年	柬埔寨	1.664
中国向柬埔寨提供 5 000 万元人民币的赈灾物资	2011 年	柬埔寨	8.59
向柬埔寨捐赠办公用品	2011 年	柬埔寨	不详
中国广西向柬埔寨洪水灾区捐赠拖拉机	2011 年	柬埔寨	0.515
中国政府为 2011—2012 学年提供 45 个奖学金名额	2011 年	柬埔寨	不详
2011—2012 年派出中国语言教学志愿者	2011 年	柬埔寨	不详
为第四座中柬友好桥（Takhmao）提供优惠贷款	2011 年	柬埔寨	35.514
为柬埔寨 41 号国道建设提供优惠贷款	2011 年	柬埔寨	49.862
为柬埔寨 Prek Sto Keo Eater 资源开发项目提供优惠贷款	2011 年	柬埔寨	49.99
金边港口新码头的优惠贷款	2011 年	柬埔寨	30.472

（续表）

援 助 项 目	时 间	受援国	金额 （百万美元）
进出口银行为第四届柬中友好交易会提供价值 2 675 万美元的优惠贷款	2011 年	柬埔寨	29.694
给予优惠贷款 520.45 万美元用于 Sreng 水域开发	2011 年	柬埔寨	57.769
进出口银行贷款 7 025 万美元用于扩建 6 号国道	2011 年	柬埔寨	77.977
进出口银行为 59 号国道提供优惠贷款	2011 年	柬埔寨	87.541
提供工程贷款	2012 年	柬埔寨	25.42
援建第六座中柬友谊大桥（上丁省湄公河大桥）	2012 年	柬埔寨	2.71
援建第七座中柬友谊大桥（哥通跨百色河大桥）	2012 年	柬埔寨	不详
为建设中柬食品工业实验室贡献 46.5 万美元	2012 年	柬埔寨	0.50
中国向东盟峰会捐赠办公用品和设备	2012 年	柬埔寨	0.43
中国向柬埔寨参议院捐赠物资	2012 年	柬埔寨	0.17
中国提供免息贷款购买 MA60 飞机	2012 年	柬埔寨	不详
中国为 195 名学生提供培训课程	2012 年	柬埔寨	不详
中国派出医疗队协助缓解柬埔寨暴发疫情	2012 年	柬埔寨	不详
开办柬埔寨大学中文角	2012 年	柬埔寨	不详
中国政府为 2012—2013 学年提供 56 个奖学金名额	2012 年	柬埔寨	不详
2012—2013 年派出中国语言教学志愿者	2012 年	柬埔寨	不详
进出口银行延长对国道 76 号项目的优惠贷款	2012 年	柬埔寨	94.454
给予柬埔寨 Kanghot 灌溉项目二期的特许贷款	2012 年	柬埔寨	35.064
进出口银行给予扩建柬埔寨国道 5 号优惠贷款	2012 年	柬埔寨	60.153
给予马德望多用途大坝开发项目特许贷款	2012 年	柬埔寨	105.145

（续表）

援　助　项　目	时　间	受援国	金额（百万美元）
进出口银行向柬埔寨提供优惠贷款修建214国道	2012年	柬埔寨	120.139
中国中医医师给予免费医疗咨询	2012年	柬埔寨	不详
中国向柬埔寨捐赠农业设备	2013年	柬埔寨	不详
中国向柬埔寨捐赠安全设备	2013年	柬埔寨	14.03
中国进出口银行给予16.7亿美元资助炼油厂	2013年	柬埔寨	1 698.00
中国财政柬埔寨农业实验楼建设	2013年	柬埔寨	0.001
中国为Staung流域水资源开发项目一期提供3.3亿元人民币贷款	2013年	柬埔寨	54.11
中国向柬埔寨捐赠了100吨精米	2013年	柬埔寨	不详
中国捐赠价值14 000美元的体操器材	2013年	柬埔寨	0.02
中国向柬埔寨红十字会捐款5万美元	2013年	柬埔寨	0.05
中国资助2亿美元的Vaico灌溉项目	2013年	柬埔寨	101.68
中国给予木薯种植合作项目第二期40万美元	2013年	柬埔寨	0.41
中国在柬埔寨组织高棉新年艺术表演	2013年	柬埔寨	不详
中国为阿昌灌溉开发项目提供2.835亿元人民币	2013年	柬埔寨	46.524
中国为洪灾后的恢复提供农业引擎	2013年	柬埔寨	不详
为蛰翠水资源开发项目（第一阶段）提供贷款	2013年	柬埔寨	46.097
为扩大柬埔寨6号国道提供贷款	2013年	柬埔寨	246.33
中国大使馆向柬埔寨红十字会捐赠	2013年	柬埔寨	0.01
中国政府为2013—2014学年提供奖学金	2013年	柬埔寨	不详
2013—2014年派出中国语言教学志愿者	2013年	柬埔寨	不详
中国眼科医生免费给予柬埔寨患者白内障手术治疗	2013年	柬埔寨	不详
援建44号国道	2013年	柬埔寨	79.502

（续表）

援 助 项 目	时 间	受援国	金额（百万美元）
捐赠 100 台拖拉机	2013 年	柬埔寨	不详
捐赠办公用品	2013 年	柬埔寨	0.07
捐赠蔬菜农药残留检测仪器	2013 年	柬埔寨	0.03
供应枪支和弹药	2013 年	柬埔寨	不详
为柬埔寨 1577 国道项目提供贷款	2014 年	柬埔寨	36.30
中国向柬埔寨捐赠了 200 辆救护车	2014 年	柬埔寨	不详
中国向柬埔寨捐赠林业材料	2014 年	柬埔寨	不详
中国资助柬埔寨农村电网扩建项目二期工程	2014 年	柬埔寨	8.068
中国向柬埔寨农户提供了 300 个生物消化器	2014 年	柬埔寨	0.4
为柬埔寨国道 58 号项目提供优惠贷款	2014 年	柬埔寨	119.752
中国政府为 2014—2015 学年柬埔寨留学生提供 72 个奖学金名额	2014 年	柬埔寨	不详
2014—2015 年派出中国语言教学志愿者	2014 年	柬埔寨	不详
中国为柬埔寨、老挝和越南城市规划项目承诺 50 万美元	2013 年	柬埔寨、老挝、越南	0.51
中国中医医师给予免费医疗咨询	2005 年	柬埔寨、缅甸、越南	不详

资料来源：作者根据 AidData 数据库整理（http://china.aiddata.org/projects）。

受益于中国的援助，中柬之间的年贸易额在 2017 年比 2010 年翻了一番。2011 年初，中国宣布向柬埔寨提供 3 960 万美元的赠款和 3 170 万美元的低息贷款。另外，中国还捐款 790 万美元用于建造一座写字楼。2011 年中国对柬埔寨的投资总额达 1.9 亿美元，这是所有其他东盟国家的两倍多，更是美国的十倍。[77] 2013 年，中国与柬埔寨签署了价值 16.7 亿美元的谅解备忘录，向柬埔寨的一家炼油厂提供资金。此外，中国宣布为柬埔寨的铁矿开采和铁路项目提供 112 亿美元的巨额投资，同时还提供 1.95 亿美元的贷款给柬埔寨购买中国建造的直升机。[78] 2014 年底，柬埔寨首相洪森访问了中国，中国承诺每年对柬埔寨的发展贷款提升到 5 亿至 7 亿美元之间。截至 2012 年,中国已向柬埔寨提供了总额近 100 亿美元的投资资金,柬埔寨政府多次表示中国是"真正的朋友"[79]。2015 年 12 月,在《好朋友,真朋友——中国对柬援助及投资项目巡礼》画册发布上,柬埔寨副首相吉春盛赞中国在柬埔寨王国的援助与投资成果,首相洪森也在画册题词中表示:"中国是柬埔寨传统的好朋友,也是在任何形势下可信赖的真朋友。"通过援助,中国增强了对柬埔寨的影响力,也收获了柬埔寨的友谊。

(四) 中国对印尼的发展援助

1990 年,时任国务院总理李鹏访问印度尼西亚,此后苏哈托总统访华,两国重新建立正式外交关系。1997 年亚洲金融危机给了中国一个帮助印度尼西亚的重要机会,通过慷慨援助中国赢得了印尼政府和人民的赞赏。[80]据统计,中国在金融危机期间承诺向印度尼西亚提供了 31.2 亿美元的资金支持。[81]这对于身处经济危机的印度尼西亚尤为宝贵,印尼从中感受到了中国诚意。2002 年印度尼西亚总统梅加瓦蒂访华时,中国提出加强中印经贸合作,并提供了 4 亿美元的新优惠贷款。同年双方达成协议,中国承诺在 25 年内购买印尼 125 亿美元的天然气。[82]2004 年 12 月印度尼西亚遭受严重的海啸破坏,中国立即承诺给予 6 300 万美元的救灾援助。2005 年,中国国家主席胡锦涛访问印度尼西亚,承诺提供价值 3 亿美元的低息贷款。[83]2006 年初,中国向印度尼西亚提供了 10 亿美元的赠款。在印度尼西亚发生强烈地震后,中国又提供了 200 万美元的救灾现金。[84]中国和印尼在 2005 年签订了关于建立战略伙伴关系的联合宣言,2008 年中方对印尼两个国有战略企业(印尼国家弹药制造厂 PT Pindad 和国有造船厂 PT PAL)进行援助。[85]

2010 年中国—东盟自由贸易协定(CAFTA)使得印度尼西亚对华出口赤字,中国为了保持双边贸易平衡,承诺给予近 20 亿美元的"出口买方信贷"。同时,中国国家铁路集团签署了一项价值 48 亿美元的合同,致力于在南苏门答腊省建立煤炭运输网络。这两个协议使中国成为印度尼西亚的主要援助者之一,中国也赢得了印度尼西亚政府和人民的赞誉和支持。那些长期对中国发展保持戒心的印度尼西亚人,也开始为中国的经济发展和两国快速的贸易增长感到惊讶。2006 年至 2011 年期间两国贸易额增长了一倍,中国成为印尼的第二大贸易伙伴。[86] 2011 年初,时任总理温家宝访问印度尼西亚,提出了 190 亿美元的金融援助,温家宝还表示中国将支持印尼 1.54 亿美元的海上合作项目。中国对印度尼西亚的油气矿产资源、庞大市场以及在东盟的独特地位感兴趣,中国对这个东南亚最大国家的长期援助加强了中国与印度尼西亚的关系。[87] 印尼主流舆论认为,中国是亚洲地区的主要经济增长引擎。同样,中国也承认印尼在东南亚的经济中心地位以及在二十国集团等国际论坛上日益增强的影响力,双方都有很强的战略合作愿望。[88]

尽管中国和印度尼西亚之间的军事关系落后于其他关系,但是双方在联合军事演习和军官交流方面也进展迅速。2013 年 10 月,中国国家主席习近平访问印尼,双方签署了包括货币互换协议在内的多项协议,并将两国关系升级为"全面战略伙伴关系"(中国和印度尼西亚从 2005 年成为"战略伙伴")。印度尼西亚也积极加入了中国倡议的亚洲基础设施投资银行。[89] 2015 年春,印度尼西亚总统访华,双方签署了 634 亿美元合作大单,其中大部分是基础设施建设。2017 年 5 月,国家开发银行为中国高铁"走出去"的第一单——雅万高铁项目——给予 45 亿美元贷款,这条东南亚首条高铁尽管合作过程有波折,但已被外界视为新时期中国睦邻外交的旗舰工程之一(参见表 5.6)。[90]

表 5.6 2000—2014 年中国对印度尼西亚的援助列表

援　助　项　目	时　间	受援国	金额(百万美元)[91]
向西苏门答腊地震灾民捐赠 50 万美元现金	2009 年	印度尼西亚	0.68
给印度尼西亚提供 570 万美元的经济和技术援助	2001 年	印度尼西亚	12.96
中国向巴厘岛爆炸受灾者拨款 10 万美元	2002 年	印度尼西亚	0.23
中国银行为建设爪哇南部的芝拉扎发电站提供贷款	2003 年	印度尼西亚	899.01
中国向印度尼西亚警方捐赠了 1 000 辆摩托车	2003 年	印度尼西亚	0.06

（续表）

援 助 项 目	时 间	受援国	金额（百万美元）
中国向印尼提供了 5 000 万元人民币的赠款	2003 年	印度尼西亚	13.31
中国向印尼捐赠 50 吨抗震救灾物资	2004 年	印度尼西亚	1.24
中国向印尼捐赠 10 万美元抗击禽流感疫情	2004 年	印度尼西亚	0.21
中国向印尼捐赠 5 万美元用于抗震救灾	2004 年	印度尼西亚	0.10
中国向纳比尔地震遇难者提供 10 000 美元捐款	2004 年	印度尼西亚	0.02
中国向纳比尔地震灾民提供 4 万美元的赠款	2004 年	印度尼西亚	0.08
派遣第一支搜救队到印度尼西亚参与海啸救灾	2004 年	印度尼西亚	不详
中国医疗队派往印度尼西亚	2004 年	印度尼西亚	不详
进出口银行出口买方信贷贷款建设 Suramadu 桥	2004 年	印度尼西亚	329.727
为建设 230 MW Labuhan Angin 电厂提供贷款	2004 年	印度尼西亚	375.065
向印度尼西亚提供海啸灾难人道主义援助	2005 年	印度尼西亚	3.60
中国帮助印尼发展地震海啸预警系统	2005 年	印度尼西亚	不详
捐赠 3 000 万元人民币物资用于海啸灾区学校建设	2005 年	印度尼西亚	7.19
中国向印度尼西亚捐赠救灾物资	2005 年	印度尼西亚	不详
中国向印度尼西亚提供 150 万印尼盾，用于重建尼亚斯 Gunungsitoli 公立医院	2005 年	印度尼西亚	0.000 3
中国向印度尼西亚尼亚斯提供价值 50 万美元的实物捐助，用于地震后恢复	2005 年	印度尼西亚	0.98
中国承诺向印尼提供 3 000 万元人民币的援助	2005 年	印度尼西亚	7.191
中国向印尼提供 30 万美元的海啸援助	2005 年	印度尼西亚	0.59

援 助 项 目	时 间	受援国	金额（百万美元）
向印尼提供 935 万美元贷款，建设 Parit Baru 电厂	2005 年	印度尼西亚	183.65
为亚齐重建 60 套海啸受害者预置房屋	2005 年	印度尼西亚	不详
中国派遣第二国际搜救小组（CISAR）	2005 年	印度尼西亚	0.43
中国医疗队帮助印尼海啸幸存者	2005 年	印度尼西亚	不详
提供西爪哇 Jatigede 大坝的建设贷款	2005 年	印度尼西亚	331.94
提供 200 万美元的日惹地震紧急现金援助	2006 年	印度尼西亚	3.67
为日惹地震灾民提供价值 1 000 万元人民币的救灾物资	2006 年	印度尼西亚	2.31
派出救援和医疗队赴印度尼西亚应对日惹地震	2006 年	印度尼西亚	不详
中国向印尼捐赠价值 300 万元人民币的办公设备	2007 年	印度尼西亚	0.42
向亚齐捐赠 213 万美元用于救灾	2007 年	印度尼西亚	3.47
向印尼提供 700 万元人民币的禽流感防控用品	2007 年	印度尼西亚	1.50
免费提供四项战略性业务转型项目的技术援助	2007 年	印度尼西亚	7.766
中国中医医师给予免费医疗咨询	2007 年	印度尼西亚	不详
向印尼提供实物价值 300 万元人民币的抗疟药物	2008 年	印度尼西亚	0.60
向印度尼西亚 Indramayu 电厂贷款 5.92 亿美元	2008 年	印度尼西亚	816.316
中国给予 1 000 万元人民币的援助发展渔业	2008 年	印度尼西亚	1.984
进出口银行贷款 6.1 亿美元用于印尼发电厂项目	2008 年	印度尼西亚	不详
向印尼提供 3.3 亿美元贷款建设 660 MW 派顿发电厂	2008 年	印度尼西亚	455.041

（续表）

援　助　项　目	时　间	受援国	金额 （百万美元）
向印尼提供贷款建设 625 MW 万丹 Suralaya 电厂	2008 年	印度尼西亚	456.144
中国银行为 Banten Lontar 发电厂出资 4.55 亿美元	2009 年	印度尼西亚	617.48
协助印度尼西亚进入天然药物研发第二阶段	2009 年	印度尼西亚	不详
中国向印度尼西亚提供实物电脑赠款	2009 年	印度尼西亚	不详
向印尼丹绒 Awar-Awar 电厂贷款 3.715 亿美元	2009 年	印度尼西亚	504.162
提供 4.81 亿美元贷款用于西爪哇建设发电站	2009 年	印度尼西亚	652.764
进出口银行出口买方信贷建设亚齐电厂	2009 年	印度尼西亚	168.280
进出口银行为印度尼西亚建设 2×315 MW Pacitan 发电厂贷款（快速通道计划）	2009 年	印度尼西亚	397.630
中国向印尼提供 1 000 万元人民币救灾援助金	2010 年	印度尼西亚	1.86
中国进出口银行向印尼提供 1.33 亿美元贷款，用于建设 Parit Baru 电厂	2011 年	印度尼西亚	147.63
中国和印度尼西亚合作保护巴厘岛	2011 年	印度尼西亚	不详
中国给予印度尼西亚 35 名留学生奖学金	2011 年	印度尼西亚	不详
中国投资 10 亿元人民币进行海上合作	2011 年	印度尼西亚	171.786
中国国家开发银行向 Sumsel-5 发电厂投资 3.18 亿美元	2012 年	印度尼西亚	336.77
中国给予 38 名印尼留学生奖学金	2012 年	印度尼西亚	不详
中国国家开发银行扩大对建设 Cilacap 电厂贷款	2013 年	印度尼西亚	771.73
向印尼贷款 1.3 亿美元完成 Jatigede 大坝	2013 年	印度尼西亚	132.18
中国给予 49 名印尼留学生奖学金	2013 年	印度尼西亚	不详
中国派出 103 名志愿教师到印度尼西亚	2013 年	印度尼西亚	不详

（续表）

援　助　项　目	时　间	受援国	金额 （百万美元）
进出口银行向东努沙登加拉大坝贷款 1 亿美元	2013 年	印度尼西亚	101.675
中国进出口银行向 Cileunyi-Sumedang-Dawuan 收费公路二期贷款 2.35 亿美元	2014 年	印度尼西亚	235
中国向印尼捐赠 2 000 份斋月套餐	2014 年	印度尼西亚	不详
中国为 15 名印尼留学生提供奖学金	2014 年	印度尼西亚	不详
中国向印尼提供 2 亿美元的收费公路项目贷款	2014 年	印度尼西亚	200
向万鸦老—比通收费公司提供 1 万 1 千亿印尼卢比贷款	2014 年	印度尼西亚	92.71
中国派遣船只和飞机协助亚航失事飞机搜索	2014 年	印度尼西亚	不详
中国进出口银行承诺向印尼贷款 1.85 亿美元	2014 年	印度尼西亚	185.47
中国进出口银行向印尼贷款 1.5 亿美元用于改善铁路双重跟踪和信号（泗水）	2014 年	印度尼西亚	150
向印尼 Takalar 蒸汽煤电厂贷款 2.4 亿美元	2014 年	印度尼西亚	240.984
进出口银行向印度尼西亚 Pangkalan 苏苏火力发电厂贷款 3.73 亿美元	2014 年	印度尼西亚	373.01
印度尼西亚接受中国对其海上安全的支持	2014 年	印度尼西亚	不详

资料来源：作者根据 AidData 数据库整理（http://china.aiddata.org/projects）。

此外，在多边层面，中国也对东盟进行了大量援助。例如 2014 年末，中国向东盟贷款 200 亿美元。除了向中国—东盟投资合作基金捐款 30 亿美元外，中国还削减了东南亚地区 4.8 亿美元债务，这笔大额贷款旨在建设基础设施和"促进互联互通"。中国和东盟宣布 2015 年为"东盟与中国海上合作年"，同时中国也宣布建立亚洲基础设施投资银行（AIIB），并将东南亚作为互联互通合作的重点，促进该地区的道路、铁路、港口、空运基础设施建设，为促进亚洲较贫穷国家的发展提供大量援助资金和贷款。中国计划，未来几年把亚投行的总金额提高到 1 000 亿美元，进一步加大对东南亚国家的资金与技术援助。在次区域方面,中国对湄公河国家的援助也形式多样。

第四节 大湄公河治理下的中国领导力

在过去二十年里,湄公河地区实现了政治经济高度融合,贸易投资、人员流动和对外援助显著增强了大湄公河繁荣。但区域治理机制的不足和利益冲突摩擦,也都考验着各方外交政策的智慧与决心。[92]湄公河流经的区域构成一个相互依赖的"大湄公河次区域"(GMS区域),在地理范围上指代以柬埔寨、越南、老挝、缅甸、泰国和中国(云南省与广西壮族自治区)为主体的大部分中南半岛地区。随着中国崛起,大湄公河的地缘价值与合作潜力被进一步激发出来。在地缘战略上,大湄公河次区域"触及"印度洋,连通南海,是中国向外投射影响力与软实力的第一前沿。中国目前正在"一带一路"互联互通倡议下,大力推进大湄公河地区的互联互通,推进中国崛起与大湄公河国家的共同发展。[93]目前,次区域合作日益多元,主要有"大湄公河次区域经济合作"(GMS)框架,"东盟—湄公河流域开发合作",以及中国倡议的"澜湄合作"(LMC)机制。[94]如何应对湄公河下游水电开发矛盾、缓解大国竞争压力,优化湄公河区域治理机制成为审视中国区域领导力的另一大窗口。

(一) 大湄公河次区域合作机制

1992年,"大湄公河次区域经济合作"框架由湄公河流域六国所发起,致力于促进区域发展与繁荣。[95]作为中国参与大湄公河次区域经济合作最主要的两个省份,云南和广西还分别参与了中南半岛的其他区域合作机制。例如,云南参与了"黄金四角经济合作区"(1993年)、湄公河流域可持续发展合作(1995年)、东盟—湄公河流域开发合作(1996年)、中国(云南)—泰国北部合作机制(2004年)、云南—老挝北部合作工作组机制(2004年)、中越五省市经济合作机制(2004年)和中老、中越跨境经济合作区(2008年)等。[96]广西则参与了"两廊一圈"与"北部湾经济合作圈"(2004年)、中越(凭祥—同登)跨境经济合作区(2005年)和"一轴两翼"(2006年)等。中南半岛作为一个经济发展落后的次区域,如希望从合作安排中获益,就需要突破传统合作模式的束缚,注重基础设施合作、产业发展,并在此基础上推动贸易自由化与便利化。

1992年云南率先参与了GMS合作,2005年广西壮族自治区也正式加入合作。作为中国重要的两个地方参与者,云南和广西根据国家大政方针,明确了参与重点和自身优势。1994年之前,大湄公河次区域合作仍处于达成合作共识与建立合作框架的阶段,尚未展开实质性合作。从1995年到2002年,GMS合作变得务实,实施了大量项目。但合作也遇到一些困难,特别是1997年东南亚金融危机的冲击,考验着新生的次区域合作机制的活力。中国在帮助东盟成员国渡过金融危机难关后,倡议大力合作推进GMS机制走向深化。在第八次GMS部长级会议上,中国提出了建立经济走廊的倡议,会议将大湄公河次区域合作扩大到禁毒、电信和农业等新领域。2002年11月3日,GMS首次领导人会议在柬埔寨金边举行,次区域战略合作得以深化。[97]

经过三十年的努力,GMS合作成绩显著,成为中国睦邻外交的重要支点。对中国而言,积极参与GMS合作可以促进三大目标:第一,参与GMS合作是中国对外开放战略的重要组成部分。进入21世纪以来,中国"睦邻、富邻、安邻"的周边政策旨在获得更多的邻国友谊和伙伴关系。参与GMS合作有利于发展中国与邻国的关系,为中国的改革开放和现代化建设创造良好的国际环境。第二,有助于建设连接西南和东南亚的交通网络,为次区域经济一体化奠定基础。第三,促进不发达地区脱贫,实现共生发展。长期以来,尽管基础设施仍然是合作重点,但六国已经深入关注经济和社会的协调和可持续发展。在多边合作与双边合作的双重推动下,GMS各国经济有了很大发展。中国国内生产总值从1978年到2010年增长了20多倍,成为世界第二大经济体。对于东盟国家来说,通过搭"中国经济快车"来促进本国与区域发展意义重大。随着睦邻政策的深化,中国在湄公河次区域和东盟地区的地位有所提高。

除了中国—东盟区域机制、GMS机制外,中国还积极探索多样化的次区域合作模式。例如:(1)参与"两廊一圈"建设。2004年,越南提出了"两廊一圈"的建议,得到了中国政府的积极响应。2005年中国广西加入GMS合作,也同时致力于启动泛北部经济区合作,甚至提出了"一轴两翼"

战略,与越南"两廊一圈"建设进行对接。(2)推进中老缅泰"黄金四角"计划。1993 年泰国提出整合澜沧江和湄公河接合部的四国航运资源、水电资源、旅游资源、生态环境保护、贸易与投资以及禁毒合作资源,发起"黄金四角计划"。中国与老挝于 1994 年签订《澜沧江—湄公河客货运输协定》,与缅甸于 1997 年签订《澜沧江—湄公河客货运输协定》,与泰国于1999 年签署《中泰关于 21 世纪合作规划的联合声明》,2000 年 4 月签署《中老缅泰澜沧江—湄公河商船通航协定》,"黄金四角"合作计划的重点转变为航运合作。[98](3)提出泛北部湾经济圈构想。2006 年 7 月 20 日,国务院与广西壮族自治区政府主办了首届"环北部湾经济合作论坛",积极构建中国—东盟区域合作新格局。2008 年 2 月 21 日国务院颁布《广西北部湾经济区发展规划》,将其上升为国家战略。[99]

此外,中国积极推进西南跨境经济合作区。1992 年我国在西南沿边地区重要口岸城市如瑞丽、畹町、河口、凭祥、东兴等设立了边境经济合作区。2013 年 10 月 13 日中国政府与越南政府同意建设中国东兴—越南芒街跨境经济合作区,开展跨境经济合作。2015 年 8 月 31 日,中国和老挝也决定共建中老磨憨—磨丁跨境经济合作区。目前中国分别是柬埔寨、缅甸、泰国与越南的第一大贸易伙伴、第一大进口来源地,也是老挝的第二大贸易伙伴与最大外资来源地。中资企业在柬埔寨、老挝、泰国、越南建设了柬埔寨西哈努克港经济特区、泰国泰中罗勇工业园、越南龙江工业园、老挝万象赛色塔综合开发区等 14 个经贸合作区。[100]初步统计,2017年中国同五国贸易总额达 2 200 亿美元,同比增长 16%。中国累计对五国各类投资超过 420 亿美元,人员往来约 3 000 万人次。[101]如表 5.7 所示,中国在大湄公河流域开展一系列具有区域公共产品孵化性质的民生工程与经济发展合作区。

(二) 跨区域河流资源竞争与生态危机

湄公河对每个国家都有不同的战略用途,各国直接依赖湄公河生存的人口规模也相差很大。湄公河的上游地区(通常被称为"上湄公河")占整体流域面积的 44%,主要流经中国,一小部分涉及缅甸和老挝。这里大部分地区是陡峭的峡谷,周围人口密度不高,但地势落差大适合建设水电大坝。"下湄公河"流经老挝、泰国、柬埔寨和越南,与上游稀疏的人口密度

表 5.7　中国在大湄公河地区建立的经济合作区与重点工程（1997—2017 年）

国家	名　称	地理位置	启动时间	重点领域/进度	意　义
柬埔寨	西哈努克港经济特区	西哈努克港	2006 年	纺织服装、箱包皮具、五金机械、木业制品等	打造柬埔寨的"深圳"；中柬务实合作的样板，"一带一路"的标志性项目
泰国	泰中罗勇工业园	泰国罗勇府	2006 年	综合工业区	首批中国"境外经济贸易合作区"；中国传统优势产业在泰国的产业集群中心与制造出口基地
越南	龙江工业园	前江省新福县新立第一社（毗邻胡志明市）	2007 年	电子、机械、轻工、建材等	国家级境外经贸合作区；中越经贸合作的典范，为数不多的外国在越投资建设的大型工业园之一
	越南中国（深圳—海防）经贸合作区	越南海防市安阳县	2007 年	纺织轻工、机械电子、医药生物等	国家级境外经贸合作区，浙江省"一带一路"建设重点项目
老挝	老挝万象市赛色塔综合开发区	老挝赛色塔县纳诺村	2010 年	构筑万象产业生态新城，万象城市副中心核心区	国家级境外经贸合作区；列入"一带一路"倡议早期收获项目；中老合作开发示范区
缅甸	马德岛和皎漂港工程	缅甸若开邦皎漂经济特区	2007 年	2014 年 10 月 30 日，马德岛码头完工，2015 年 1 月 30 日马德岛港正式开港投运	皎漂港将成为孟加拉吉大港、缅甸仰光港和印度加尔各答港之间的水路交通中转枢纽
	中缅油气管道	穿越缅甸全境从云南瑞丽进入中国	2009 年	2013 年 11 月 6 日天然气管道试运行；2017 年 4 月 10 日原油管道正式投运	中国的第四大能源进口通道，缩短油气进口运输线路 1 200 公里，具有重大地缘战略意义

资料来源：根据商务部网站整理。

142

不同,这里生活着大约 7 000 万人口,其中老挝国土面积的约 98%,柬埔寨国土面积的 85% 都处于湄公河流域。尽管流经越南的流域面积要小得多,但湄公河三角洲地区是重要的水稻种植基地,这里人口稠密,对河流高度依赖。专家估计,越南三角洲地区有八成的人口依靠河流维持生计,包括渔业捕捞与水稻等农作物种植。从水量分布上看,老挝拥有湄公河流量的 35%,中国、泰国与柬埔寨均占 18%,越南则占 11%,缅甸仅占 2%。[102] 尽管湄公河为六国共享,但是上下游国家经常为资源分配发生重大冲突,水电开发是最容易引起冲突的焦点问题。

　　水电是一种经济的、可再生的无碳能源。东盟成员国都拥有丰富的水能资源,除新加坡、文莱因面积过小缺少大型河流外,印度尼西亚、马来西亚、菲律宾、泰国、越南、老挝、缅甸、柬埔寨等 8 个东南亚国家,具有丰富的水能资源,但开发率不足。[103] 世界银行的报告显示,2003 年中国水电发电量仅占全国可开发水电潜力的 23%,印度尼西亚和越南的相应数字分别为 25% 和 24%。相比之下,挪威、日本和美国分别开发了 87%、88% 和 72% 的水电潜力。但是,在湄公河流域,水电开发已经持续了三十年,目前主流和支流正在建设或规划阶段的水坝超过 100 座。由于处在湄公河水域的不同位置,上下游国家对水电开发的态度存在较大差异。对中国而言,澜沧江的水能资源可开发量约为 3 200 万千瓦,约占大湄公河全流域的 70%,相当于 1.4 个三峡电站。因此中国希望加快水电开发,促进西南省区的经济发展。而柬埔寨、老挝、越南则担心上游建设水坝将威胁河流下游水量与生态环境,对下游严重依赖的渔业、灌溉与生态产生严重影响。具体而言:中国和老挝希望进一步发掘湄公河的水力发电潜力,同时也与缅甸合作强化河道运输;泰国一方面寻求廉价的能源,从老挝进口大量水电,另一方面也需要河流为农业提供灌溉用水;而对柬埔寨而言,希望最大程度地保护自然水文条件,因为柬埔寨全国居民 80% 以上的蛋白质摄入都来自湄公河的鱼类资源[104];但位于最下游的越南也希望在中部高原支流建设小水电设施,同时也需要保障三角洲地区的农业灌溉和水产养殖生产。三角洲地区作为越南重要的稻米和淡水鱼养殖区,生产了全国一半的大米,60% 的海产品以及 80% 水果作物,高度依赖河流淤泥和充足水流。[105] 如此,各国对河流需求与所承担的风险不同,上游与下游国家很容易产生冲突。

作为中国十二大水电基地之一,澜沧江中下游地区早在 1986 年就开始了水电开发。按照"两库八级"的规划,目前已经建成投产 6 座,自上而下分别是:功果桥水电站(2012 年投产)、小湾水电站(2012 年投产)[106]、漫湾水电站(一期 1995 年投产,二期 2007 年投产)、大朝山水电站(2003 年投产)、糯扎渡水电站(2017 年投产)与景洪水电站(2009 年投产)。而作为景洪电站的反调节电站——橄榄坝电站正在开工建设,勐松水电站则处于评估准备阶段。鉴于其丰富的水电资源,中国还计划在澜沧江上游河段建设一座八级水电站。[107]据估计,湄公河中下游四国可开发水电资源潜力为 30 000 兆瓦,但目前水电潜力仅开发了 5%(参见图 5.2)。[108]

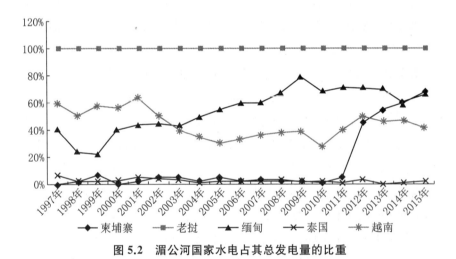

图 5.2　湄公河国家水电占其总发电量的比重

资料来源:International Energy Agency, *Energy Statistics and Balances of Non-OECD Countries*。

国际河流具有"整体性"和"共享性"特征,其开发和治理过程涉及多方行为体之间的博弈。[109]湄公河流是生态系统复杂的国际河流,过去几十年来,由于水电大坝的建设和商业航运的河流疏浚,湄公河生态系统面临着越来越大的压力。环保专家指出,这些人为活动的长期影响正因气候变化而加剧。值得注意的是,湄公河的水源来自喜马拉雅山的冰川和积雪,喜马拉雅山脉被称为"世界第三极",其 9 000 多座冰川的大部分位于中国、尼泊尔和巴基斯坦交界处,但由于气候变化导致温度升高,冰川储存能力下降,大湄公河地区的河流排放预计会永久性地减少。此外,随着海平面上升,下游湄公河三角洲地区的洪水和盐侵现象也在增加。[110]此外,水电大坝建设对湄公河物种多样性带来不可估量的影响,湄公河中生活的鱼类70%是长途迁徙鱼类,由于无法到达传统的产卵场,对生物多样性的延续造成直接影响。[111]国际河流组织(International Rivers)[112]对澜沧江水电站的环境和社会影响进行了分析,指出澜沧江流域上的水电站对澜沧江—湄公河流域的鱼类带来了很多负面影响,例如阻断洄游通道,使生态环境破碎化,[113]且上下游水温的变化也影响鱼类的生存。此外随着湄公河蓄水量下降,对中下游地区每年超过170亿美元的渔业带来潜在的经济威胁。但是,目前湄公河沿岸国家大多仍处于快速发展阶段,相对简单的水电开发对它们具有很大的吸引力。概言之,湄公河国家面临的挑战是,如何在湄公河保护与国家发展需求之间达成平衡。

为配合下游需求,践行睦邻承诺,中国多次主动开闸放水或调节洪峰。例如,2016年3月15日中国通知湄委会(MRC)及其成员国将实施"湄公河"紧急补水"三阶段计划":即(1)2016年3月9日至4月10日,平均每天排放量不低于2 000立方米/秒。2016年3月15日,景洪水库排水量增加到2 190立方米/秒,正式标志着澜沧江梯级水库应急补水的开始;(2)2016年4月11日至4月20日,为了应对西双版纳傣族泼水节安全活动的需要,景洪水库的流量调整为1 200立方米/秒;2016年4月11日至4月20日,景洪日均排放量1 234立方米,比没有大坝调节的排水量增加了363立方米/秒;[114](3)2016年4月21日至5月31日,排放量不低于1 500立方米/秒。中国对湄公河上下游的利益平衡与照顾,有利于缓解东南亚国家的恐惧,凸显中国睦邻外交的长远目光。但长期以来,中国和湄公河国家没有建立起专门的合作治理机构,致使一旦下游发生水位变化就会指责中国没有考虑下游国家的关切。因而,探索跨国界河流的联合治理模式,避免沟通不顺畅、行动不协调,将是应对"中国水威胁论"的重要方向。

(三) 新时代的澜湄合作

在缺乏有效的治理机制确保合作情况下,湄公河流域的治理困境正在上升,除了不可逆转的生态破坏之外,流域内的民众生活也受到影响。[115]面对湄公河开发的无序,该地区亟须建立综合性的协调机制以避免"集体行动的困境"[116]。目前,该地区最主要的政府间合作机制有两个:一个是湄公河委员会(简称湄委会,MRC),另一个是澜沧江—湄公河合作组织(简称澜湄合作,LMC)。湄公河委员会(MRC)成立于1996年,其前身是联合国亚洲及太平洋经济社会委员会(ES-CAP)于1957年发起的"湄公河下游调查协调委员会"。为了防止柬埔寨、老挝、泰国和越南等东南亚国家之间的资源冲突,鼓励数据共享和能力建设,1995年4月四国决定成立湄委会,重点在湄公河流域综合开发利用、水资源保护、防灾减灾、航运安全等领域开展合作。湄公河委员会也在环境评估方面发挥了重要作用,例如2010年发表湄公河主流水电权威战略环境评估(SEA)。报告不仅警告过水电大坝建设的后果,还建议暂停主流水坝的决策10年,并进行三年的审查,以便进行更深入的可行性研究。然而,由于湄公河委员会缺乏具有法律约束力的权力,因此老挝继续着手建设塞雅里水坝(Xayaburi Dam),并计划开发另一座大坝。只有对话协商而无规则强制,使得湄公河委员会并没有发挥集体协调的职能,特别是在中国与缅甸均没有加入情况下,湄公河流域治理仍然呈现碎片化格局,难以实现一体化管理。[117]

如表5.8所展示的那样,湄公河区域治理形成了相互嵌套与大国竞争的制度网络。现有大湄公河次区域是在日本领导下成立的,长期以来一直由日本主导的亚洲开发银行推动。湄公河委员会也被日本和西方国家所主导。GMS显示了日本和美国在湄公河地区的影响力,中国选择建立一个新的次区域合作框架,使用"澜沧江—湄公河"地理标志,清楚地表明了合作的地理范围,避免不必要的"大湄公河"概念泛化。澜湄合作是中国睦邻外交和"一带一路"倡议的一部分,将加强与下游国家,特别是柬埔寨、老挝和泰国的合作。鉴于亚洲开发银行所倡议的"大湄公河次区域经济合作"无法动员足够的资源,中国倡议的澜沧江—湄公河合作则满足了互联互通建设的需求。因此,澜湄合作机制对中南半岛现有的机制来说将

表 5.8　湄公河区域合作的多边机制格局[118]

多边倡议名称	发起时间	目标	参与国
大湄公河次区域合作（GMS）	1992年	亚洲开发银行发起，致力于通过技术援助项目促进区域经济合作。设有领导人会议（3年一次），部长级会议（每年举行），司局级高官会议和论坛及工作组会议	中国（云南/广西）、越南、老挝、缅甸、泰国、柬埔寨
黄金四角合作倡议（QEC）	1993年	在毗邻地区开展禁毒合作，涉及航运资源开发、水电资源开发、旅游资源开发、贸易与投资等。建设陆上通道和经济走廊	中国、泰国、老挝、缅甸
湄公河委员会（MRC）	1995年	在1957年下湄公河委员会（Mekong Committee）基础上建立，致力于湄公河流域水资源和其他相关资源开发、管理和发展的可持续性	越南、老挝、泰国、柬埔寨四国（1996年开始中国与缅甸对话）
东盟—湄公河流域开发合作机制（AMBDC）	1996年	加强整个东盟与澜沧江—湄公河沿岸各国经济联系，建立经济伙伴关系，缩小新老东盟国家的差距	东盟七国与中国、柬埔寨、老挝、缅甸，欢迎韩国与日本参与
环孟加拉湾经济合作组织（BIMSTEC）	1997年	加强印度同缅甸和泰国的经济联系以及高官会议，签署了贸易，禁毒等领域的多个合作协议	孟加拉国、印度、缅甸、斯里兰卡、泰国、尼泊尔和不丹七国
东西走廊合作（EWC）	1998年	连接越南中部、老挝中部和泰国东北部区域的交通基础设施	越南、老挝和泰国

（续表）

多边倡议名称	发起时间	目标	参与国
柬老越发展三角区（CLV-DT）	1999年	积极促进三国经济合作，减少边境地区贫困（日本提供部分资金）	越南、老挝、柬埔寨
湄公河—恒河合作倡议（M-GC）	2000年	研究印度与大湄公河流域间贸易和投资前景。积极推进文化、旅游、交通、旅游合作；是印度"东向"战略的体现	印度、越南、老挝、缅甸、泰国、柬埔寨
澜沧江—湄公河商业航行协议（LMRCNA）	2001年	改善湄公河运输环境与安全	中国、老挝、缅甸、泰国
伊洛瓦底江、湄公河及湄公河经济合作战略（ACMECS）	2003年	由泰国发起，促进四国合作，并进而推进东盟的一体化	柬埔寨、老挝、缅甸、泰国、越南
云南—泰北合作	2004年	推动云南省与泰国北部之间的友好交流与经贸合作	中国、泰国
两廊一圈	2004年	"昆明—老街—河内—海防—广宁""南宁—谅山—河内—海防—广宁"经济走廊和环北部湾经济圈（简称"两廊一圈"），涉及中国广西、广东、云南、海南、香港地区和澳门地区及越南的10个沿海地带	中国、越南
泛北部湾经济合作	2006年	将中国与越南的环北部湾经济合作延伸到隔海相邻的马来西亚、新加坡、印尼、菲律宾和文莱等东盟中临近北部湾的国家	中国与东盟10国

（续表）

多边倡议名称	发起时间	目标	参与国
日本—湄公峰会、部长级会议	2009年	扩大日本对湄公河地区的投资和贸易，合作解决地区共同问题，形成共同价值观；日本承诺提供政府开发援助（ODA），加强在新型冠感对策、清除地雷、保护文化遗产等领域的合作	日本、老挝、缅甸、柬埔寨、越南
美国—湄公河下游倡议（Lower Mekong Initiative）	2009年	时任美国国务卿希拉里向湄公河流域四国提出建立新合作框架，在环境、教育、保健三个领域内就气候变化和艾滋病对策等问题展开合作	美国、泰国、越南、柬埔寨、老挝
湄公河下游之友（Friends of the Lower Mekong）	2009年	美国主导的跨区域合作机制，以西方发达国家和国际组织为主，促进与下湄公河地区国家进行对话、提升地区经济发展与安全稳定	美国、澳大利亚、日本、韩国、新西兰、欧盟、亚洲开发银行、世界银行、老挝、泰国、柬埔寨、越南
中国—中南半岛国际经济走廊（南宁—新加坡走廊）	2009年	以广西南宁和云南昆明为起点，纵贯中南半岛的越南、老挝、柬埔寨、泰国、马来西亚等国，以新加坡为终点，构成连接中南半岛的大陆桥与跨国经济走廊	中国、越南、老挝、柬埔寨、泰国、马来西亚、新加坡
澜沧江—湄公河合作（Lancang-Mekong Cooperation）	2016年	下湄公河五国与中国合作推进合作的新机制，致力于建设地区命运共同体	中国、越南、老挝、缅甸、泰国、柬埔寨

资料来源：笔者自制。

是一个重要的补充。[119]

2014年11月,时任国务院总理李克强在第17次中国—东盟领导人会议上倡议建立澜沧江—湄公河合作机制,得到各国积极响应。2015年11月,中国倡议的"澜沧江—湄公河合作机制"(LMC)正式成立,澜湄合作首次外长会议发表了《关于澜湄合作框架的概念文件》和《联合新闻公报》,致力于打造平等互利、团结合作、发展共赢的澜湄国家命运共同体。湄公河次区域合作迎来了新的阶段。2016年3月,《澜沧江—湄公河合作首次领导人会议三亚宣言》宣布"打造面向和平与繁荣的澜湄国家命运共同体"。澜湄合作峰会确定三个合作重点:(1)推动基础设施互联互通。统筹协调《中国—东盟交通合作战略规划》《东盟互联互通总体规划》《亚洲公路网政府间协定》《泛亚铁路网政府间协议》《GMS经济合作新十年战略框架(2012—2022)》;通过亚洲基础设施投资银行、丝路基金等加大对澜湄区域的交通基础投入。(2)加强产能合作,发展跨境经济。推进中国与中南半岛各国在农业、工业特别是基础设施装备制造业上展开合作。选择合适的区位与中南半岛各国合作建设境外经贸合作区、跨境经济合作区等各类产业园区,为赴半岛投资的中国企业提供便利服务,规避投资风险。(3)加强贸易便利化,推动双边贸易平衡发展。虽然贸易并非澜湄合作机制的优先合作领域,但各国仍可依托澜湄合作机制,深入研究区域市场需求,拓宽贸易合作领域,探索跨境电子商务,创新贸易方式,挖掘新的贸易增长点,促进贸易结构优化和平衡。改善口岸通关环境,提高贸易便利化程度。[120]到2017年底,首次澜湄合作领导人会议确定的45个早期收获项目全部按计划推进,中国设立了100亿元人民币优惠贷款和100亿美元信贷额度,50亿美元产能合作专项贷款超额完成。[121]

2018年1月10日,第二次澜湄领导人峰会在金边举行。在不到两年时间里,澜湄合作机制已经建成水资源合作中心、澜湄环境合作中心、全球湄公河研究中心、澜湄合作专项基金、执法安全合作中心等次区域合作平台。中方承诺的优惠贷款和援助,支持了湄公河国家20多个大型基础设施和工业化项目。[122]鉴于大湄公河流域六国农业发展不平衡,中国主张以澜湄公河合作为平台激发各国农业发展潜力。在澜湄合作框架下,中国将推动鱼类合作、农业增产增收技术、跨境疾病防治,以及热带农业人力资源开发等合作项目。[123]在澜湄合作的两年计划中,成员国制定了合作计划的四个早期收获项目,即鱼类和水产养殖、水稻病害的预警和控制、提高生产质量以及作物研发。中方承诺支持农业项目的澜湄合作特别信托基金 1 378 万元,而且还将建立热带生态农业合作中国—柬埔寨示范区,以及中国—老挝现代农业技术示范园作为试点项目。十年来,中国把社区工作和农业现代化作为政策的重中之重,以改善人民生活水平。2018 年 1 月 11 日,中国发布了《澜沧江—湄公河合作五年行动计划(2018—2022)》,对促进澜湄合作做出一系列承诺。在六国努力下,澜湄合作机制已成为与 GMS 并行的东南亚大陆重要的次区域合作机制。

第五节　东南亚国家对中国领导力认知

树立负责任的大国形象是亚洲金融危机期间中国积极的地区战略的重要动机。

中国在危机中的努力改善了东南亚国家对中国的信念。由海牙战略研究中心(The Hague Centre for Strategic Studies)发布的名为《地缘政治演变预报:大国与支轴》的报告,以可视化的方法测算了世界主要大国或行为体的全球地缘影响指数(Global Infuence Index,GII)。该报告通过整合迄今为止最丰富的三大事件数据库:全球事件数据库(The Global Database of Events, Language, and Tone, GDELT)[124]、全球综合危机预警系统(World-Wide Integrated Crisis Early Warning System,ICEWS)[125]与凤凰数据库(Open Event Data Alliance's Phoenix database)[126],测算全球大国的影响力。[127]根据分析,美国是最强势的大国,这突出体现在消极军事和积极经济两个方面。在经济强势方面,美国、中国、欧盟处于领先,印度、日本和俄罗斯则相对滞后。值得注意的是,美国的经济强势地位出现较大幅度下滑趋势。2003—2015 年中国对枢纽国家的外交影响从 0.327 分上升到了 0.886,中国在非洲、中东与东南亚都扩展了影响力。

在地缘经济上,从 2003 年到 2008 年中国与新加坡(2008 年)、韩国(2006 年)、巴基斯坦(2005 年)和澳大利亚(2005 年)达成了自由贸易协定(FTAs),提升了与这些支点国家的经济关系。中国的地缘经济影响力从 20.48 快速上升到 54.91。在安全领域,中国的影响力也有所增加,但是相对缓慢。在 1992 年至 2015 年之间,中国的安全领域影响力指数从 10.16

上升到 13.86。值得注意的是,从 1992 年(10.16)到 1999 年(8.55)中国的军事安全影响力是逐步下降的,而从 21 世纪开始安全影响力逐渐回升,特别是在 2008 年(10.3)和 2015 年(13.86)增长迅猛。中国正在转变为国际武器出口国,2006 年至 2015 年武器出口增长 88%,中国占全球武器出口市场的比重也从 3.6% 上升到 5.6%。巴基斯坦和缅甸这两个国家是该地区的主要武器进口国。[128] 在东南亚地区,美国和欧盟国家的影响力保持在高位,但是出现下降趋势,而中国与印度的影响力逐步增强。[129]

东盟国家对中国影响力感知和好感度认知方面出现严重失衡。据亚洲晴雨表调查(Asian Barometer Survey)数据显示[130],大部分东南亚国家公民(除了缅甸)都认为中国崛起对自己国家将带来有利影响,相比而言,东南亚地区比东北亚地区对中国崛起的欢迎程度更高。[131]另外,芝加哥全球事务委员会《2008 年亚洲软实力》报告从经济软实力、文化软实力、政治软实力、外交软实力四大板块评估了东亚国家的软实力指数。[132]调查显示在越南,美国的软实力得分为 76,日本为 79,中国为 74,三国相差不大;在印度尼西亚,日本的软实力指数为 82,美国为 72,中国为 70,日本的优势明显。

此外,曹云华教授牵头的课题组通过对比各大国在东南亚的影响力发现,中国的软实力在印尼、菲律宾、越南等国较弱。得益于 20 世纪 70 年代提出的"福田主义"[133],日本在东南亚地区的经济软实力、文化软实力与外交软实力均排在前列。泰国法政大学吉提(Kitti Prasirtsuk)教授认为,日本在东盟国家的软实力已经被"内化",各东盟国家的年轻人,无论是发展比较快的东盟国家(新加坡、马来西亚、泰国),或者较为落后的东盟国家(老挝、缅甸、越南),都深爱日本当代文化。很多人高估了中国软实力而低估了日本软实力,中国的软实力主要集中在外交方面(尤其是经济外交),日本则在社会民间扎根很深。[134]同时,东南亚国家对中国软实力的认知也非常不平衡,部分受访者既对中国的经济发展的影响给予积极评价,同时也对中国的军事实力、政治透明度、国民素质与企业社会责任等方面持保留态度。东南亚国家中,柬埔寨和泰国的民间对中国评价较为积极,中国在两国的经济软实力、文化软实力、外交软实力和政治软实力均排在第一,体现出"中柬一家亲""中泰一家亲"。[135]另根据北京大学"五通指数"课题组测算,中国与十个国家民心相通的水平不一,出现了明显的分层。在"一带一路"国家总排名上,与中国民心相通、排名靠前的东南亚国家有新加坡、泰国、马来西亚和印度尼西亚,处于中间位置的是柬埔寨和老挝,而越南、缅甸、菲律宾和文莱则与中国的民心相通指数较低,分布情况出现两极分化。[136]

另外,美国盖洛普咨询公司发布的《评价世界领袖(2018)》报告显示,在全球134个国家中,美国的平均支持率为30%,创历史新低,相比2017年48%的支持率下降了近20个百分点。而中国则以31%的支持率首次高于美国。[137]美国在主要国际区域的影响力均有所减弱,体现了当前国际局势的显著变化。在特朗普就任美国总统的第一年里,美国退出了《巴黎协定》、联合国教科文组织、《跨太平洋伙伴关系协定》(TPP)等,并逐渐减少与世界其他国家的双边及多边合作。从地区角度看,亚洲对美国支持率出现明显降幅。越来越多亚洲国家更加认同中国的国际影响力。而美国在亚洲的形象在2008年金融危机后就开始摇摆不定,特别是在特朗普任期的第一年,支持率跌落到21世纪以来的最低点。[138]

中国积极欢迎他国搭便车,既是国力强大后的自信,更是维护崛起利益的重要方式。供给公共产品,构建包容的发展环境,将进一步优化中国和平崛起环境。基础设施网络属于典型区域公共产品,通过扩展与提高基础设施能够显著增强跨国流动。中国的基础设施互联互通倡议可以有效地促进区域生产力,并改善贫困状态。目前大部分东南亚国家基础设施陈旧老化,道路交通不完善、电力供给不足、通信设施匮乏,"一带一路"倡议可以为应对此类问题供给解决方案与跨区域公共产品。从发展阶段上看,东南亚地区的高收入国家、中高等收入国家与中低等收入国家并存。[139]辩证地看,也正是存在差距,共同发展才更有意义。

结　　语

区域大国能否被周边国家视为区域领导者,不仅取决于其做了什么,还取决于周边国家的主观评价与认知。有效的区域领导并不一定是等级制的,可以是扁平化或网状的领导,关键在于领导力本身是否促进区域秩序并获得认可。领导力的结构维度涉及两个子维度:第一个维度是指通过供给公共产品为区域治理作贡献。[140]由于地区领导国由多个参与者组成,因此根据涉及的特定规范和制度,存在广泛的治理机制,这转化为与区域组织和框架互动的不同模式。第二个紧密相关的结构维度是执行领导力的问题领域。实际上,行为体的领导可以在不同的问题领域有所不同。一个国家几乎不可能在每个问题领域都成为"唯一"领导者。在区域层面,从微观到宏观层面可能存在不同的领导力重叠,中国构建了与东亚国家之间的重叠网络,包括东南亚次区域合作(《中国—东盟合作框架协议》;大湄公河次区域)、"东盟＋3"合作论坛、亚太跨区域集团(亚太经合组织论坛、《区域全面经济伙伴关系协定》)、东亚和中亚集团(上海合作组织),为区域内外的众多参与者供给公共产品。

外交网络是每个国家获取外部资源的重要渠道,每个国家与他国直接的、既受正式制度约束又在其外的关系网络中,蕴藏着大量社会支持。面对区域治理中的公共问题,领导者需要将相对能力转化为合法性的杠杆,物质实力不足的国家有时会充当中间人,为提出的解决方案争取支持。由此,中国的和平崛起需要硬实力和软实力的共同建设与推进,两者不可偏废。软实力通过吸引他国,塑造其偏好,将直接增加外交承诺的可信度。[141]本研究通过分析对区域责任的承担、公共产品的供给,以及对外援助的趋势,评估中国的区域领导力建构,突显东南亚国家对中国领导力认知的历史变迁过程。

注释

1. Dirk Nabers, "ASEAN＋3: The Failure of Global Governance and the Construction of Regional Institutions," in Stefan Schirm *ed.*, *New Rules for Global Markets: Public and Private Governance in the World Economy*, New York: Palgrave Macmillan, 2004, pp.215—234.

2. Dirk Nabers, "Power, Leadership and Hegemony in International Politics," in Daniel Flemes ed., *Regional Leadership in The Global System: Ideas, Interests and Strategies of Regional Powers*, Burlington: Ashgate Publishing Company, 2010, p.66.

3. Junichi Fukazawa and Toshinao Ishii, "China's ASEAN Strategy Outmaneuvers Japan," *Daily Yomiuri*, 6 November 2002, http://www.accessmylibrary.com/coms2/summary_0286-27035591_ITM.

4. Robyn Lim, "Japan Re-engages Southeast Asia," *Far Eastern Economic Review*, Vol.165, No.3, 2002, p.26.

5. Jinsoo Park, "Regional Leadership Dynamics and the Evolution of East Asian Regionalism," *Pacific Focus*, Vol.XXVII, No.2, 2012, pp.290—318.

6.《清迈倡议多边化正式签约》,中国人民银行,2009 年 12 月 28 日。

7.《亚洲区域金融一体化是未竟之事》,每日经济,2022 年 9 月 22 日,https://cn.dailyeconomic.com/2022/09/22/34841.html。

8. Shaun Breslin, "Understanding China's Regional Rise: Interpretations, Identities and Im-

plications," *International Affairs*，Vol.85，No.4，2009，p.834.

9. Alice D. Ba，"Who's Socializing Whom? Complex Engagement in Sino-ASEAN Engagement," *The Pacific Review*，Vol.19，No.2，2006，pp.157—179.

10. 刘英：《亚洲决定摆脱美元？》，人大重阳金融研究院，2023 年 4 月 17 日，http://rdcy.ruc.edu.cn/zw/jszy/ly/lygrzl/7a532cef02f34aa3ad4f129895596890.htm.

11. J. Soedradjad Djiwandono，"Ten Years After the Asian Crisis：An Indonesian Insider's View," in Bhumika Muchhala ed.，*Ten Years After：Revisiting the Asian Financial Crisis*，Washington, DC.：Woodrow Wilson International Center for Scholars，October 2007，pp.40—42.

12. 转引自 Amitav Acharya，"How Ideas Spread：Whose Norms Matter? Norm Localization and Institutional Change in Asian Regionalism," *International Organization*，Vol.58，No.2，2004，pp.239—275。

13. MOFA(The Ministry of Foreign Affairs, Japan)，"Asian Economic Crisis and Japan's Contribution," 2000，http://www.mofa.go.jp/policy/economy/asia/crisis0010.html.

14. 本节部分内容已公开发表，参见曹德军：《金融危机、中国援助与东南亚国家的认知评价(1997—2017)》，载《复旦国际关系评论》2019 年第 2 期，第 244—268 页。

15. 《中国顶住压力，稳住了亚洲！》，环球网，2017 年 7 月 27 日。

16. 所谓"次级贷款"是指借款人信用不好的贷款，金融机构将把钱借给那些能力不足以偿清贷款的人，然后把这些住房抵押贷款证券(Mortgage-Backed Security)做成金融衍生品，打包分割出售给投资者和其他的金融机构。评级机构不负责任地将这些债券评为 AAA 级，以至于盲目的市场乐观情绪掩盖了无数的市场风险。参见"Pain Spreads as Credit Vise Grows Tighter," *New York Times*，September 19，2008，http://www.nytimes.com/2008/09/19/business/economy/19econ.html。

17. 习近平：《共担时代责任，共促全球发展：在世界经济论坛 2017 年年会开幕式上的主旨演讲》，新华网，2017 年 1 月 17 日，http://news.xinhuanet.com/fortune/2017-01/18/c_1120331545.htm。

18. Richard Q. Turcsányi，*Chinese Assertiveness in the South China Sea：Power Sources，Domestic Politics，and Reactive Foreign Policy*，Cham, Switzerland：Springer International Publishing，2018，p.12.

19. Evan A. Feigenbaum and Robert A. Manning，"A Tale of Two Asias：In the Battle for Asia's Soul，Which Side Will Win—Security or Economics?" *Foreign Policy*，October 31，2012，http://foreignpolicy.com/2012/10/31/a-tale-of-two-asias/；Wang Dong，"Two Asia? China's Rise，Dual Struture，and the Alliance System in East Asia," in Robert S Ross and Øystein Tunsjø eds.，*Strategic Adjustment and the Rise of China：Power and Politics in East Asia*，Ithaca：Cornell University Press，2017，pp.100—133.

20. 史田一：《地区风险与东盟国家对冲战略》，载《世界经济与政治》2016 年第 5 期，第 74—102 页。

21. ［美］戴维·兰普顿：《中国力量的三面：军力、财力和智力》，姚芸竹译，北京：新华出版社 2009 年版，第 139 页。

22. 李晨阳：《对冷战后中国与东盟关系的反思》，载《外交评论》2012 年第 4 期，第 10—20 页。

23. Benjamin J. Cohen，"Finance and Security in East Asia," in Avery Goldstein and Edward D. Mansfield eds.，*The Nexus of Economics，Security，and International Relations in East Asia*，Stanford, California：Stanford University Press，2012，pp.49—51.

24. Douglas W. Arner and L. Schou-Zibell. "Responding to the Global Financial and Eco-

nomic Crisis: Meeting the Challenges in Asia," *Asian Development Bank Working Papers on Regional Economic Integration Series*, No.60, 2010.

25. Douglas Lemke, "Dimensions of Hard Power: Regional Leadership and Material Capabilities," in Daniel Flemes ed., *Regional Leadership in The Global System: Ideas, Interests and Strategies of Regional Powers*, Burlington: Ashgate, 2010, pp.32—34.

26. [新加坡]马凯硕(Kishore Mahbubani):《中国能够发展起一种亚洲愿景吗》,载王缉思主编:《中国国际战略评论》,北京:世界知识出版社 2009 年版,第 22—25 页。

27. 金融一体化与金融区域化是有差别的,前者是指通过国家层面的政策制度化实现相互整合,例如建立区域性国家协调机制;后者关注私有企业部门的跨国合作与整合。

28. Alice D. Ba, "China and ASEAN: Renavigating Relations for a 21st Century Asia," *Asian Survey*, Vol.43, No.4, 2003, pp.622—647.

29. [澳]马必胜:《东亚地区主义的演变:地缘经济的需求与地缘政治的限制》,载《国外理论动态》2015 年第 2 期,第 77—85 页。

30. 参见 Avery Goldstein, *Rising to the Challenge: China's Grand Strategy and International Security*, Stanford: Stanford University Press, 2005; Kishore Mahbubani, "Smart Power, Chinese-Style," *The American Interest*, March/April 2008; Robert G. Sutter, *China's Rise in Asia: Promises and Perils*, New York: Rowman and Littlefield, 2005; Bronson Percival, *The Dragon Looks South: China and Southeast Asia in the New Century*, Westport: Praeger Publishers, 2007; Joshua Kurlantzick, "China's Charm Offensive," *Los Angeles Times*, June 23, 2007; Joshua Kurlantzick, *Charm Offensive*, New Haven: Yale University Press, 2007。

31. 商务部:《中国对外投资合作发展报告(2015)》2015 年 5 月,第 54 页。

32. 商务部、统计局、外汇管理局:《2016 年度中国对外直接投资统计公报》2017 年 9 月,第 15 页。查询网站:http://hzs.mofcom.gov.cn/article/date/201709/20170902653729.shtml。

33.《世行行长金墉:中国扶贫经验值得中等收入国家借鉴》,载《联合早报》2017 年 10 月 13 日。

34. Khoo Nicholas, "Deconstructing the ASEAN Security Community: A Review Essay," *International Relations of the Asia-Pacific*, Vol.1, No.4, 2004, pp.35—46; Khoo Nicholas, "Constructing Southeast Asian Security: The Pitfalls of Imagining a Security Community and the Temptations of Orthodoxy," *Cambridge Review of International Affairs*, Vol.1, No.17, 2004, pp.137—153; Khoo Nicholas, "The ASEAN Security Community: A Misplaced Consensus," *Journal of Asian Security and International Affairs*, Vol.2, No.2, 2015, pp.180—199.

35.《清迈倡议》框架的主要内容为:建立货币互换机制,成员国发生短期资本急剧流动等情况下提供干预资金;建立经济和外汇方面的信息互换机制和货币监督机构;由各国共同出资建立贷款基金。

36. 吴晓灵:《东亚金融合作的成因、进展及发展方向》,新浪财经,2007 年 7 月 7 日,http://finance.sina.com.cn/hy/20070707/16563763500.shtml。

37.《为我国发展争取良好周边环境,推动我国发展更多惠及周边国家》,载《人民日报》2013 年 10 月 26 日。

38. 习近平:《以亲、诚、惠、容外交理念推进周边安全与繁荣》,载《新华每日电讯》2014 年 9 月 25 日;习近平:《"友情外交"为中国外交增添"人情味"》,载《新华每日电讯》2014 年 9 月 23 日。

39.《习近平接受拉美四国媒体联合采访》,人民网,2014 年 7 月 15 日。

40.《以亲、诚、惠、容外交理念推进周边安全与繁荣》,载《新华每日电讯》2014 年 9 月 25 日。

41. 胡锦涛:《学习金融知识,研究金融问题(1999 年 1 月 5 日)》,载《胡锦涛文选(第一卷）》,北京:人民出版社 2016 年版,第 347 页。

42. Sheng Ding, *The Dragon's Hidden Wings:How China Rises with Its Soft Power*, Lexington Books, 2008,p.3.

43.[美]阿什利·泰利斯:《国家实力评估:资源、绩效、军事能力》,门洪华、黄福武译,北京:新华出版社 2002 年版,第 16 页。

44. 王泺:《中国与东盟国家的发展援助合作》,载左常升等主编:《国际发展援助理论与实践》,北京:社会科学文献出版社 2015 年版,第 140 页。

45. Sheng Ding, *The Dragon's Hidden Wings:How China Rises with Its Soft Power*, Lexington Books, 2008,p.3.

46. 王泺:《中国与东盟国家的发展援助合作》,第 138—143 页。

47.《温家宝总理在第九次东盟与中日韩领导人会议上的讲话》,中国共产党新闻网,2005 年 12 月 12 日,http://cpc.people.com.cn/GB/64093/64094/16306568.html。

48.《外交部长杨洁篪昨约见东盟十国驻华使节》,新浪新闻,2009 年 4 月 13 日,http://www.sina.com.cn。

49. 王泺:《中国与东盟国家的发展援助合作》,第 142 页。

50. John F. Copper, *China's Foreign Aid and Investment Diplomacy*(Volume II), New York:Palgrave Macmillan, 2016,pp.7—10.

51. Thomas Lum, Wayne M. Morrison and Bruce Vaughn, "China's 'Soft Power' in Southeast Asia," Congressional Research Service, January 4,2008,p.7.

52. Chu Hao, "Enduring Ties:Sino-Vietnamese Relations Witness Their 60th Anniversary amid High Hopes," *Beijing Review*, January 14,2010,p.14.

53. Adam Forde, "Vietnam in 2011:Questions of Domestic Sovereignty," *Asian Survey*, Vol.52, No.1, 2012,p.179.

54. 以 2014 年美元币值进行统一计价。

55. Ian Storey, "China and Vietnam's Tug of War over Laos," *China Brief*, Vol.5, No.13, https://jamestown.org/program/china-and-vietnams-tug-of-war-over-laos/.

56. John F. Copper, *China's Foreign Aid and Investment Diplomacy*(Volume II), pp.24—26.

57. Bronson Percival, *The Dragon Looks South:China and Southeast Asia in the New Century*, Westport, Connecticut:Praeger, 2007,p.42.

58.《胡锦涛开始对老挝进行国事访问》,中央政府门户网,2006 年 11 月 20 日,http://www.gov.cn/jrzg/2006-11/20/content_447163.htm。

59. Kristina Jonsson, "Laos in 2008:Hydrweopor and Flooding(or Business as Usual)," *Asian Survey*, Vol.48, No.1, 2009,pp.203—204.

60. Simon Creak, "China—the Largest Foreign Investor in Laos," *New Mandala*, July 20,2010.

61.《替代种植:中国改变"金三角"》,载《人民日报》2007 年 6 月 27 日第 13 版。

62.《中国连续第 2 年成为对老挝最大援助国》,中国驻老挝大使馆经济商务参赞处,2014 年 12 月 31 日,http://la.mofcom.gov.cn/article/jmxw/201501/20150100855926.shtml。

63. 以 2014 年美元币值进行统一计价。

64. Donald M. Seekins, "Burma in 1998:Little to Celebrate," *Asian Survey*, Vol.39, No.1, 1999,p.18.

65. Maung Maung Than Tin, "Myanmar(Burma) in 2000:More of the Same," *Asian Survey*, Vol.41, No.1, 2001,p.154.

66. Lum et al., "China's 'Soft Power' in Southeast Asia," p.6.

67. Jim Webb, "We Can't Afford to Ignore Myanmar," *New York Times*, August 26,

2009，http://www.nytimes.com/2009/08/26/opinion/26webb.html.

68. John F. Copper, *China's Foreign Aid and Investment Diplomacy*（*Volume II*），pp.13—16.

69. Daniel Ten Kate，"Myanmar Seeks 'Win-Win-Win' in Balancing US-China Competition，" Bloomberg，December 4，2011，https://www.bloomberg.com/news/articles/2011-12-04/myanmar-seeks-win-win-win-in-balancing-u-s-china-competition；"Chinese Premier Wen to Visit Myanmar, Sources Say，" *Reuters*，December 13，2011，https://uk.reuters.com/article/uk-china-myanmar/chinese-premier-wen-to-visit-myanmar-sources-say-idUKTRE7BC0Y520111213.

70. Tin Maung Maung Than，"Myanmar in 2013：At the Halfway Mark，" *Asian Survey*，Vol.54，No.1，2014，p.25.

71. 以2014年美元币值进行统一计价。

72. Dana Dillon and John Tkacik，"China's Quest for Asia，" *The Heritage Foundation*，December 14，2005.

73. David Fullbrook，"China's Growing influence in Cambodia，" *Asia Times*，October 6，2006.

74. "Cambodia：Hydropower Projects Lack Transparency, Could Displace Thousands，" International Rivers，August 27，2008，http://www.irinnews.org/report/80010/cambodia-hydro-power-projects-lack-transparency-could-displace-thousands.

75. David Chandler，"Cambodia in 2009：Plus C'est la meme Chose，" *Asian Survey*，Vol.50，No.1，2010，p.228.

76. 薛力、肖欢容：《中国对外援助在柬埔寨》，载《东南亚纵横》2011年第12期，第26页。

77. "China's Economic Footprint Grows in Cambodia，" *Aljezeera*，July 26，2013，http://www.aljazeera.com/indepth/features/2013/07/201372612337936739.html.

78. Phoak Kung，"Cambodia-China Relations：Overcoming the Trust Deficit，" *The Diplomat*，October 7，2014，https://thediplomat.com/2014/10/cambodia-china-relations-overcoming-the-trust-deficit/。

79. 中国驻柬埔寨大使馆经商参处：《〈好朋友，真朋友—中国对柬援助及投资项目巡礼〉画册发布仪式在金边举行》2015年12月16日，http://cb.mofcom.gov.cn/article/zxhz/tzdong-tai/201512/20151201211484.shtml。

80. Richard Stubbs，*Rethinking Asia's Economic Miracle*，New York：Palgrave Macmillan，2005，p.203.

81. Antoine So，"Tang：$3 Billion Aid Package to Jakarta Will Go Ahead，" Hong Kong Standard，August 4，1998.

82. Michael S. Malley，"Indonesia in 2002：The Rising Cost of Inaction，" *Asian Survey*，Vol.42，No.1，2003，p.145.

83. ［美］约书亚·科兰滋克(Joshua Kurlantzick)：《中国魅力：软权力的影响》，美国卡内基国际和平基金会，2006年6月，http://carnegieendowment.org/files/SoftPower.pdf。

84. 《印度尼西亚政府对中国政府提供及时援助深表谢意》，中央政府门户网，2006年5月30日，http://www.gov.cn/jrzg/2006-05/30/content_294885.htm。

85. 《曹刚川访问印尼推动两国防务合作》，中广网，2008年1月18日，http://www.cnr.cn/military/daotu/200801/t20080118_504681475.html。

86. John F. Copper，*China's Foreign Aid and Investment Diplomacy*（*Volume II*），pp.32—34.

87. 温北炎：《中国—印尼战略伙伴关系的现状与展望》，载《东南亚研究》2007年第1

期,第35—50页。

88.《印尼媒体称不愿在南海与中国直接对抗:更重视经贸关系》2016年6月21日,观察者网,http://www.guancha.cn/Neighbors/2016_06_21_364849.shtml。

89. Prashanth Parameswaran, "China and Indonesia under Jokowi: Show Me the Money," *The Diplomat*, January 28, 2015, https://thediplomat.com/2015/01/china-and-indonesia-under-jokowi-show-me-the-money/.

90.《印尼雅万高铁项目贷款协议正式签署》,国家开发银行网站,2017年5月14日,http://www.cdb.com.cn/rdzt/ydyl/201705/t20170514_4282.html。

91. 以2014年美元币值进行统一计价。

92. 作为东南亚最长的河流,湄公河在中国境内称为"澜沧江",流出中国边界后称为"湄公河",将六国紧密联系在一起,老挝首都万象、柬埔寨首都金边与越南经济中心胡志明市都毗邻于湄公河河畔。作为跨境河流湄公河不仅带来了合作与友谊,也会产生利益冲突,尤其是在上游和下游国家之间。

93. 习近平:《迈向命运共同体开创亚洲新未来:在博鳌亚洲论坛2015年年会上的主旨演讲(2015年3月28日)》,中国共产党新闻网,2015年3月28日,http://cpc.people.com.cn/n/2015/0328/c64094-26764811.html。

94. 沈铭辉:《大湄公河次区域经济合作:复杂的合作机制与中国的角色》,载《亚太经济》2012年第3期,第13—18页。

95. 中国学界在使用"GMS国家"概念时,通常指除中国外的湄公河下游国家(缅甸、老挝、泰国、柬埔寨和越南);而国际学界常将云南也看作湄公地区的一部分,GMS的指涉范围因语境而有些微差异。

96. 全毅、尹竹:《中国—东盟区域、次区域合作机制与合作模式创新》,载《东南亚研究》2017年第6期,第15—36页。

97. 发改委、外交部、财政部:《中国参与大湄公河次区域经济合作国家报告》2008年3月28日,http://www.mfa.gov.cn/chn//pds/ziliao/tytj/zcwj/t419061.htm。

98. 吴世韶:《中国—东盟次区域经济合作机制的现状与展望》,载《社会主义研究》2011年第5期,第127—130页。

99. 梁晨:《大湄公河次区域合作相关机制概述》,载刘稚、李晨阳主编:《大湄公河次区域合作发展报告(2010—2011)》,北京:社会科学文献出版社2011年版,第19—32页。

100. 冯其予:《澜湄经贸合作势头良好,中国投资成亮点》,中国经济网,2018年1月11日,http://intl.ce.cn/specials/zxgjzh/201801/11/t20180111_27676734.shtml。

101. 李克强:《在澜沧江—湄公河合作第二次领导人会议上的讲话(2018年1月10日,金边)》,外交部网站,2018年1月11日,http://www.fmprc.gov.cn/web/ziliao_674904/zyjh_674906/t1524884.shtml。

102. Evelyn Goh, "Developing the Mekong: Regionalism and Regional Security in China-Southeast Asian Relations," Adelphi Paper 387, Routledge for International Institute for Strategic Studies, 2007, p.18.

103. 史丹、侯建朝:《中国和东盟能源行业的互补性格局研究》,载《中外能源》2016年第8期,第3页。

104. K. G. Hortle, S. Lieng and J. Valbo-Jorgensen, "An Introduction to Cambodia's Inland Fisheries," *Mekong Development Series*, No.4, 2004, p.2, http://www.mrcmekong.org/assets/Publications/report-management-develop/Mek-Dev-No4-Mekong-Fisheries-Cambodia-Eng.pdf.

105. Stacey White, "Slow Onset Disasters in Asia," in Council for Security Cooperation in the Asia Pacific(CSCAP) ed., *CSCAP Regional Security Outlook*(*2011*), pp.10—15. http://www.cscap.org/uploads/docs/CRSO/CRSO%202011%20-%20Revised%20Version.pdf.

106. 其中,小湾水电站和糯扎渡水电站是兼有防洪、灌溉、拦沙等综合效益的水电枢纽。

107.《"十三五"澜沧江上游水电站建设加速》,中国能源网,2017 年 5 月 8 日。

108. 中国水利国际合作与科技网:《世界江河数据库:湄公河—澜沧江》,http://www.chinawater.net.cn/riv-erdata/search.asp?cwsnewsid=17970。

109. 流域国际组织网、全球水伙伴等编:《跨界河流、湖泊与含水层流域水资源综合管理手册》,水利部国际经济技术合作交流中心译,北京:中国水利水电出版社 2013 年版,第 11 页;[美]肯·康克:《水,冲突以及国际合作》,载《复旦国际关系评论》2007 年第 7 辑,第 75—99 页。

110. 李志斐:《水资源外交:中国周边安全构建新议题》,载《学术探索》2013 年第 4 期,第 28—33 页。

111. 湄公河鱼类资源非常丰富,迄今至少发现了 1 100 种淡水鱼种类,仅次于亚马孙河,居世界第二。其中还包括若干稀有鱼种,如巨型淡水黄貂鱼和濒临灭绝的伊洛瓦底江海豚。从数量来说,大湄公河是世界上最大的内陆渔区,捕鱼量占全球淡水捕鱼量的 25%。参见 World Wild Fund for Nature(WWF)数据库,网址:http://worldwildlife.org/places/greater-mekong。

112."国际河流"组织成立于 1985 年,是一个非营利性的、非政府性的全球环保组织。国际河流致力于保护河流并捍卫依赖河流生存的诸多社区应有的权益,倡导推进水资源管理与能源问题的合理解决,避免对河流生态系统破坏性巨大的基础设施建设,实现社会的公正及可持续发展。具体可登录官方网站:http://www.internationalriverschina.org/home/。

113. International Rivers, "The Environmental and Social Impacts of Lancang Dams," 2014, http://www.internationalrivers.org/resources/8390.

114. Mekong River Commission and Ministry of Water Resources of the People's Republic of China, *Technical Report: Joint Observation and Evaluation of the Emergency Water Supplement from China to the Mekong River*, 2016, p.9. http://www.mrcmekong.org/assets/Publications/Final-Report-of-JOE.pdf.

115. Ainun Jaabi and Harris Zainul, "Dams Causing Distress", *ISIS Focus*, Institute of Strategic and International Studies Malaysia, No.6, 2017, pp.22—23.

116. Donald E. Weatherbee, *International Relations in Southeast Asia: The Struggle for Autonomy*, Rowman & Littlefield Publishers Inc., 2008, pp.270—287.

117. 何艳梅:《中国跨界水资源利用和保护法律问题研究》,上海:复旦大学出版社 2013 年版,第 40 页。

118.《澜沧江—湄公河合作五年行动计划(2018—2022)》,外交部网站,2018 年 1 月 11 日,http://www.fmprc.gov.cn/web/ziliao_674904/1179_674909/t1524881.shtml。

119. 王玉主、盛玉雪:《澜湄机制与中南半岛合作》,载李向阳主编:《亚太地区发展报告(2017)》,北京:社会科学文献出版社 2017 年版,第 122—126 页。

120.《澜沧江—湄公河合作首次领导人会议三亚宣言——打造面向和平与繁荣的澜湄国家命运共同体》,外交部网站,2016 年 3 月 23 日,http://www.fmprc.gov.cn/web/ziliao_674904/1179_674909/t1350037.shtml。

121. 刘卿:《澜湄合作进展与未来发展方向》,载《国际问题研究》2018 年第 2 期,第 43—54 页。

122.《全球湄公河研究中心成立,澜湄合作将获强大智力支撑》,澎湃新闻网,2017 年 9 月 19 日,http://news.ifeng.com/a/20170919/52082043_0.shtml。

123.《中国促进澜湄合作的农业发展》,中国商务部网站,2017 年 12 月 14 日,http://www.mofcom.gov.cn/article/i/jyjl/j/201712/20171202685144.shtml。

124. 全球事件数据库(GDELT)由卡勒维·利特鲁(Kalev Leetaru)与菲利普·施罗特

(Philip Schrodt)等人创建,致力于描述"全球所有国家的人类社会规模行为和信仰",把所有事件联结成一个巨大的网络,捕捉世界各地正在发生的事情、背景、参与者,以及带给人们的感受。具体参考"The GDELT Project," 2016, http://www.gdeltproject.org/。

125. Lockheed Martin, "World-Wide Integrated Crisis Early Warning System Lockheed Martin," December 2013, http://www.lockheedmartin.com/us/products/W-ICEWS.html.

126. Philip A. Schrodt, "Phoenix Event Data Set Documentation," February 2014, http://openeventdata.org/datasets/phoenix/Phoenix.documentation.pdf.

127. 每个事件包含源行为体、事件代码与目标行为体。所有的数据集使用自然语言处理(NLP)技术来解析句子中的相关三元组。关于测算的具体方法,请参考 Stephan De Spiegeleire et al., *Nowcasting Geodynamics: Great Powers and Pivoting*, The Netherlands: The Hague Centre for Strategic Studies, 2017, pp.8—11。

128. Aude Fleurant et al., "Trends in International Arms Transfers 2015," *Stockholm International Peace Research Institute*, February 2016, http://books.sipri.org/files/FS/SIPRIFS1602.pdf.

129. Stephan De Spiegeleire et al., *Nowcasting Geodynamics: Great Powers and Pivoting*, The Netherlands: The Hague Centre for Strategic Studies, 2017, p.41.

130. 该调查由台湾大学政治系主持,第一轮调查(2001年6月—2003年2月)包括八个国家与地区:中国、日本、蒙古国、菲律宾、韩国与泰国等。在第二轮调查时(2005年11月—2008年12月)加入柬埔寨、印度尼西亚、马来西亚、新加坡与越南,第三次调查时(2010年1月—2012年9月)依然为13个国家与地区,在第四轮调查时(2014年6月—2016年6月)增加缅甸,调查对象变为14个国家与地区。除了老挝与文莱,该调查基本覆盖了东南亚多数国家。

131. Yun-han Chu, Min-hua Huang and Jie Lu, "Enter the Dragon: How East Asians View A Rising China," *Global Asia*, Vol.10, No.3, 2015, pp.115—119.

132. The Chicago Council on Global Affairs, *Asia Soft Power Survey* 2008, p.15, https://www.brookings.edu/wpcontent/uploads/2012/04/0617_east_asia_report.pdf.

133. 1977年日本首相福田赳夫访问东盟五国,并发表了《我国的东南亚政策》演讲,主要观点包括:一、日本不做军事大国,为东南亚和世界和平做出贡献;二、与东南亚各国在政治、经济、文化等广泛领域积极合作,建立"心心相印"的关系;三、以对等、合作者的身份支援东南亚。该政策调整了日本此前单纯的以资源和市场为目标的"经济外交",使得日本与东南亚关系从赔偿转入经济合作,又逐步进入政治、安全合作领域。

134. 中国—东盟中心:《学术交流与日本对东盟的新软实力攻势》,载《中国东盟观察》2015年第8期,第3页。

135. 曹云华主编:《远亲与近邻:中美日印在东南亚的软实力(上)》,北京:人民出版社2015年版;曹云华主编:《远亲与近邻:中美日印在东南亚的软实力(下)》,北京:人民出版社2015年版;郑一省、陈俊源:《软实力研究的新突破——评〈远亲与近邻:中美日印在东南亚的软实力〉》,载《东南亚研究》2017年第4期,第144—151页。

136. 翟崑、王丽娜:《一带一路背景下的中国—东盟民心相通现状实证研究》,载《云南师范大学学报(哲学社会科学版)》2016年第6期,第55页。

137. Gallup, *Rating World Leaders: 2018*, 18, January 2018, p.11, https://www.politico.com/f/?id=00000161-0647-da3c-a371-867f6acc0001.

138. 赵媛:《美国盖洛普民调显示中国国际影响力稳步提升》,中国社会科学网,2018年2月1日,http://www.cssn.cn/hqxx/201802/t20180201_3835985.shtml.

139. 王金波:《"一带一路"经济走廊与区域经济一体化:形成机理与功能演进》,北京:社会科学文献出版社2016年版,第43页。

140. Christopher M. Dent, "Regional Leadership in East Asia: Towards New Analytical Approaches," in Christopher. M. Dent ed. , *China*, *Japan and Regional Leadership in East Asia*, Cheltenham: Edward Elgar, 2008, pp.286—289.

141. Joseph S. Nye, Jr. , *Soft Power: The Means to Success in World Politics*, New York: Public Affairs, 2004, p.8.

第六章

中国大国担当与新型公共产品供给

供给中国特色的国际公共产品是建立全球领导力的根本。党的十八大以来，中国积极供给新型国际公共产品，推动以"共商共建共享"为核心原则的全球治理体系变革，表达了中国在和平中求发展的良好意愿与客观需求。[1]在 2014 年 6 月，习近平出席中国阿拉伯合作论坛时指出，中国将建设性地处理地区事务，在地区和全球问题上供给更多的国际公共产品。[2]明确欢迎其他国家搭乘"中国快车"。这种欢迎和包容"搭便车"的做法与古典经济学的集体行动困境是不同的。国际公共产品供给不是一笔经济账，而是一种政治账与道义账。

第一节　新兴大国的道义优势与公共产品供给

在"后霍布斯主义"的国际社会中，大国领导力主要源自公共产品供给，领导者需要树立可信的大国形象，吸引盟友并赢得对其政策的支持，就需要主动服务公益事业，为领导合法性发起"魅力攻势"[3]。领导力不仅取决于实力，还来自对方国家的理解与认可，如果仅仅将中国影响力不足归咎于中国，似乎也有失公允。作为互动性的关系概念，影响力有别于单向性的实力概念。[4]从实力（即资源）到影响力结果，并非一个必然的过程。分析中国的全球领导力应该重点关注中国公共产品供给的运作过程，以及国际社会对中国贡献的认同程度。随着中国综合实力快速提升，作为全球大国需要在硬实力之外，通过和平与柔性的方式说服世界、影响邻国，将构成和平崛起大战略的重要组成部分。[5]

（一）公共产品供给竞争与领导力构建

领导有效性需要建立在追随者价值取向与行为方式的基础之上，没有追随认可就没有领导力。领导者可以通过塑造和增加群体成员的认同，建立起共同的价值和相互联系。[6]在国际关系中，大国为了提升自身国际影响力与吸引力，会竞相推出各具特色的国际公共产品以吸引他国。为了在竞争中占据优势，新兴大国与霸权国都会尽可能发挥比较优势，以捍卫或增强自身国际领导地位。新兴大国通过主动供给公共产品可以扩大自己的国际影响力，获得全球或区域领导力承认。[7]供给国际公共产品不仅是构建人类命运共同体的必要切入点，也是提升中国国际影响力、感召力与塑造力的重要方式。作为新兴国家的代表，中国越来越积极倡导和推动多领域的国际合作。2014年11月，习近平主席在亚太经合组织工商领导人会议开幕式上首次表示："中国有能力、有意愿向亚太和全球提供更多公共产品，特别是为促进区域合作深入发展提出新倡议新设想。"[8]当然，面对霸权国的战略压力，新兴大国应该着眼未来，供给具有比较优势的国际公共产品。长期以来，中国参与国际公共产品供给更加注重义利融合、予取结合方式，让构建人类命运共同体的成果普惠全球。[9]

作为全球化的受益者，中国希望提出包容性全球治理框架，普惠公正展示和谐的发展前景。国际政治的未来形态可能是什么，是否会向单极化或多极化过渡，很大程度上取决于中国在全球层面上将发挥什么作用。尽管中国已确立实现体系内和平崛起的大战略，但仍面临全面崛起的战略压力。实现体系内全面崛起需要合理平衡大国崛起的四个要素，即经济性、道德性、军事性和制度性崛起。在迈向更高水平的经济性崛起的背景下，中国现在需要将战略重心逐渐转向早日实现道德性崛起，总体上服务于全球治理的需求。[10]致力于推进全球治理格局优化与升级，塑造更加平等和包容的秩序，展示建设性改革的意愿，为供给国际公共产品做出建设性贡献。[11]

"中国模式"代表着另一种全球化思维，不是西方的利润逻辑，而是东方的关系逻辑。新兴全球秩序也不应是均势原则或威慑原则，而是普惠原则与网络逻辑，旨在包括尽可能多的新成员。当合作网络越丰富，全球治理的边际成本也就越低。在全球治理方面，新兴国家要注意避免与霸权国供给同质化的公共产品，尝试建立新的供给模式并创造性供给治理方案,有助于成为受人尊敬的"领导者"。

一方面,新兴大国要获得全球更大的国际领导力,需要在涉及分配正义和道德责任等方面获得国际社会普遍认可。霸权国关注的是霸权体系持续,但其他国家之所以愿意接受新型公共产品,关键在于霸权国不能满足治理需求。如果新兴国家能够填补治理空白,那么具体领域的权威与合法性就会分化。就美国的崛起而言,尽管到了20世纪30年代末美国的经济影响力首屈一指,但它只是在第二次世界大战后才承担起稳定体系的角色。在灾难性的第二次世界大战之后,美国通过新的多边组织来管理开放的全球贸易和金融体系,并向战后和后殖民经济体分配发展援助,从而促进了全球稳定。这与建立一个以华盛顿为中心的联盟网络齐头并进,并在冷战期竞争中得到加强和扩大。

另一方面,崛起国也可以积极动员集体资源,建立广泛的"意愿联盟",争取道义和物质上的支持。[12]崛起国需要获得霸权国的支持以供给新型国际公共产品。布雷顿森林体系这样的全新国际秩序,需要大国的认可才能获得合法性。例如,美国在1944年的布雷顿森林会议上尽管占据了主导地位,但在战后全球秩序设计时,也积极寻求英国的支持与认同。为赢得英国支持,作为崛起国的美国在配额和投票权上做出妥协,才得以顺利建立起新的全球金融体系。[13]关于未来世界秩序的美好愿景,需要用行动联合其他国家达成基本共识,以构建一个能够促进增长、尽量减少全球失衡和促进稳定的金融体系。同样在欧洲,西德主张建立统一的欧洲以在世界事务中承担更多责任,为了寻求美国的支持与认可,西德领导人明确肯定美国不可替代的领导作用。[14]

(二)"欢迎搭便车"与大国道义

作为世界第一大贸易国、第一大外汇储备国、世界第二大经济体,中国有能力提供更多优质的国际公共产品。[15]2012年11月党的十八大报告明确提出:"积极推动全球治理机制变革""坚持权利和义务相平衡,积极参与全球经济治理"。[16]积极参与全球治理不是一个简单的经济问题,而是重大的政治问题。2014年8月,习近平主席出访蒙古国时明确表示:"欢迎大家搭乘中国发展的列车,搭快车也好,搭便车也好,我们都欢迎。"[17]在随后举办的亚太经合组织北京峰会上,习近平多次阐明:"中国愿意通过互联互通为亚洲邻国提供更多公共产品,欢迎大家搭乘中国发展的列车。"[18]新兴国家欢迎国际社会搭便车,超越了经济学的集体行动困境逻辑,展示出战略竞争背景下的全球治理意愿。

其一,欢迎搭便车有助于积累软实力与感召力。为了获得崛起合法性,新兴大国需要更多服务国际社会。近年来,中国在国际公共产品供给的实力与意愿方面都显著增强,越来越重视民生领域的影响力积累。[19]以对外援助为例,在 2009 年以前中国援助资金的 61% 都集中于经济基础设施,而社会公共设施只占 3.2%。[20]到了 2010 年第九次全国援外工作会议确定了"优化援外结构"的大方向,明确提出"要多搞一些受援国急需、当地人欢迎、受惠面广的医院、学校、生活供水、清洁能源等民生项目"[21]。2010 年到 2012 年,中国对外援助中经济基础设施所占的比重降低至 44.8%。[22]正是经过多年旨在促进"民心相通"的公共产品投入,中国在非洲负责任形象得到极大提升。根据调查显示,2010 年至 2013 年中国在非洲国家的影响力与亲和力最高,远高于中国邻国与其他地区。例如埃及有 57% 的民众对"中国的国际影响力"持积极态度;肯尼亚与加纳的比例达 58%、68%,其中大部分被调查者认为"中国在非洲发挥了积极的建设性作用"[23]。

其二,欢迎搭便车最终有利于维护中国的战略利益。全球化促进了相互依赖,帮助他人在某种程度上就是帮助自己。2008 年全球金融危机使得西方国家间保护主义盛行,但这种"只顾自家门前雪,不管他人瓦上霜"的卸责行为,必然会进一步恶化整体环境,从长远来看最终也不利于自身发展。近年来,中国积极改革全球经济治理结构,在多边和区域平台,如二十国集团、金砖国家峰会、亚太经济合作组织等积极发出中国声音,通过供给公共产品构建包容性和开放性的发展环境,进一步优化中国和平崛起环境。2016 年在国际市场需求不景气的情况下,中国与共建"一带一路"国家经贸合作成绩显著,进出口总额达到 6.3 万亿元人民币,累计投资超过 185 亿美元,为共建"一带一路"国家创造近 11 亿美元的税收和18 万个就业岗位。[24]在这个过程中,中国也分散了国内经济压力,将部分产能转移到国外,有利于优化资源配置,促进产业转型升级。崛起国不片面地追求国家利益,而是主张分享红利。

其三,欢迎搭便车展示中国"达则兼济天下"的传统价值,构建仁智大国。将"倡导人类命运共同体意识"上升到战略高度,这是中国领导人对当今世界的一种深刻理解,其最大的魅力就在于把"你"和"我",变成了"我们"。[25] 2017 年 1 月,习近平主席在瑞士日内瓦出席"共商共筑人类命运共同体"高级别会议,发表了《共同构建人类命运共同体》的主旨演讲,系统阐述了中国提出的新理念。同年 2 月 10 日,联合国将"构建人类命运共同体"理念写入决议。中国贡献的价值类公共产品发挥独特的治理功能:一方面,凝聚共识,为全球治理设定规范基础。2017 年 2 月慕尼黑安全会议的主题是"后真相、后西方、后秩序?"与会人员普遍认为当今世界面临第二次世界大战以来最脆弱的时刻,西方主导的世界秩序正走向终结,世界有可能正在迈向后西方时代。越来越多的西方学者开始怀疑西方的政治模式与价值观。而"命运共同体"旨在达成共识,凝聚人心。另一方面,人类命运共同体与全球治理理念一脉相承。人类居住在一个地球村,共同体意识长期存在。[26] 正如前美国驻联合国大使阿德莱·史蒂文森(Adlai Ewing Stevenson Ⅱ)形象地指出:"我们所有人都是乘坐在狭小的宇宙飞船上的旅客,我们的安全均维系在这艘宇宙飞船的安全与和平之上。"[27] 地球如同一个"太空舱"[28],人类休戚与共的命运感是一种精神财富。

最后,欢迎搭便车符合联合国发展议程需要。联合国本身就是促进全球治理的公共产品,联合国会费支撑全球公益和全球治理,是典型的公共产品。值得注意的是,2019 年至 2021 年预算分摊比例方案中,中国正式超越日本成为联合国第二大会费缴纳国,上升至 12.01%(参见图 6.1)。此外,中国积极落实联合国可持续发展议程。2016 年 1 月 1 日,联合国 2030 年可持续发展议程(简称"2030 年议程")正式生效,该议程彰显的是全球发展的"5P"理念,即 People(人人)[29]、Planet(地球)、Prosperity(繁荣)、Peace(和平)和 Partnership(合作),为落实好"2030 年议程",中国政府公开承诺比 2030 目标提前 10 年实现全部脱贫,即到 2020 年让中国现行标准下的 5 000 多万农村贫困人口全部脱贫。[30] 在全球治理层面上,继续强化对联合国的支持。2015 年在第 70 届联合国大会及其系列峰会上,中国承诺支持建立"中国气候变化南南合作基金";向联合国妇女署捐款 1 000 万美元;5 年内计划帮助发展中国家实施 100 个"妇幼健康工程"和 100 个"快乐校园工程",邀请 3 万名发展中国家妇女来华参加培训;设立为期 10 年、总额 10 亿美元的中国—联合国和平与发展基金。[31] 这都是中国依托联合国所贡献的国际公共产品。

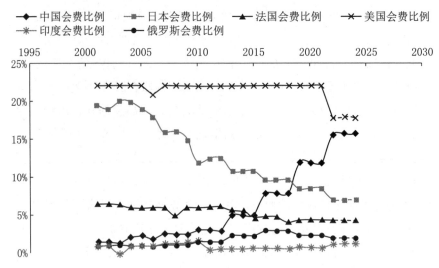

图 6.1　世界主要大国的联合国会费分摊比重变化（2001—2024 年）

资料来源：联合国文献检索系统（UNBISNET）：Assessment of Member State's Contribution for United Nations Regular Budget，22 December 2018，http://undocs.org/zh/A/RES/73/271。

　　面对供给竞争压力，中国需要在自我克制与适时对外介入两者之间保持平衡。在全球化时代，将自身崛起嵌入在现有体系之内，是降低崛起压力的优先选项。[32]这要求新兴国家保有足够的战略定力与战略耐心，采用审慎与明智的战略，塑造资源汲取能力。2012 年以来中国顺应时代潮流，不失时机地供给新型国际公共产品，修复和升级不公平不合理的全球体系。"道者，自然也"，中国嵌入国际体系的发展方式是一种顺应全球化潮流的"道"，如今全球化发展面临困境时，中国以自己的能力和意愿站出来接过重担，也是不负众望的"行道"。

第二节　中国的国际公共产品供给策略选择

　　为获得国际认同与政治影响力，世界大国都会主动供给国际公共产品欢迎他国"搭便车"。尤其是新兴大国"欢迎他国搭便车"的逻辑，超越了"金德尔伯格叙事"，展示了国际公共产品供给的政治属性。如果新兴国家能够填补治理空白，那么具体领域的权威与合法性就会分化。吉尔平认为，霸权"合法性"的关键不是大公无私的道德，而是霸权"威望"能否与全球治理需求相匹配。[33]不能满足全球需求的霸权国是"尸位素餐"或德不配位的。

在国际关系的领导权转换时期,崛起国与霸权国会就如何处理既有的国际公共产品产生分歧。崛起国是嵌入在原有公共产品框架内进行改良维护,还是另起炉灶建立新的公共产品平台?霸权国是继续坚持在传统公共产品集团内保持领导地位,还是愿意吸纳新兴崛起国分享国际领导权?彼此的不同选择,会增加双方公共产品供给的竞争程度,造成公共产品领导权争夺的"修昔底德陷阱":彼此不信任也不愿意吸纳对方进入共享的集团内,而是分庭抗礼,针锋相对地建设新的公共产品平台,这种竞争分裂让其他国家要么观望对冲,要么被迫选边站队,由此公共产品的供给与需求被领导权扭曲。面临供给竞争压力,中国始终做到小利与大义平衡,采取灵活务实的策略提升领导力的合法性认同。

首先,安抚摇摆不定的消费国。无政府状态下不存在天生的领袖,引领全球治理需要有广泛认同的方案,让人放心的道义原则,以及积极的供给意愿和强大的协调能力。在经济上,大多数国家的精英们认为中国繁荣的经济增长会让自己获益;但在政治上,许多国家又担心选择中国供给的公共产品可能会遭受来自美国的压力或惩罚。为了淡化意识形态叙事,中国反复强调"一带一路"与亚投行倡议的开放性。从他者承认的角度讲,中国作为"一带一路"倡议的提出者,其国际身份认同的形成需要与其他国家进行协调互动,其良性运转离不开他者的承认与支持。将自我置于与他人的关系中,领导力才不会空洞。"一带一路"是由多个国家和地区参与的合作大计,中国作为这一国际公共产品的生产主体,除了争取赢得他国的承认,中国在进行国际交流合作时需要顾及对方的利益,理解、承认他者的诉求。"一带一路"倡议只有通过"异质性承认"活动才能建立起与他者的广泛关联与共识,从而不断扩大国际认同范围,并形成共同实践的可能性。

其次,建立合法性道义基础。权力竞争对国际公共产品的抑制和促进的双重趋势,在权力转移进程中更加显著。重要的是要认识到,中国当下的区域公共产品供给尝试与长期全球蓝图构想需要以合法性为基础。没有合法性的国际公共产品,即便其物理属性是非竞争性与非排他性的,仍然会不受欢迎。换言之,公共产品的供给不是简单的物力与财力的投入,而是一个关于角色、期望和观念的塑造的过程。中国的全球发展蓝图,包括构建新型大国关系,与美国等发达国家合作共同应对全球治理赤字难题;另一方面设计中国与亚洲其他国家之间的全新关系,展示出基于相互尊重、文化包容和经济一体化的地区秩序愿景,以发挥中国自身的比较优势。中国的崛起不可避免会推动建立新型的地区秩序模式,在这种模式下,美国塑造规则和规范的能力下降,中国承担了国际公共产品供给者的角色。在这个角色转化的过程中,中国的提议并不一定会成功,也会遇到各种猜忌与阻力。[34] 如何平衡美国老牌公共产品供给者角色与中国新兴公共产品供给者角色之间的矛盾,是东亚乃至世界各国都面临的战略选择难题。部分国家可能会抵制任何有利于中国地区领导权的公共产品提议;部分国家可能在中美之间对冲观望,谁的公共产品最终获得地区大多数国家的认可,谁就具备了实际的领导力。

再次,构建供给公共产品的战略叙事。战略叙事不是单纯的宣传或空洞的口号,相反它们是支撑领导合法性的规范、价值观与软实力基石。在新的国际公共产品供给竞争中,中国只有分享自己的成果,淡化支配与强制色彩,在争取民心的援助中,将发展中国家与发达国家纳入自己全球影响力的支持队伍中来。2013 年 8 月,习近平强调:"宣传思想文化战线要掌握话语权,讲好中国故事,传播好中国声音。"[35] 2013 年 9 月,党的十八届三中全会强调中国要加强国际传播能力,在全世界范围内宣传中国文化,构建"对外话语体系"[36]。中国外交正面临着一个非常重要的任务,就是要建立一个有说服力的、有因果关系的、内部一致的话语体系,让外界明白为什么中国可以供给更优质的公共产品,为何中国的公共产品供给不以地缘政治因素为考量。在崛起过程中,中国的战略叙事能力提升直接影响其精心设计的公共产品是否会被接受,以及接受后的积极影响有多大。中国外交能力相对较弱的地方,在于战略叙事的塑造上,讲好中国公共产品的故事,有利于建立有强烈归属感的中国倡议。[37] 而近年来,中国在重塑话语体系方面进行了更多前瞻性的努力。在"全球南方"的大部分地区中,中国的话语形象也分布不均,面临西方话语的竞争与排挤。国际领导力的基础不会沿着实力或意识形态路线推进,而是由其他国家对中国公共产品的接受意愿与尊重程度来决定。

第三节 "亚投行"制度创新及其公共产品供给

第二次世界大战后以自由规则为基础的全球秩序的建立,促进了美国霸权的合法化。但是所谓"仁慈霸权"不过是在大多数国家接受和承认其领导权时才会"仁慈",否则可能"残暴"。[38]中国复兴的世界政治意义在于,推动霸权型世界秩序向协商型世界秩序的转型,在供给包容性国际公共产品的过程中承担服务型领导者责任,拒绝霸权或支配。[39]任何一个崛起大国要获得国际社会的认可,需避免展示完全对立的竞争性方案。有学者指出,中国崛起引发了建立在规则、机制和机构基础之上的秩序竞争,但这既不是冷战时期的"东西"秩序之争,也不是 20 世纪 70 年代"南北"秩序之争,而是对旧秩序进行的建设性的修正和改革,[40]致力于完善和改良全球治理模式。

(一)新型国际制度建立的规则竞争

嵌入在制度框架下的价值理念是一种"霸权黏合剂"。全球治理的"新自由主义"或"华盛顿共识"理念源起于第二次世界大战与大萧条危机。在布雷顿森林国际会议上,形成了实施和平与发展目标的机构框架——由联合国安理会和经济及社会理事会组成的政治机构,以及由国际货币基金组织(IMF)和世界银行(最初为国际复兴开发银行,简称IBRD)组成的金融机构。此后许多国际机制建立起来,以协调发展进程,其中国际复兴开发银行支持新独立国家的发展需要。作为集体理念的提出者、倡议者或引领者,全球机制的创设者更有机会投射自己的影响力。[41]在发展领域,国际货币基金组织将贷款条件与民主自由发展理念相挂钩;进而对非西方政体和发展中国家施加压力,成为推广西方人权标准和民主价值的工具。但在 2008 年金融危机后,由于布雷顿森林机构的民主赤字,新兴国家开始呼吁改革国际金融体系。随着"一带一路"倡议、亚投行、金砖国家新开发银行相继建立,中国积极成为多边国际体系的改革者,促进世界多极化发展。[42]

一方面,国际制度创新涉及利益分配。其中涉及的根本问题是:谁会从制度改革中受益?维持利益竞争的手段和规则如何协调?新型国际制度设计需要回应权力分配的变化,在新型国际制度安排中,崛起的大国有更大的发言权,制度结构也会更加包容。国内制度化的程度影响国际公共产品供给,例如先进工业化国家之间的互动,将国内成熟的制度化成果扩散为跨境公共产品,而更多的发展中国家基于全球不平等结构,在全球化环境中不自觉受到发达国家影响,那么跨境公共产品就容易从发展高地流向发展低地,转变为国际公共产品。[43] 由于制度是由权力政治塑造的,反过来也会塑造权力政治。一些国家比其他国家有更好的外部选择,有更大能力实现自己喜欢的结果,可以利用单方面行动的威胁来塑造多边机构规则。例如,美国利用其非正式和正式的权力来设计和控制国际经济机构。[44] 理性分配理论指出每个行为者都期望自身利益最大化,但是国际规范和社会声誉压力使其必须遵守一定的合法性预期。这意味着最佳制度设计的共识规则需要能够平衡利益分配与合法性说服的关系。在异质性的利益或意识形态方面,更灵活包容的制度设计,需要淡化等级垂直关系,促进网络扁平关系。[45]

另一方面,国际制度创新需要合法性支持。霸权制度化过程受到功能主义和新功能主义影响,即功能性国际合作可以产生政治溢出效应,促进区域一体化。通过在早期争议较低领域的合作,相互培育的信任会增加相互依赖性,从而激励进一步扩大制度化合作范围。[46] 例如,世界贸易组织等国际组织有助于协调国家之间的贸易。在没有世界贸易组织的情况下,美国可能不愿意在中国投资,因为担心未来政治问题会危及持续的市场准入。世界贸易组织通过优惠准入的约束通过谈判达成更好的交易方式。然而历史制度主义进一步强调,合法性的全球领导需要提供全球问题的最佳解决方案,又克制自己的权力优势。伊肯伯里对自由主义世界秩序的分析,基于历史制度主义的逻辑,认为霸权国主导建立的国际制度,是第二次世界大战后的"关键时间节点"与不对称能力造成的,通过吸引其他国家搭便车,国际制度锁定美国的权力优势,反而提升了战后美国的可信度与领导力。

(二)亚投行对全球治理模式的创新

在全球治理领域方面,亚投行与传统国际发展机构有较强的互补性,如亚投行更多聚焦基础设施,传统国际发展机构重点关注的知识银行、开放数据等暂时不是关注重点;同时对成员资格具有高度开放性,如亚投行的成员资格向国际复兴开发银行和亚洲开发银行成员开放,而新开发银行的成员资格面向所有联合国成员国开放。这些机制设计不仅可确保传统与新型国际发展机构的模仿与创新、竞争与合作,更为全球治理的渐进改革和民主平等提供基础。[47]近年来,中国倡议建设的亚洲基础设施投资银行,美国开始担心这会挤压世界银行的合法性权威。新旧国际制度之间激励的合法性竞争,主要体现在两方面。

一方面,提出包容性发展模式,升级全球治理体系。基础设施作为一项公共产品,其长期收益相对稳定可靠,需要着眼长远进行综合收益核算,其溢出效应对整个区域经济的辐射带动,潜力巨大。中国从一开始就希望亚投行成为"一流的、具备21世纪高治理标准的开放式开发银行"。中国期待以此为切入点,为全球树立新典范。[48]中国反复表示,亚投行并非仅仅服务中国国家利益的工具,而是为所有成员国利益服务;并非为了转移中国国内过剩产能或促进"一带一路"实施,而是具有公益性目标和欧亚一体化发展的广阔目标。世界银行和亚洲开发银行的援助或贷款重点方向是社会平等、消除贫困、健康改善与绿色发展等,大多偏向"软性"发展因素。而亚投行的重点则聚焦于亚太基础设施、绿色可持续发展模式等,相对关注"硬性"发展因素。亚投行致力于成为高标准、高治理、高起点的新型多边发展银行,为全球治理未来探索新模式。[49]中国无意彻底改变全球秩序,甚至没有能力这样做,它旨在提供一条可行的发展道路,让全球南方超越西方叙事限制,多一种发展选择。[50]中国模式是嵌入在全球自由主义体系下的自我探索成果,既有中国国家特色,也包含全球自由秩序的基本原则。因此"中国方案"不是另起炉灶,而是升级创新。

另一方面,凝聚新型发展理念,化竞争为合作。尽管美国霸权的相对衰落正在成为现实,但中国走向全球离不开与美国的战略互动,中国需要寻求不在美国主导领域与美国展开直接和激烈的竞争,而是要进入被美国忽视的利基领域。[51]尤其在2008年全球金融危机之后,中国开始参与二十国集团议程,意识到世界对其供给国际公共产品的期待显著提升,作为积极回应,中国一方面参加美国主导的全球多边机制为全球治理贡献力量,另一方面根据新时代需求创造性构建新型多边机制平台。为了降低新兴大国崛起带来的冲击,中国有意识地将自己约束在既有国际机制之内,通过内嵌式发展进行"增量改进"。例如,中国在 2008 年金融危机后加入了三个重要的国际金融标准制定组织:金融稳定委员会(FSB)、巴塞尔银行监管委员会(BCBS)与国际清算银行(BIS)的全球金融体系委员会(CGFS);同时国际货币基金组织也改革了投票权机制,使得中国的份额与投票权显著提升。2012 年党的十八大报告提出"积极参与全球经济治理",明确在联合国、二十国集团、上海合作组织以及金砖国家组织中做出创造性贡献。

从实践角度看,中国已经成为重塑全球化进程的重要推动力量。在新兴的全球秩序中,中国扮演建设性的改良者角色,承担更多公共产品供给责任。中国的全球战略轮廓包括:第一,追求与现有霸权的"建设性交往"。尊重美国的领导地位,在供给新型公共产品过程中避免采取替代性竞争的方法,尽一切努力防止最坏情况,避免中美战略摊牌和全球治理分裂。第二,捍卫改革多边主义。日益浮现的中国全球角色嵌入在第二次世界大战后的多边协定基础上。翻新、升级和改造不完美的传统秩序,需要获得大多数国家的支持,获得供给合法性。[52] 第三,展示在亚太公共产品供给中的比较优势。作为消费者的其他亚太国家不仅接受,而且试图强化中美公共产品供应的比较优势结构。形象地讲,中国在 2008 年之后创新的国际新规则与西方第二次世界大战之后创新的老规则之间,犹如一棵参天大树上生长的"旧枝"与"新芽"。在逻辑上两者并非必然的零和关系,大树有足够错落有致的空间让"旧枝"与"新芽"共同经历风雨,新的国际机制的发展并不以旧有机制为代价,反而"新芽"在为大树装点生机的同时,也能给"旧枝"供给些新的养分,有利于维持其转型与新陈代谢。

第四节　全球治理格局下的"一带一路"倡议

2013 年,中国国家主席习近平在访问哈萨克斯坦和印度尼西亚时,分别提出了建设"丝绸之路经济带"和"21 世纪海上丝绸之路"的倡议。2015 年 3 月 28 日,国家发展改革委、外交部、商务部三部委经国务院授权,联合发布《推动共建丝绸之路经济带和 21 世纪海上丝绸之路的愿景与行动》,从时代背景、共建原则、框架思路、合作重点、合作机制等方面阐述了"一带一路"倡议的主张与内涵,提出了共建"一带一路"的方向和任务。从历史上看,"一带一路"倡议是对中国古代丝绸之路精神与郑和下西洋遗产的弘扬,着眼于通过互联互通合作突破旧有全球化的制度壁垒与不公平结构,该倡议不是简单的经济合作,更涉及政治、安全、文化、民生等各个方面,其辐射范围基本上涵盖了亚欧大陆,以及太平洋西岸与印度洋,涉及沿线国家。截至 2018 年年底,中国已经累计同 122 个国家、29 个国际组织签署了 170 份政府间合作文件,"一带一路"的参与国不断增加,遍布亚洲、非洲、欧洲、大洋洲与拉丁美洲。

整体而言,"一带一路"倡议与全球治理之间的互动主要存在两个方面:其一,提供国际公共产品和建立多边机制。国际公共产品供给需要部分国家主动承担国际义务,治理搭便车和市场失灵引发的治理赤字难题。在"一带一路"框架内,中国在全球范围内为各国提供基础设施建设支持,旨在通过上海合作组织和其他多边安全机制,共同促进区域和全球发展与稳定。中国提供的新型国际公共产品对工业化国家和新兴国家很重要。工业化经济体可能会受益于重组有形基础设施资产,从而提高效率,或进行低碳和可持续发展升级,而新兴经济体则需要强大的基础设施投资,满足其工业化需求。在美国全球领导力的合法性降低的背景下,中国供给新的国际公共产品将对全球治理体系演变产生积极影响,这些公共产品可以弥补美国领导力萎缩产生的空缺。其二,中国正致力于建立许多支持"一带一路"的多边国际组织,例如亚投行、丝路基金、新开发银行,不仅吸引新兴国家,也将发达国家吸纳进来。通过基于金砖组织的国际或区域伙伴关系,与世行、亚行、联合国开发署、欧亚经济联盟、东盟等保持多边主义合作,从而让中国成为新的全球治理焦点与关键节点。"一带一路"倡议的优势不仅在于包容性,不拒绝任何有意愿参与其中的行动者,同时也具有非正式网络与正式机制平台镶嵌的灵活性优势,这有助于其与更多全球治理框架对接,在多重多边框架伙伴关系中,满足全球治理的不同需求。

(一) 搭建"一带一路"倡议网络

"一带一路"倡议作为中国在全球供给新型公共产品的重要切入点,将广大发展中国家与全球公共利益,以及人类命运共同体的蓝图对接。提供了与传统全球治理机制不同的另一种国际合作模式。部分研究认为,"一带一路"倡议有助于中国赢得国际支持,从而为全球领导力提升创造必要条件。[53]2013年,"一带一路"倡议展示了全球发展与经济的改革方案。截至2023年,加入"一带一路"倡议网络的国家与国际组织共有151个和32个,覆盖与辐射全球70%以上人口,占全球国内生产总值的50%以上。该框架网络重点投资发展中国家的关键基础设施,包括港口、机场、高速公路、铁路、管道和发电厂。"一带一路"合作网络促进了中国全球范围的跨国往来,"互联互通"不仅涉及基础设施、投资贸易、经济物流和人民来往,也涉及超越国家边界的全球范围协调的多边行动。其不仅产生全球影响,也正在培育新型全球治理体系。然而,中国在其中的国际领导力并不取决于经济投资规模,而在于建立新的国际关系网络,反映国际社会改革传统国际秩序的需求。联合国国际开发署(UNDP)和中国国际交流中心(CCIEE)的报告指出,为了确保"一带一路"倡议与既有全球治理框架进行优势互补,中国需展示与传统霸权国不同的全球协调理念,促进其国际发展理念获得国际社会认可。[54]

除了中国与其他国家达成自由贸易协定之外,"一带一路"倡议也会推进建设经济特区(SEZ)。例如在"中巴经济走廊"的框架下,中国预计将在巴基斯坦建设29个经济特区。在老挝、霍尔果斯、乌兹别克斯坦、哈萨克斯坦与中国接壤的地区也建立许多经济特区。"一带一路"倡议与2030年联合国发展议程相辅相成,重点支持发展基础设施和全球贸易,展现中国作为负责任大国参与全球治理的新贡献。新兴大国的全球治理贡献是一种战略声誉,有助于成为说服他人与其达成协议的重要资产,中国在当前全球治理框架中的影响力源自对传统模式的创新,以及中国的贡献。为履行2030年议程中的承诺,中国继续坚持《巴黎协定》,发行了"一带一路"绿色债券。2017年,"一带一路"绿色气候债券发行了21.5亿美元,为可再生能源、低碳和低排放交通、能源效率和可持续水资源管理项目进行再融资。中国尽管还是全球绿色债券市场的新进入者,但在规模与机制上已经发挥领导作用,中国的绿色债券发行在世界处于前列。[55]建立一个低风险的项目组合,在金融市场上建立积极声誉,中国可能会对全球治理协作产生更多杠杆作用,对现有全球治理框架进行补充。

贸易与投资是推动世界经济发展的两大动力,是释放沿线国家发展潜力的重要途径,是推动构建开放型世界经济体系的重要支撑和基石。推动"一带一路"政策沟通、道路联通、贸易畅通、货币流通、民心相通,通过贸易和投资自由化便利化,有效降低贸易投资和交易成本,大幅提升了各国参与经济全球化的广度和深度,使更多发展中国家和中小企业融入全球价值链、产业链和供应链。随着"一带一路"参与国家的数量增加、参与活动范围扩大,中国的全球影响力也持续增强。五年来,全球舆论对"一带一路"倡议的态度经历了"观望—质疑—支持—合作"的转变,对"一带一路"倡议的积极反响占比由 2013 年的 16.5％提升至 2017 年底的 23.7％。2018 年,中国在"政策沟通、设施联通、贸易畅通、资金融通、民心相通"的"五通"方面取得了巨大进展。博鳌论坛、上合组织成员国元首理事会第十八次会议、中非合作论坛和国际进口博览会顺利举办,显示中国在国际经贸合作中的参与程度加深。此外,习近平主席在 4 次活动中均倡导构建"人类命运共同体"的创新主题和"一带一路"倡议。放眼未来,"一带一路"的坚实推进正是推进实现"人类命运共同体"的关键,但实现这一目标仍任重道远。

以共建"一带一路"为牵引的"六廊六路多国多港"互联互通架构基本形成,一大批合作项目落地生根,一系列标志性项目取得积极进展,构建基础设施、制度规章、人员交流"三位一体"的互联互通大格局稳步推进,陆上、海上、冰上、天上、网上的联通正逐步从愿景变为现实,引领着瓶颈的突破、发展的升级与合作的深化。公开数据显示,截至 2018 年年底,中欧班列的国内开行城市数量达到 63 个,累计开行 13 000 列,已经联通亚欧大陆 16 个国家的 108 个城市;中国与 15 个沿线国家签署了 18 个双多边国际运输便利化协定,与 47 个沿线国家签署了 38 个双边和区域海运协定,与 126 个国家和地区签署了双边政府间航空运输协定;中国海运互联互通指数保持全球第一,中国港口已与 200 多个国家和地区的 600 多个主要港口建立航线联系,海运服务已覆盖 34 个国家 42 个港口;中亚—中国天然气管道 A/B/C 线、中哈原油管道、中俄原油和天然气管道、中缅油气管道,以及亚马尔 LNG 项目建设与运营有序推进,目前已与"一带一路"沿线国家建成了西北、东北、西南和东部海上的四大油气合作通道;中老铁路、中泰铁路、雅万高铁、匈塞铁路、亚吉铁路、蒙内铁路等项目扎实推进,特别是新亚欧大陆桥、中蒙俄、中国—中亚—西亚、中国—中南半岛、中巴和孟中印缅等六大国际经济合作走廊将亚洲经济圈与欧洲经济圈联系在一起,为建立和加强各国互联互通伙伴关系,构建高效畅通的亚欧大市场发挥了重要作用。

根据世界银行 2019 年 6 月发布的报告,5 年多来,中国与沿线国家新增国际航线 1 239 条,占新开国际航线总量的 69.1%;已完成和规划中的"一带一路"交通运输项目将使沿线国家和地区货运时间平均减少1.7%—3.2%,使全球平均航运时间下降 1.2%—2.5%;"一带一路"新建设的交通网络能缩短旅行时间,降低运输成本,中国和哈萨克斯坦、吉尔吉斯斯坦、塔吉克斯坦农产品快速通关"绿色通道"时间缩短了 90%;共建"一带一路"倡议使 71 个潜在参与国之间的贸易往来增加 4.1%,让"一带一路"沿线国家和地区的外国直接投资总额增加 4.97%。总体看,"一带一路"合作将使全球贸易成本降低 1.1%—2.2%,推动中国—中亚—西亚经济走廊上的贸易成本降低 10.2%;"一带一路"建设将使沿线国家和地区的实际收入增长 1.2%—3.4%,全球实际收入增长 0.7%—2.9%。这一研究表明,"一带一路"建设的实质就在于通过基础设施和各领域互联互通,提升国际合作水平,促进共同发展,推动共建"一带一路"在走深走实中造福参与国。[56]

"一带一路"的合作网络不断扩展,遍布亚洲、非洲、欧洲、大洋洲与拉丁美洲。各国根据本国规划积极与"一带一路"进行战略对接,例如欧盟的"容克计划"、俄罗斯"欧亚经济联盟"、蒙古国"发展之路"、哈萨克斯坦"光明之路"、波兰"琥珀之路"、印度尼西亚"全球海洋支点"战略、越南"两廊一圈"规划、泰国"东部经济走廊"设计与土耳其"中间走廊"设想等,都与"一带一路"倡议进行了良好对接,取长补短,共享包容发展。2018 年 9 月,由推进"一带一路"领导小组办公室指导、国家信息中心"一带一路"大数据中心主编的《"一带一路"大数据报告(2018)》正式发布,运用大数据技术全面评估"一带一路"建设进展与成效。大数据分析显示,五年来,国外媒体和网民对"一带一路"始终保持高度关注,倡议的顶层规划及重大里程碑事件均成为全球舆论关注焦点。五年来,全球舆论对"一带一路"倡议的态度经历了"观望—质疑—支持—合作"的转变,对"一带一路"倡议的积极情绪占比由 2013 年的 16.50%提高到 2017 年年底的 23.67%,特别是党的十九大以来,"一带一路"国家合作信心大幅提升,积极情绪占比攀升至 32.50%。具体而言,从热议话题看,"一带一路"国家媒体和网民对"一带一路"充满期待,认为"一带一路"写入党章表明中国推动建设的决心和承诺,能够为"一带一路"国家带来更多的发展机会,希望本国能抓住合作机遇,吸引更多中国的投资和项目,以促进本国基础设施的改善和经济发展。[57]

(二) 大国领导力与"一带一路"倡议联结

全球治理进程中异质行动者与正式和非正式的机制混合,这种高度重叠与嵌套构成了"制度复合体",使得公共产品的供给方案需要多元互补。这些重叠的制度网络之间没有正式的等级制度,依靠国际领导力的合法性权威推进关键行动者进行利益协调。"一带一路"倡议作为一种跨越洲际的经济发展安排,对21世纪的世界产生了深远影响。"一带一路"的互动涉及高度复杂的协议网络,从谅解备忘录到项目合同。"一带一路"倡议的协议网络包括初级协议(特别是谅解备忘录)和次级协议(如履约协议)。"一带一路"倡议的初级协议可以被视为一种软法律,其特点在于:(1)降低规则的法律化约束,(2)基于协商共识来推进项目,以及(3)建立枢纽和辐条的网络关系。一般而言,法律化是评估文书软性或硬性法律特征的重要维度,这可以从三个方面来定义:法律义务(行动者受规范或承诺约束,其行为受到监督),规则精确性(明确定义的行为规则),以及授权(第三方被授权实施、解释、应用,甚至发展规则,包括争端解决)。与现有的软法相比,大多数初级协议的法律化程度很低,具有较强的倡议性,契约义务相对模糊,制度化程度较低。[58]整体而言,"一带一路"的初级协议有几个基本特点。

首先,"一带一路"倡议明确指出契约没有强制性约束力,其条款通常是建议性的,因此强制力较弱。也因此初级协议的义务程度较低,最低级别的义务是"明确否定合作的意图",支持无法律约束力的全球共识与原则声明。值得注意的是,《意大利—中国谅解备忘录》表明,它并非可能导致国际法权利与义务的国际协议,其任何条款应被理解为各方履行政治信任与合作意愿的承诺,往往使用"努力实现"的表述。这些初级协议在形式上,从声明到准则,通常没有写入具有法律约束力的条款。然而,发展筹资多边合作中心(MCDF)和"一带一路"倡议税收管理合作机制(BRI-TACOM)则具有较高程度的义务约束。据观察,中国与六个多边开发银行的2017年谅解备忘录揭示了严格的承诺约束。[59]这些关于 MCDF 和

BRITACOM 的谅解备忘录对某些义务使用了"应该实现"等字眼。[60]"一带一路"倡议的初级协议的数量庞大且复杂,按照类型、缔约方、形式和问题领域等可以对协议进行多种分类。就类型和缔约方而言,有双边和诸边协议,这取决于与中国签订协议的其他缔约方的数量。

其次,双边谅解备忘录是"一带一路"倡议最常见的国际协议,反映了中国对非正式双边契约的偏好。这些协议网络尽管看似比较松散,但表明愿意与中国合作与互动的国家和组织越来越多。例如中国外交部与联合国亚洲及太平洋经济社会委员会(ESCAP)签署了一份为期三年的意向书,随后签署了一份谅解备忘录,中国认为这进一步深化了双方的接触。此外,中国已经与大约 20 个联合国机构签订了"一带一路"协议,其中与联合国欧洲经济委员会(UNECE-NDRC)的谅解备忘录,这是第一个中国—联合国谅解备忘录。协议覆盖面涉及高度多样化的主题,包括联合发展交通基础设施、联合建立工业园区、建立姐妹城市网络、促进贸易和投资、亚洲基础设施和投资银行战略合作,区域倡议的联合合作和数字经济。其他形式,包括政府间协议和指导原则,处理更具体的问题。例如能源、金融和争端解决,往往是"一带一路"协议重点考虑的议题,反映了协议缔约方的重点关切。当然,一般和具体覆盖面之间的区别并不绝对。例如,谅解备忘录有时也被用来解决一般和具体问题。"一带一路"初级协议根据项目性质进行国际协调,具有软法的许多特征,用来补充谈判达成的条约,就像"建立在硬法之上的软法"。目前还没有制定涵盖"一带一路"倡议的条约计划,大多数主要协议本身将继续"按照自己的条款"运作,与硬法(如世界贸易组织规则)相比条款模糊,这可以说类似于一种"关系契约",协议执行的程度不仅仅取决于签约方的政治关系,也取决于彼此对准法律义务的关系性理解。

再次,"一带一路"倡议的文本协议结构呈现"星形网络"特征,中国是其中的核心节点。"一带一路"倡议的初级协议都需与中国签署,通常为中国在特定问题(例如基础设施、金融和互联网)上的新区域外治理奠定基础。中国重视与"一带一路"贸易路线沿线的发展中国家达成协议,尽管协议本身具有象征性也会诱发更多国家参与谈判和签署合作备忘录。一般先由中国起草"一带一路"备忘录模板,并为未来的谈判和新治理规则建立框架。由此可以看到"一带一路"初级协议有时使用很多"样板语言"。例如,"一带一路"双边谅解备忘录通常规定各方"理解"五个优先事项(即政策协调、设施联通、贸易畅通、金融一体化、人文纽带)。大多数谅解备忘录都会强调这五个优先领域,以此强化"一带一路"倡议的宗旨与愿景。[61]中国旨在加强"一带一路"法规的"软连通性"和标准化叙事,涉及运输便利化和无纸化贸易等领域的法律和政策协调,以及选定技术标准交通规则协调。与此相关,联合国欧洲经济委员会—国家发改委谅解备忘录还旨在协助"一带一路"倡议国家"建立健全的政府和社会资本合作模式(PPP)法律、监管和治理框架,以吸引对基础设施项目的投资"[62]。总的来说,以中国为关键节点的协议网络具有一定软法性质,为中国标准和中国经验的全球扩散不做硬性规定,避免强加给其他国家基础设施建设的义务,更注重依赖于关系网络的松散协作达成共识,这也使"一带一路"倡议的合作更具开放性,这些优势包括较低的制度成本和灵活性,有助于快速建立"一带一路"框架网络,为应对全球治理赤字供给中国务实方案搭建平台,最终推动"一带一路"倡议的接受度并提升中国的全球治理领导力。

最后,"一带一路"倡议的初级协议比较模糊,不受强制执行。谅解备忘录的各方可以通过软法"缓和和调整他们的承诺水平",通过将承诺指定为不具约束力的"劝告性语言、例外、保留等"来为互惠关系的义务打开空间。而且初级协议允许最大限度的灵活性,这是支撑中国式"关系性契约"的关键特征(参见表6.1)。最大限度的灵活性意味着,对义务、精确性和授权进行最小化。通过有条件语言保留更多自由度,放松对他国的约束。在不确定环境下,或者在新兴问题领域(尤其是在数字贸易等新领域),保持灵活性是一种探索实践的需要,也是维持合作意愿与利益的一种非强制方式。更广泛地说,"一带一路"倡议是一项前所未有的跨区域倡议,它还受到地缘政治和国内政治因素的复杂影响,而且关于"一带一路"倡议的观点和政策还在不断变化。在这种动态进程中,如果国家的利益太明确,协议通常会限制在未来调整行动的空间。条款不明确,使得在未来更改软法文本更容易,适合"干中学"渐进式逐步改进项目。这种松散非正式的协商共识,使中国能够从实践中不断学习,并在"一带一路"倡议实施过程中因地制宜、因时制宜地调整合作节奏。

整体而言,软法在应对政治动态和非正式性方面具有灵活性优势,为

表 6.1 "一带一路"倡议的关系性契约类型

协议类型	其他缔约方	协议形式	议题领域	示　例
双边初级协定	地方政府	谅解备忘录	一般	维多利亚州政府—国家发改委备忘录
		框架协议	一般	维多利亚州政府—国家发改委框架协议
	国家政府	谅解备忘录	一般	意大利—中国谅解备忘录、菲律宾—中国谅解备忘录
		合作谅解备忘录	一般	中国—新西兰合作谅解备忘录
		框架协议		中国—阿拉伯联合酋长国框架协议
		其他协议	部门/特定问题	中国—泰国有关和平利用核能政府间协定
	国际组织（包括区域组织）	谅解备忘录	部门/特定问题	联合国欧洲经济委员会—国家发改委谅解备忘录、联合国亚太经社委员会—中国外交部谅解备忘录
		意向书	部门/特定问题	联合国亚太经社委员会—中国外交部意向书
		其他协议	部门/特定问题	中国—世界知识产权组织协议
诸边初级协定	多于一个缔约方	联合公报	一般	"一带一路"国际合作高峰论坛圆桌峰会联合公报
		联合声明	一般	东盟—中国联合声明
		行动宣言	一般	中国—阿拉伯国家行动宣言
		谅解备忘录	部门/特定问题	中国与多边发展银行（MDBs）的谅解备忘录
		指导原则	部门/特定问题	"一带一路"发展融资指导原则
		国际共识	部门/特定问题	"苏州共识"
		多方倡议	部门/特定问题	"一带一路"数字经济国际合作倡议
		多边声明	部门/特定问题	第二届中国—东盟司法论坛"南宁声明""乌镇声明"

协议类型	其他缔约方	协议形式	议题领域	示　　例
第三方市场		联合声明		中国—法国联合声明
合作协议		谅解备忘录	一般	中国与日本、意大利、西班牙、比利时、荷兰、瑞士和新加坡签订的第三方市场合作谅解备忘录

资料来源：Heng Wang，"The Belt and Road Initiative Agreements：Characteristics，Rationale，and Challeng，"*World Trade Review*，Vol. 20，No. 3，2021，pp.284—285。

中国在解决项目建设难度上保留弹性。跨国基础设施建设涉及复杂的问题领域，五个层面的互联互通治理本身存在风险。例如，基础设施建设可能会影响国家内部的利益博弈，可能存在多个方面的压力：例如利益分歧（谁获益，谁损失，谁获益更多）；相互冲突的理念利害关系（在维护主权、自治和特性方面的相互冲突的立场）；关于结盟偏好的立场冲突（大国与小国、发展中国家与发达国家之间的动机差异）；缺乏共同的文化、法律制度和地缘政治利益，等等。因此"一带一路"倡议的法律实践或制度构建方面，需要避免过度承诺与制约约束，非正式地逐步完善国际规则，可以满足网络治理下的社会资本积累需要。[63]

第五节　中国特色的国际公共产品供给方案

新兴大国供给国际公共产品，面临与霸权国功能重叠与空间拥挤的挑战。[64]对此，新兴大国需要建立"立体差异化"的国际公共产品供给策略。既要横向避免功能同质（供给差异化产品），也要纵向降低拥挤度（创新供给空间）。换言之，"立体差异化"的核心在于以比较优势创新性供给公共产品。根据纵向维度上的拥挤程度高低与横向维度上的功能差异程度，可以区分四种国际公共产品供给类型：（1）替代式供给。新兴大国需要尽量避免与霸权国在垂直领域展开正面竞争，而是要进入被霸权国忽视的领域。（2）错位式供给。在纵向分化领域，当霸权国的压制能力较强，供给容量较小，这时新兴大国可以采取错位竞争，例如在全球安全领域的公共产品供给相对谨慎。（3）叠加式供给。一般在供给等级分层度不高,双方供给空间容量较大(拥挤度低)的领域采取这种模式,相比替代式竞争更加温和。(4)协调式供给。属于最和谐的竞争模式,双方在不同领域各自具有优势,而且供给的产品在功能上异质度较高且供给的容量空间较大,也最可能实现共同治理。如图 6.2 所示,中国特色的国际公共产品供给存在多元路径。

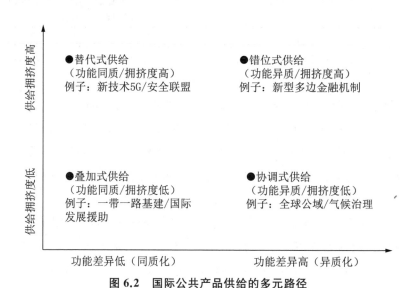

图 6.2　国际公共产品供给的多元路径

资料来源:笔者自制。

(一)替代式供给:传统安全与新技术领域创新

在新兴的全球治理领域,国际生态位是在动态竞争过程中被建构出来的,新兴大国越早占位,就越有可能在国际竞争中找到抓手,进行长远战略谋划。替代式供给策略意味着,国际公共产品供给竞争度高零和且拥挤度高,竞争大国很容易发生激烈的正面冲突,因此是最激烈的竞争类型。在权力转移实现之前,新兴大国的明智策略是采取一种"不对抗、不冲突;相互尊重、合作共赢"[65]的战略竞争方式。因此坚持和平发展的中国也注重管控中美竞争风险,避免不可逆的战略冲突,实际上采取的"局部替代式供给"策略。例如在传统安全类公共产品上,中国供给新的区域与全球安全合作机制,需要谨慎处理与美国的关系。党的十八大以来中国安全治理呈现一定的进取态势,积极扩展和深化上海合作组织的区域安全保障功能;强化亚丁湾护航行动、积极与东盟建立安全互信机制,在防止核扩散中努力提供多边、和平的解决方案;更重要的是提出"全球安全倡议",供给重要的国际安全公共产品。然而整体而言,中国安全类公共产品的供给相对薄弱,这与安全议题的敏感性和中国的发展战略有关。且对于安全类公共产品的方式与顺序尚存在诸多争议。

一方面,维护以联合国为中心的全球安全体系建设。安全联盟或安全类公共产品具有很强的排他性,竞争的零和度与私有性均较高。[66]冷战后全球安全结构呈现多层次、碎片化和网络化特征,中国作为联合国安理会五大常任理事国之一,主张与其他主要国家一起推进全球安全机制的完善与改革。维护以联合国为核心的国际体系就是要以联合国宪章宗旨和原则为基础的国际关系基本准则,维护和践行真正的多边主义,坚决反对单边主义、保护主义、霸权主义、强权政治。[67]中国对全球安全治理的支持集中于联合国多边机制,而非美国主导的联盟体系。2022年中国首次提出"全球安全倡议",为解决全球和平赤字、发展赤字、治理赤字与信任赤字提供新思路。全球安全倡议追求的是共同安全,更加突出联合国在多边安全治理中的核心作用。近年来,中国加强对联合国安全系统的投资和人员派遣,支持国际安全公共产品生产。例如,对国际维和行动的财政支持份额从2016年的6.6%增至2019年的15.21%;派出近4万名维和人员参加30多个联合国特派团;创设为期10年、总额10亿美元的中国—联合国和平发展基金,支持联合国的多边安全与和平事业。[68]中国长期奉行不结盟政策,批判美国主导的联盟体系,这一体系成为全球不稳定的诱因,加强维护以联合国为核心的多边安全平台。

另一方面,完善区域和跨区域安全机制平台建设。冷战后全球安全呈现多层次、碎片化和网络化特征,需要在功能分化基础上促进全球依赖与合作。在战略竞争大背景下,中国外交致力于打造互利共赢的"人类命运共同体"。为孵化共享的安全共同体,构建亚洲与全球战略信任,中国通过上海合作组织升级扩容,促进综合安全观落地扎根。同时完善亚太经济合作组织(APEC)、亚洲相互协作与信任措施会议与金砖国际组织,提出应对全球治理的发展与安全关联方案。例如在金砖倡议框架、APEC北京峰会、G20杭州峰会、上海合作组织峰会、中国与中东欧国家峰会、联合国安理会平台,展示中国的全球安全治理方案,传递合作多赢的理念。

2017 年,上海合作组织接纳印度和巴基斯坦为新成员,此后印度与中国和俄罗斯一道,立足上合组织平台呼吁建立新的安全与发展体系,反对霸权主义。

中国供给的安全类公共产品,并非完全排斥美国的体系,而是注重淡化安全竞争的范围。进入全球数字化时代,数据安全、新技术安全与产业链安全都会成为中美抢占技术制高点的安全竞争。例如,美国政府针对中国芯片技术、5G 技术、人工智能与信息技术等领域采取了明显的压制与脱钩政策,中美数字竞争或将改写全球经济规则,因此是竞争程度较高的替代性竞争。在历史上,科技实力一直是大国竞争的关键,尤其是新兴技术的迅速发展正在催化一场新的产业革命。随着技术创新能力的显著提升,中国有可能贡献全球性重大技术标准。数字国际公共产品的供给,秉承数字经济治理的公平互惠原则,一方面要弥合数字鸿沟,增加对落后地区的数字基础设施建设援助;另一方面要推动建设更加包容开放的全球性数字经济规则,尽量减少部分发达国家的高标准对发展中国家构成"发展壁垒",促进数字技术向善发展。[69]

从供给竞争角度看,数字技术领域的安全竞争已经开始引发美国的战略警惕,开始导向纵向等级地位竞争。其一,数字技术优势助力全球数字规则的标准探索。当前中国已经成为推动数字全球标准化的主力军。2022 年中国政府工作报告明确提出大力促进数字经济发展,包括建设数字信息基础设施,逐步构建全国一体化大数据中心体系,推进 5G 规模化应用,培育壮大集成电路、人工智能等数字产业,提升关键软硬件技术创新和供给能力。此外,"数字丝绸之路"(DSR)是中国建设连接世界的复杂基础设施网络的全球投资计划,已经扩展到第五代(5G)移动网络、物联网(IoT)、人工智能(AI)、大数据、智慧城市、数据中心和数字经济时代的云计算等前沿领域。标准连接是数字丝绸之路的一个重要组成部分,《"一带一路"标准联通行动计划(2015—2017)》指出,标准化对"一带一路"建设具有基础和支撑作用;并且概述了推动中国标准"走出去"、促进投资和贸易、支持基础设施联通的十个优先领域。[70]伴随着数字经济全球化,中国供给新型公共产品的潜力将被逐步开发,将进一步探寻推进建设数字丝绸之路、创新丝绸之路。

其二,地缘政治和经济安全问题不可避免在全球标准化竞争中发挥作用。技术不是价值中立的,而是始终渗透着政治思想、价值和规范。因此大国为了抢占前沿技术战略高地,会相互排挤对方供给的公共产品。在当前数字竞争叙事偏见下,不少西方舆论将 5G 技术政治化,污名化中国技术的安全风险,中国供给的数字国际公共产品面临消费压力。由于放弃中国 5G 网络,美国及其跟随者需要投入更多研发成本和时间来寻找替代品,这种集团化与对立化思维,不仅会阻碍其自身技术进步,而且影响全球数字治理的推进,也会伤害大多数国家的利益。由此,调和大国关系、淡化意识形态竞争是化解消费公共性的重要难题。[71]在数字平台商业化技术方面,中国成为全球主要参与者和引领者。当然,随着新的数字技术经济模式形成,数据的重要性和敏感性突出。[72]

(二) 错位式供给:新型多边机制与国际金融倡议

错位式供给即在拥挤度高领域,分别供给了差异化的产品,形成错落有致的一种生态位竞争格局,其他消费国不会二选一,而是有可能同时消费这两种产品(零和度低)。国际公共产品供给的结构转型主要体现在国际多边机制的正当性基础发生变化。美国领导的自由主义意识形态或霸权秩序,如果不能经受新兴大国的价值类公共产品的冲击,则容易走向衰落。[73]为应对全球治理的霸权衰落挑战,需要加快贡献中国智慧,分享中国治理经验,为改善全球治理提供中国解决方案,为人类提供更多国际公共产品。自 2012 年以来,中国领导人就明确表示,"为人类做出更大的贡献"。由中国倡议的亚洲基础设施投资银行(AIIB)和"一带一路"(BRI)全球互联互通计划,被视为新型国际公共产品。

第一,适应全球功能分化供给新型产品。国际多边机制建设长期以来受自由主义国际秩序驱动,自由主义国际秩序基于美国的权力优势。美国在"二战"后启动"马歇尔计划",与其他战胜国联合设计了"布雷顿森林体系",创立国际货币基金组织和国际复兴开发银行(后演变成为世界银行),并催生出一批区域开发银行。再加上世界贸易组织(WTO)成立,为战后世界长期供给多样的国际公共产品。[74]然而美国的角色并非一直是建设性的,美国长期存在将国际公共产品"私物化"的不良记录,因此国际社会呼吁构建新型包容普惠的国际多边机制。近年来,中国倡议创设的新型多边金融机制提出了新的愿景目标与治理模式[75],致力于完善和改良全球治理模式;通过立足亚太经合组织、亚信会议、上合组织与金砖组织,创建"亚投行"、丝路基金与金砖国家新开发银行等新机制,对全球治理体系进行"增量改进",供给全球新型金融公共产品。而在功能分工上,中国倡议的新型多边金融机制更专注于基础设施发展和民生改善,通过接纳本地区以外的成员,积极践行真正的多边主义,展示出显著包容性。[76]

第二,发挥比较优势进行错位竞争。在冷战结束后的相当长时间内,全球发展治理的制度建设似乎陷入停滞,有关国际发展机构的改革呼声不断。以中国为代表的新兴大国在 2008 年全球经济危机后创设新型国际机制,同时注意与传统机制的兼容性与合作包容。传统国际机构有较强的惯性与滞后性,在应对新的全球治理挑战中往往捉襟见肘,灵活性与前瞻性不足。亚投行是供给全球新型金融公共产品的有益尝试,致力于向亚太地区供给发展资金与经验。中国希望亚投行能够打造自身优势和特色,为现有多边开发银行体系增添新活力,展示其作为 21 世纪新型多边开发银行的独特性与创新性。尽管亚投行与世界银行、国际货币基金组织存在竞争,但并非等级替代式竞争。例如,亚投行的筹建过程与世界银行并没有发生冲突,双方在人员交流、制度设计、联合融资等方面存在着大量的合作。在错位竞争过程中相互学习,强化包容性基础。

第三,对接主流平台争取国际社会认可。从他者承认的角度讲,"一带一路"倡议、亚投行等新机制的良性运转离不开国际社会的承认与支持。"一带一路"倡导互联互通,中国期待更多的国家积极参与开放型经济,通过共商共建共享形成广泛的利益共同体。中国作为这一国际公共产品的生产主体,需要顾及对方的利益,理解、承认他者的诉求。只有通过"异质性承认"才能建立起"同质性共识"。金砖国家新开发银行、亚洲基础设施投资银行等新型国际金融机制需要得到国际认可,就必须积极回应全球治理需求。一定程度上,供给公共产品不仅仅是争取国际支持的公共外交,而且从战略上证明中国崛起的和平意图与积极贡献。中国在区域和全球范围内的公共产品供给更加积极主动,与金砖国家建立开发银行及其应急储备、亚洲基础设施投资银行、"一带一路"和丝路基金。而其他新兴经济体也以物质以及道义上的支持来回应中国政府的倡议。例如,2015 年在上海总部举行的新开发银行成立大会,占全球国内生产总值(GDP)30％以上的五个金砖国家的领导人共聚一堂,承诺共同为基础设施和可持续发展项目提供资金。金砖国家新开发银行也成为国际货币基金组织的补充性机构,为金砖国家在金融危机中的流动性提供支持。

(三) 叠加式供给:国际发展与基建援助规划

在全球治理的国际发展领域,新型发展合作模式是超越国界的国际公共产品,中国致力于在国际发展与基建援助方面进行叠加式供给。随着南方新兴大国作为发展援助的提供者和参与者的崛起,占主导地位的西方新自由主义面临着多方面的挑战。新兴国家的国际发展合作与南南合作议程相一致,以追求更广泛的目标,包括贸易、投资、技术和扩大在双边和多边框架中的影响力。[77]南南发展合作建立在共同发展、相互学习和平等尊重基础上,先发南方国家的经验对后发南方国家有很大的参考价值,处于相同阶段与国情结构下的交流学习,更容易建立真正的发展能力。因此,中国在发展领域的叠加式供给策略,为全球发展提供了一种新的选择模式,为"全球南方"国家发展提供重要参考。

到2030年的不到10年里,中国公共产品供给致力于圆满完成联合国2030议程,进一步夯实区域性公共产品并对国际公共产品进行规划。例如可以建设全球高铁网络、建成亚太自贸区、建成世界电子贸易与支付平台、建立全球大数据研发中心等,发挥中国基础设施的传统项目优势与新兴技术领域优势。同时注重搭建南南经验交流机制平台,中国的国际发展合作更注重知识积累与经验传递,以自主发展为最终目标。作为全球南方最大的国家,中国将发展作为全球南方之间的桥梁,扩大和深化与全球南方的知识转让。

其一,搭建全球层次的互联互通网络,适时升级"一带一路"。2030年前中国可以推动互联互通取得全局性进展,届时"一带一路"将建成扩展全球的多维互联的网络体系,通过互联网、物联网的软联通和高铁网、公路网、航空网、管道网、港口网等实体网络的硬联通,推动亚洲乃至全球走向更紧密的共同体。目前,中国的高铁已经在泰国、巴西、墨西哥、俄罗斯等全世界多个国家和地区开展并实现了网络对接合作。[78]2017年6月,具有完全自主知识产权的中国标准动车组"复兴号"正式通车,这是目前全球运行能耗最低的高速列车。[79]当前高铁的1.0版本时速为350—500公里左右;而到 2030 年的时候,在技术进步基础上可能将升级到 2.0 版本,每公里时速成倍提升。基于此 2030 年中国可构建全球高铁网络,为网络化新型全球关系打下"骨骼框架"。

其二,建立全球大数据分享中心,构建信息智能共同体。大数据具有开放的基因,它应该是全人类都可以共享的新型公共产品。[80] 2015 年国务院印发的《促进大数据发展行动纲要》中明确提出在 2018 年底前建成国家统一的数据开放平台,逐步实现交通、医疗、卫生、环境、气象、企业登记监管等领域数据向社会开放的目标。按照这种开放进度,2030 年可以建成亚洲或全球大数据分享中心,中国将成为世界的知识中枢之一,源源不断地向全球供给数据信息。电商迅猛发展也带动了移动支付技术实现重大突破,2030 年中国将具备驾驭大数据的超强能力,具备供给新型国际公共产品的实力。

其三,促进贸易与投资合作,建立亚太贸易与物流网络。届时可以在统一的自贸试验区规则标准下,通过循序渐进方式,将碎片化的区域自贸区网络整合起来,将薄弱的区域纳入网络中来。例如,在上合组织框架内,目前已经形成的有中哈霍尔果斯国际边境合作中心、阿尔泰区域合作区和中吉乌三国次区域经济合作区等数个次区域经济合作组织。中国可以依托这些次区域经济合作区,选择重点合作领域,分阶段、分地区进行;以点带面,形成具有实质性合作内容的产业、区域,为上合组织自由贸易区的建立创造有利条件。[81] 2030 年前,中国可利用多边会议场合,积极为亚太经济一体化谋划新愿景,共同打造开放、包容、均衡、普惠的区域经济合作架构。亚太自贸区一旦建成,将成为世界最大规模的自贸区,中国将发挥引领性作用。

在基建援助领域,中国供给的公共产品在横向维度上面临功能同质竞争压力。区域基础设施互联互通能够帮助弱小的经济体更有效参与一体化,补足网络中的薄弱一环。中国对"一带一路"倡议的支持和对基础设施建设的推进,将对推进全球南方的普惠发展供给解决方案与国际公共产品。但也要认识到,海外基建项目充满不确定性、特殊性与敏感性,新型公共产品与传统公共产品供给竞争最终可能扭曲或扩大地缘政治影响力。[82] 一方面,立足"新南南合作模式",基建援助促进南方国家共同发展。以脱贫攻坚引领世界脱贫进程,中国改革开放四十余年的经验积累是全球发展的宝贵知识,引发了后殖民国家和发展中国家的广泛共鸣。在改革开放前期阶段,经济特区的主要任务是经济发展,成为吸引外国投资和技术转移的"桥头堡";而在全面小康实现后,经济特区的主要任务则是改革试验,更多肩负国内治理与全球治理的地方探索使命,探索未来人类发展的新模式。

另一方面,基础设施建设也面临横向功能同质性竞争。"一带一路"倡议通过建立政策沟通、设施联通、贸易畅通、资金融通、民心相通的"五通"格局,不仅对沿线国家的基础设施和区域融资方面提供大量的国际公共产品,还对现有全球经济治理规则进行补充、升级与完善。面对国际发展的不同模式竞争,中国强调共同推动全球发展迈向平衡协调包容新阶段。"全球发展倡议"为各国制定可持续发展政策提供了思路和启示,是中国供给的又一面向全世界的重大国际公共产品,致力于探索全球普惠发展新路径。

(四) 协调式供给:全球公域与气候治理实践

协调式供给突出求同存异,即双方在不同领域各自具有优势,而且供给的产品在功能上异质度较高且供给的容量空间较大,那么这是最可能实现共同治理或两大国联合供给公共产品的方式,国际社会对此报以较高期待。例如全球公域俗称"高边疆"(high frontier),是"不属于任何一个特定国家管辖、所有国家都可以使用的资源领域"[83]。根据现行国际法,人类主要存在有四个全球公域:公海、大气层、外太空与南极洲。[84]随着中国成为世界第二大经济体,对全球公域影响增强,需要提出建设性的引领方案,填补在海洋、大气层、外太空与网络领域存在的治理空白。[85]目前在海洋和外太空领域,还存在着大量国际法"灰色地带"。着眼未来,做高边疆治理的探索者需要合理利用不断增长的综合实力,为全球公域治理做出中国贡献。

首先,维护人类共同遗产与国际共识。全球公域作为非排他的消费场域,脆弱性日益凸显。在全球高边疆领域,协调式治理需要在全球公利与主权私利之间保持平衡。因此,对于这些全球公域的治理,需要创设能使"所有人"都遵守的共同规则和规范。相关规范需要平衡不同行为主体的利益和立场,应该在开发和保护之间取得平衡,以维护公域中潜在全球资源的可持续性利用。例如,太空的资源和资源领域似乎是无限的,技术进步不仅仅会提高开发效率,也会加剧竞争。尽管《联合国海洋法公约》(UNCLOS)和《外空条约》(Outer Space Treaty, OST)等国际法律框架已被广泛采用,但对其解释的分歧仍然存在。在与外空治理有关的合作框架内,中美不是绝对的竞争者,而是互补的合作者。中美的太空治理互动集中在外太空规则制定上,双方都曾试图提出自己的国际治理框架,有的独立于联合国机构,有的也通过联合国机构提出,取得了不同成果。

其次,创新全球价值规范,推进建成"人类命运共同体"。2050年的国际社会物质异常发达、网络与虚拟空间交错纵横,人类文明极大提升,人类相互依赖前所未有,主权观念与民族意识持续淡化,人类面临地球外的威胁越来越多。届时,全人类社会的进步将有望超越"文明冲突",建成命运共同体。在异常发达又有风险的2050年社会里,已经积累丰富的全球治理经验的中国将可以引领世界主流价值观走向。生产力的极大进步,也会触发人类面临新的价值整合难题,全球命运共同体意识与合作共赢认同感面临转型。在新型全球关系互动模式中,中华文明的开放与深邃将有助于倡导包容、融合、聚合的价值观,"东方智慧"会更进一步吸引世界。

再次,关注智能科技伦理,倡议伦理新规范。除了云计算、大数据之外,人工智能与智能商品也将成为未来30年大趋势。人工智能赋予了机器一定的视听感知和思考能力,不仅会促进生产力的发展,而且也会产生一些伦理性问题。未来智能联网将颠覆人们的生活与思维方式,但是人工智能的快速发展也引发对机器人伦理的担忧,计算机或机器人将拥有和人类大脑一样的储存容量和处理速度,甚至能完全代替人类思考。在2050年前,中国可发挥自己的领先地位,主导成立人工智能伦理委员会,创造新的国际规范,促进人类命运共同体建设。中国在人工智能领域的发展速度非常抢眼[86],预计到2030年中国人工智能理论、技术与应用总体将达到世界领先水平[87],成为世界创新中心,也因此需要承担更多责任。

此外,气候治理与传染病防控需要全球集体行动,通过积累加总实现全球治理收益。中国已经成为气候变化"负责任的利益攸关方",在应对全球挑战中注重公平道义,建立领导力正当性;更引人瞩目的是,中国郑重承诺在2030年前碳排放达到峰值、在2060年前实现碳中和,展示在气候公共产品供给上的国际领导力。一方面,在全球气候治理方面创设中国方案。温室气体减排尽管是一个重大的国际公共产品,但是每个国家对其的需求度与敏感性是不同的。不少国家认为所谓"气候变化"是国际舆论的骗局,目的在于减慢新兴国家崛起的速度;也有面临气候变化最迫切威胁的小岛国呼吁全人类正视不可逆的气候灾难。中国注重关注气候治理的公正性,强化气候公共产品的正当性基础。部分公共产品的消费虽然不会影响其他国家,但是消费本身是有门槛的,有些落后国家缺乏必要的行动能力与资源,可能难以获得国际公共产品的机会上落后于其他国家。如果没有可及性或进入消费的能力,再优质的公共产品都是无意义的。如何进行赋能,对弱国小国进行援助、培训和技术转移,提升其参与国际集体行动的能力,也是保障供给协调效果,承担大国全球责任的重要内容。

结　　语

领导力涉及让追随者相信和接受愿景,而权力则涉及让人们按照命令行事。领导力产生的是内化的认知变化,而权力产生的是表面的服从。自 20 世纪 90 年代中期开始,中国也越来越强调将努力成为维护东亚与世界和平稳定与可持续发展的建设性力量,致力于成为全球稳定的贡献者。[88] 在参与国际公共产品供给方面,中国更加注重义利融合、予取结合方式。2014 年中央外事工作会议首次提出这一重要战略思想,明确指出:中国"坚持正确义利观,做到义利兼顾,讲信义、重情义、扬正义、树道义",以及"切实落实好正确义利观,真正做到弘义融利"。公共产品设计应坚持"多予少取、先予后取、予取平衡"。基于此,中国的国际公共产品供给重点在于"构建共商共建共享的全球合作理念,促进治理规则民主化;坚持公平包容,打造平衡普惠的发展模式,让世界各国人民共享经济全球化发展成果"[89]。由中国倡议的亚洲基础设施投资银行和"一带一路"全球互联互通计划,被视为新型的国际公共产品。

当今全球治理体制变革正处于历史转折点上,新兴市场国家和一大批发展中国家快速发展将极大塑造全球治理格局,加强全球治理、推动全球治理体制变革是大势所趋。然而新型公共产品供给竞争异常激烈,新兴国家需要反对霸权强制的同时,提升新型公共产品的合法性与影响力。为应对霸权竞争压力,新兴大国需要发挥优势,根据不同条件选择供给新型国际公共产品的路径类型。在全球治理的动态过程中,构建"中国特色"的国际公共产品供给框架,需要促进中国自身需求与全球需求对接,创造性供给全球治理的新兴国家方案。中华民族伟大复兴的世界政治意义在于,推动霸权型世界秩序向协商型世界秩序的转型,在供给包容性国际公共产品的过程中承担服务型领导者责任,拒绝霸权或支配。通过供给新型公共产品、设计解决方案,协调克服集体行动问题的领导力,在互动网络建构中国引领全球治理的大国领导力。

注释

1. 石斌:《从理念到行动:国际秩序与全球治理体系建设的中国式探索》,载《南大亚太评论》2022 年第 4 辑,第 31—46 页。

2.《习近平出席中阿合作论坛第六届部长级会议开幕式并发表重要讲话》,新华网,2014 年 6 月 5 日,http://www.xinhuanet.com/politics/2014-06/05/c_1111002498.htm。

3. Jing Sun, *Japan and China as Charm Rivals: Soft Power in Regional Diplomacy*, University of Michigan Press, 2012, pp.2—8.

4. 有学者进一步区分了大国崛起中的实力(power)与影响力(influence),power 可以被理解为一种资源和潜在的能力,influence 是对实力的有效运用,或者是"塑造与改变他者偏好的能力"。参见 Evelyn Goh, *Rising China's Influence in Developing Asia*, Oxford: Oxford University Press, 2016, p.1.

5.[美]傅立民:《论实力:治国方略与外交艺术》,刘晓红译,北京:清华大学出版社 2004 年版,第 25 页。

6. 周国荣:《国际体系危机、关注点趋同与国际领导权的共享——基于七国集团与二十国集团的比较分析》,载《复旦国际关系评论》2020 年第 2 期,第 152—153 页。

7. Julian Culp, "How Irresponsible Are Rising Powers?" *Third World Quarterly*, Vol.37, No.9, 2016, pp.1525—1536; T. V. Paul ed., *Accommodating Rising Powers: Past, Present and Future*, Cambridge and New York: Cambridge University Press, 2016, pp.40—80.

8. 习近平:《谋求持久发展 共筑亚太梦想——在亚太经合组织工商领导人峰会开幕式上的演讲》,新华网,2014 年 11 月 9 日,http://news.xinhuanet.com/politics/2014-11/09c_1113174791_2.htm。

9. 参见蔡拓:《全球治理的中国视角与实践》,载《中国社会科学》2004 年第 1 期,第 94—106 页;田旭、徐秀军:《国际公共产品赤字及中国应对实践》,载《世界经济与政治》2021 年第 9 期,第 128—154 页;曹德军:《论国际公共产品的中国供给模式》,载《战略决策研究》2019 年第 3 期,第 3—29 页。

10. 张春:《中国实现体系内全面崛起的四步走战略》,载《世界经济与政治》2014 年第 5 期,第 49—63 页。

11. Ren Xiao, "A Reform-Minded Status Quo Power? China, The G20, and Reform of The International Financial System," *Third World Quarterly*, Vol.36, No.11, 2015, pp.2023—2043.

12. Shepard Forman and Derk Segaar, "New Coalitions for Global Governance: The Chan-

ging Dynamics of Multilateralism," *Global Governance*，Vol. 12，No. 2，2006，p. 207.

13. 参见 Kurt Schuler and Andrew Rosenberg eds.，*The Bretton Woods Transcripts*，The Center for Financial Stability，2013，https：//centerforfinancialstability.org。

14. David P. Calleo，"The European Coalition in a Fragmenting World," *Foreign Affairs*，Vol. 54，No. 1，1975，pp. 98—112.

15. 许利平：《未来5—10年周边国家对中国认知变化趋势》，载李向阳主编：《未来5—10年中国周边环境评估》，北京：社会科学文献出版社2017年版，第254页。

16.《胡锦涛在中国共产党第十八次全国代表大会上的报告》，新华社，2012年11月17日，http：//news. xinhuanet.com/18cpcnc/2012-11/17/c_113711665.htm。

17.《习近平：欢迎搭乘中国发展的列车》，新华网，2014年8月22日，http：//news. xinhuanet.com/world/2014-08/22/c_126905369.htm。

18.《习近平：中国愿为国际社会提供更多公共产品》，人民网，2016年9月3日，http：//politics. people. com. cn/n1/2016/0903/c1001-28689064.html。

19. Deborah Brautigam，*The Dragon's Gift：The Real Story of China in Africa*，New York：Oxford University Press，2009，p. 133.

20. 中华人民共和国国务院新闻办公室：《中国的对外援助》，北京：人民出版社2011年版，第8页。

21. 新闻：《全国援外工作会议在京召开》，载《人民日报》2010年8月15日。

22. 中华人民共和国国务院新闻办公室：《中国的对外援助（2014）》，北京：人民出版社2014年版，第4页。

23. BBC World Service Poll，"Global Views of United States Improve While Other Countries Decline," April 18，2010，p. 7，http：//www. worldpublicopinion. org/pipa/pipa/pdf/apr10/BBC-Views_ Apr10_ rpt. pdf.

24.《2016年中国与共建"一带一路"国家进出口总额达到6.3万亿元人民币》，人民网，2017年2月21日，http：//finance. people. com. cn/n1/2017/0221/c1004-29096880. html。

25.《命运共同体——习近平"和"的境界》，新华网，2016年8月17日，http：//news. xinhuanet.com/politics/2016-08/17/c_1119401010.htm。

26. 韩雪晴：《自由、正义与秩序——全球公域治理的伦理之思》，载《世界经济与政治》2017年第1期，第46—73页。

27. ［日］佐佐木毅、金泰昌主编：《地球环境与公共性》，韩立新、李欣荣译，北京：人民出版社2009年版，第11页。

28. Kenneth E. Boulding，"The Economics of the Coming Spaceship Earth," in Henry Jarrett ed.，*Environmental Quality in a Growing Economy*，Baltimore：Johns Hopkins University Press for Resources for the Future，1966，pp. 3—14.

29. 此处的 people 并非指单个的、具体的人或族类，也非泛指的民众或人类，而是指人，每一个人，强调"一个都不落下"，关注每一个人的尊严和权益。

30. 外交部：《中国落实2030年可持续发展议程：国别方案》，2016年9月，第19页。

31.《将向发展中国家提供"8个100"》，载《北京青年报》2015年9月28日。

32. Sun Xuefeng, The Dilemmas of the Rise of China, 7/2/2012, http://www. realinstitutoelcano. org/wps/portal/web/rielcano_en/contenido?WCM_GLOBAL_CONTEXT=/elcano/elcano_ in/zonas_ in/00050 _Xuefeng_China；Kai He & Huiyun Feng，"China s Bargaining Strategies for a Peaceful Rise Successes and Challenges," *Asian Security*，Vol. 10，No. 2，2014，pp. 168—187.

33. Robert Gilpin，"The Politics of Transnational Economic Relations," *International Organization*，Vol. 25，No. 3，1971，pp. 398—419.

34. 参见樊勇明、钱亚平、饶芸燕:《区域国际公共产品与东亚合作》,上海:上海人民出版社2014年版。

35.《习近平:讲好中国故事　传播好中国声音》,新华网,2013年8月21日,https://www.chinanews.com/gn/2013/08-21/5187666.shtml?ad=1,2021年4月10日。

36.《习近平眼中的新闻舆论工作》,新华网,2018年8月21日,http://www.xinhuanet.com/politics/xxjxs/2018-08/21/c_1123299834.htm,2021年4月10日。

37. Nadège Rolland, *China's Vision for A New World Order*, Seattle, Washington: The National Bureau of Asian Research, 2020, pp.1—15.

38. G. John Ikenberry, *Liberal Leviathan: The Origins, Crisis, and Transformation of the American World Order*, Princeton: Princeton University Press, 2011, pp.6—19.

39. 汪仕凯:《新中心国家与世界秩序转型:中国复兴的世界政治意义》,载《社会科学》2022年第3期,第1—10页。

40. 李巍、罗仪馥:《从规则到秩序——国际制度竞争的逻辑》,载《世界经济与政治》2019年第4期,第28—57页。

41. Andrew H. Kydd, "Which Side Are You On? Bias, Credibility, and Mediation," *American Journal of Political Science*, Vol.47, No.4, 2003, pp.597—611.

42. Emine Akcadag Alagoz, "Creation of the Asian Infrastructure Investment Bank as A Part of China's Smart Power Strategy," *The Pacific Review*, Vol.32, No.1, 2018, pp.1—21.

43. Erik Voeten, "Making Sense of the Design of International Institutions," *Annual Review of Political Science*, Vol.22, No.1, 2019, pp.147—163.

44. Phillip Lipscy, "Explaining Institutional Change: Policy Areas, Outside Options, and the Bretton Woods Institutions," *American Journal of Political Science*, Vol.59, No.2, 2010, pp.341—356.

45. Barbara Koremenos, *The Continent of International Law: Explaining Agreement Design*, Cambridge: Cambridge University Press, 2016, p.48.

46. 参见Ernst B. Haas, *Beyond the Nation-State: Functionalism and International Organization*, Stanford, CA: Stanford University Press, 1964; David Mitrany, *A Working Peace System: An Argument for the Functional Development of International Organization*, Oxford: Oxford University Press, 1944。

47. Dennis Lech and Robert Lech, "Reforming IMF and World Bank Governance: In Search of Simplicity, Transparency and Democratic Legitimacy in the Voting Rules," *Warwick Economic Research Papers*, No.914, 2009.

48. Liqun Jin, "Building Asia's New Bank: An Adress By Jin Liquan, President-Designate of The Asian Infrastructure Investment Bank," October 21, 2015.

49. 何兴强:《龙之印迹:中国与二十国集团框架下的全球经济治理》,北京:中国社会科学出版社2016年版,第218—219页。

50. Hong Liu, "China engages the Global South: From Bandung to the Belt and Road Initiative," *Global Policy*, Vol.13, S.1, 2022, pp.11—22.

51. Chunman Zhang, "The Power of a Niche Strategy and China's Preemptive and Adaptive Response to the US Indo-Pacific Strategy," *China Review*, Vol.20, No.3, 2020, pp.239—259.

52. 朱云汉:《改良主义而非修正主义:中国全球角色的浮现》,载《世界政治研究》2019年第1期,第62—63页。

53. Bora Ly, "China and Global Governance: Leadership Through BRI," *Cogent Social Sciences*, Vol.6, No.1, 2020, pp.1—22.

54. UNDP & CCIEE, *A New Means to Transformative Global Governance Towards Sus-*

tainable Development，2017，p.7，https：//www.undp.org/china/publications/new-means-trans-formative-global-governance-towards-sustainable-development.

55. Ken Hu，"China is Shifting the Green Bond Market With 'Green Financing'，" *South China Morning Post*，2018，https：//www.scmp.com/business/banking-finance/article/2117507/china-shifting-green-bond-market-green-financing.

56. 梁昊光：《携手打造全球互联互通伙伴关系》，载《红旗文稿》2019 年第 15 期，第 36—38 页。

57. 刘梦：《"一带一路"这五年：舆论态度转变，网民充满期待》，中国一带一路网，2018 年 9 月 20 日，https：//www.yidaiyilu.gov.cn/ghsl/slsg/66757.htm。

58. Heng Wang，"The Belt and Road Initiative Agreements：Characteristics，Rationale，and Challenges，" *World Trade Review*，Vol.20，No.3，2021，pp.282—305.

59. Suresh Nanwani，"The Belt and Road Initiative：An Interface with Multilateral Develop-ment Banks on International Cooperation and Global Governance，" in Maria Adele Carrai et al. eds.，*The Belt and Road Initiative and Global Governance*，Edward Elgar Publishing，2020，p.99.

60. 参见 Memorandum of Understanding on the Establishment of the Belt and Road Initiative Tax Administration Cooperation Mechanism，2019；Memoranda of Understanding on Collabora-tion on Matters to Establish the Multilateral Cooperation Center for Development Finance，2019。

61. Giuseppe Martinico，"Comparative Law Reflections on the Use of Soft Law in the Belt and Road Initiative，" in Giuseppe Martinico and Xueyan Wu eds.，*A Legal Analysis of the Belt and Road Initiative：Towards a New Silk Road？* London：Palgrave Macmillan，2020，p.138.

62. "Memorandum of Understanding between the United Nations Economic Commission for Europe and the National Development and Reform Commission of China，" 2017，Article 1(1)(a).

63. Heng Wang，"Selective Reshaping：China's Paradigm Shift in International Economic Governance，" *Journal of International Economic Law*，Vol.23，No.3，2020，pp.583—606.

64. 国内外学界存在诸多关于以国际制度为基础的国际公共产品供给竞争研究，参见 Julia C. Morse and Robert Keohane，"Contested Multilateralism，" *The Review of International Organizations*，Vol.9，No.4，2014，pp.385—390；Kai He，"Contested Regional Orders and In-stitutional Balancing in The Asia Pacific，" *International Politics*，Vol.52，No.2，2015，pp.208—222；田野、安怡宁：《国际制度武器化的机制选择》，载《世界经济与政治》2023 年第 11 期，第 24—60 页；李巍、罗仪馥：《从规则到秩序——国际制度竞争的逻辑》，载《世界经济与政治》2019 年第 4 期，第 28—57 页。

65. 2014 年 7 月 9 日，习近平总书记在第六轮中美战略与经济对话和第五轮中美人文交流高层磋商联合开幕式上提出"努力构建中美新型大国关系"，参见习近平：《努力构建中美新型大国关系》，载《人民日报》2014 年 7 月 9 日。

66. Daniel W. Drezner，"Counter-Hegemonic Strategies in the Global Economy，" *Security Studies*，Vol.28，No.3，2019，pp.505—531.

67. 《中共中央关于党的百年奋斗重大成就和历史经验的决议》，新华社，2021 年 11 月 16 日，http：//www.gov.cn/zhengce/2021-11/16/content_5651269.htm。

68. 国务院新闻办公室：《中国军队参加联合国维和行动 30 年》，2020 年 9 月。

69. 陈伟光、钟列炀：《全球数字经济治理：要素构成、机制分析与难点突破》，载《国际经济评论》2022 年第 2 期，第 60—87 页。

70. 《我国发布〈标准联通"一带一路"行动计划（2015—2017）〉》，中央政府门户网，2015 年 10 月 22 日。

71. Michael V. Ceci and Lawrence Rubin，"China's 5G Networks：A Tool for Advancing

Digital Authoritarianism Abroad?" *Orbis*，Vol.66，No.2，2022，pp.270—277.

72.《中国数字经济发展（2020）》，中国信息通信研究院，2020 年 7 月。

73. G. John Ikenberry and Daniel H. Nexon，"Hegemony Studies 3.0：The Dynamics of Hegemonic Orders，" *Security Studies*，Vol.28，No.3，2019，pp.395—421.

74. Shahid Javed Burki，*Rising Powers and Global Governance：Changes and Challenges for the World's Nations*，New York：Palgrave Macmillan，2017，pp.29—31.

75. Charles A. Kupchan，"The Normative Foundations of Hegemony and The Coming Challenge to Pax Americana，" *Security Studies*，Vol.23，No.2，2014，p.253.

76. Ian Tsung-yen Chen，"China's Status Deficit and The Debut of the Asian Infrastructure Investment Bank，" *The Pacific Review*，Vol.33，No.5，2020，pp.697—727.

77. Gilles Carbonnier and Andy Sumner，"Reframing Aid in a World Where the Poor Live in Emerging Economies，" in Gilles Carbonnier ed.，*International Development Policy Aid*，*Emerging Economies and Global Policies*，New York：Palgrave Macmillan，2012，pp.11—12.

78. 关于"高铁外交"的前景参见：徐飞：《纵横"一带一路"：中国高铁全球战略》，上海：上海人民出版社 2017 年版。

79.《"复兴号"具有完全自主知识产权》，中国经济网，2017 年 6 月 26 日，http://www.ce.cn/xwzx/gnsz/gdxw/201706/26/t20170626_23856707.shtml.

80. 高奇琦：《大数据公共治理：思维、构成与操作化》，载《人文杂志》2016 年第 6 期，第 103—111 页。

81. 张恒龙：《上合组织自贸区是落实丝绸之路经济带与欧亚经济联盟对接的当务之急》，载张宇、李永全主编：《丝绸之路经济带和欧亚经济联盟对接研究》，北京：社会科学文献出版社 2017 年版，第 192—198 页。

82. 毛维准：《大国海外基建与地区秩序变动——以中国—东南亚基建合作为案例》，载《世界经济与政治》2020 年第 12 期，第 96—122 页。

83. "高边疆"一词最初源自 1980 年美国总统里根的国家安全顾问丹尼尔·格雷厄姆。在罗纳德·里根总统支持下，格雷厄姆组建了"高边疆"研究小组，这个小组包括 30 多位著名的科学家、经济学家、空间技术专家和战略家。

84. 学界也用"网络空间"取代南极洲作为第四个全球公域。

85. Veerle Nouwens，*A Transatlantic Approach to China in The Global Commons：Convergence and Divergence in Seas and Outer Space*，Royal United Service Institute for Defence and Security Studies，March 2022，Whitehall Report 3—22.

86. 乌镇智库：《乌镇指数：全球人工智能发展报告（2017）：框架篇》，2017 年 10 月，第 7 页，http://h5.iwuzhen.org/pdf/AI-Overview.pdf。

87.《国务院关于印发新一代人工智能发展规划的通知》，中央政府门户网，2017 年 7 月 8 日，http://www.gov.cn/zhengce/content/2017-07/20/content_5211996.htm。

88. Samuel Kim，"China's International Organization Behavior，" in Thomas Robinson and David Shambaugh eds.，*Chinese Foreign Policy：Theory and Practice*，Oxford：Oxford University Press，1995，pp.420—422.

89. 习近平：《共同努力把人类前途命运掌握在自己手中》，载《习近平谈治国理政（第三卷）》，北京：外文出版社 2020 年版，第 460—462 页。

第七章

金砖国家全球角色与新兴领导力构建

追随者的认可是新兴大国的全球领导力的关键。换句话说,其他地区国家必须接受和支持新兴大国的角色。为了领导他人和塑造全球治理,新兴大国必须可信地扮演集体利益的最大贡献者。[1]新兴大国供给公共产品的内在动机往往是由共同利益驱动的,当服务的共同体规模很大,且社区内利益异质性很大时,会出现公共产品供给的协调困境。为了获得不同行动者的政治认同与合法性支持,新兴大国需要主动为全球治理供给公共产品,忍受或欢迎其他大国"搭便车"。

第一节　金砖国家集体及其全球领导力

当今世界公认的新兴大国以"金砖国家"为主,包括巴西、俄罗斯、印度、中国和南非等,它们能否服务于区域或全球公共事务、供给高质量的国际公共产品,是说服潜在追随者的关键。新兴大国的领导地位源于追随者信任,需要采取让利与非胁迫手段促使其领导力被接受。全球主要的新兴大国合作机制包括二十国集团(G20)、金砖国家集团(BRICKS)、印度巴西南非三边论坛(IBSA)、上海合作组织(SCO)、亚投行(AIIB)、金砖国家新开发银行(BRICKS NDB)等。这些制度平台构建了合作网络,展示了良性领导者与追随者形成的互惠协商关系。新兴大国供给的经济类公共产品供给涉及自由贸易协定、发展投资与援助,以及分享世界经济的愿景规划。全球安全治理的领导力则关照安全利益,包括提供集体安全保障,以及向潜在追随者发出安抚信号,承诺避免单边行动与强制胁迫。

"金砖国家"集团这一名称最早源自高盛公司对巴西、俄罗斯、印度和中国的缩写,指代世界上最引人注目的新兴大国。[2]金砖国家成员较早就建立了部分小边合作制度,如涉及俄罗斯和中国的上海合作组织;IBSA 三边论坛(印度、巴西和南非);BASIC 集团,包括除俄罗斯以外的所有金砖成员,以及二十国集团或八国集团等。2011 年,在南非加入后,金砖集团成员增加为 5 个。至此,金砖国家总人口约 30 亿(占全球人口的 42.1%),领土面积 3 970 万平方公里(占全球领土的 29.8%),国内生产总值 16.8 万亿美元(占全球国内生产总值的 22.3%),占全球制造业的 20%。全球治理的南方国家方案大多源自金砖国家的倡议,金砖国家在改革与完善现有全球治理格局方面存在高度共识。[3]

金砖国家集团的成立,源自冷战结束初期地区大国的全球合作强化。尤其是 21 世纪初,印度、巴西和南非三方机制对全球政治产生了重要影响。最初建立一个永久性三边论坛的想法来自南非前总统姆贝基。他在 2003 年 1 月访问巴西出席总统卢拉的就职典礼期间,讨论两国外交和国内政策的跨国合作问题。后来在 2003 年,南非外交部长德拉米尼·祖马与印度和巴西外交部长经过一系列会晤提出了建立定期论坛的想法。2003 年在埃维昂举行的八国集团(G8)峰会上,印度、巴西和南非领导人首次聚会,向发达国家集团表达了三国共同的政策立场。这最终促成了 2003 年 6 月的《巴西利亚宣言》,基于共同政治身份,印度、巴西和南非三方机制建立起独特的新兴大国合作模式。

印度、巴西和南非三方机制在国际舞台上扮演了议程制定者、联盟建立者、南方代表者角色。发达国家邀请巴西、印度和南非参加八国集团和世界生态论坛等国际会议,反映其对新兴大国地区领导力的认可。在安全和政治事务方面,西方大国鼓励印度、巴西和南非三方机制为应对地区危机承担责任。美国希望对这些地区领导国进行战略投资,以促进美国的地缘政治利益或安全。"八国集团"通过吸纳和邀请关键的地区大国参会,以展现自身的包容性与合法性。尽管三边对话机制深化了全球南南合作,但并没有嵌入到各自所在的区域,对此,三个成员国倾向于从更宽泛的意识形态角度提出共同倡议,致力于在国际体系转型的关键时刻,在世界新秩序中纳入新兴发展中国家的愿景。[4]

当然,对于俄罗斯是否算新兴大国或崛起大国存在一定争议,它部分继承了苏联在两极化时期的大国地位,但其国力相对而言常常处于停滞或衰退阶段,因此常被描述为一个衰落大国。[5]南非的大国实力与地位有时也会遭到质疑,而金砖集团中的巴西、印度和中国则是最突出的新兴大国。

值得注意的是,大多数金砖国家目前选择以区域一体化集团(俄罗斯—欧亚经济联盟,巴西—南方共同市场,南非—中南合作联盟)的形式来制定其外交政策,因此,基于"一体化中的一体化"的"金砖＋"是金砖国家之间经济一体化和开放市场的唯一可能形式。因此,"金砖＋"可以为"全球南方"国家之间的互动塑造两条轨道:上合组织＋非盟＋拉共体,这是面向发展中国家在国际组织内广泛互动的最具包容性的轨道。以金砖国家为主导的区域经济集团"一体化中的一体化"平台或将成为"金砖＋"的另一条发展轨道。这种形式更好地反映了俄罗斯外交部副部长谢尔盖·里亚布科夫在 2018 年初宣布的"金砖国家＋"概念。

国际舞台上的发展机遇,为金砖国家推进共同倡议、推动"金砖＋"合作向更广泛、更包容的方向发展提供了巨大潜力。此外,"金砖五国＋区域合作"可以引入一个涵盖全球大多数南方国家的平台,从而在全球经济中创建一体化平台。汇集了金砖国家的主要区域一体化集团,即 BIMSTEC(印度)、欧亚经济联盟(俄罗斯)、非洲联盟(南非)、南方共同市场(巴西)和上海合作组织(中国)。创建这样一个"金砖＋"平台可以在金砖国家与其他发展中国家合作实现乘数效应。此外,这种形式有助于金砖国家推进全球南方的贸易自由化,建立金融和实体领域的包容性合作平台。该平台可促进欧亚开发银行、南非开发银行、南盟发展基金、南方共同市场结构趋同基金、中国国家开发银行、中国—东盟投资合作基金、新开发银行等"金砖＋"经济体开发银行和其他开发机构开展合作。[6]

区域发展机构网络中,金砖国家新开发银行有可能成为"金砖＋"倡议的协调机构。这种合作可以针对共同融资投资项目,以及旨在促进实现关键发展目标的倡议和方案。金砖国家参与的区域合作机制包括欧亚稳定与发展基金、金砖国家应急储备安排、清迈倡议多边化等。该平台可选择以本国货币为稳定方案和投资项目融资。金砖国家应急储备安排于2015 年开始运作,是金砖国家在金融和宏观经济稳定领域合作的重要组成部分。根据《金砖国家应急储备协议》第二条,应急储备协议的初始承诺资金为 1 000 亿美元,个别承诺资金包括中国的 410 亿美元到南非的 50亿美元不等。创造一种新的储备货币可能是"金砖国家＋"与全球治理转型的重要催化剂。2018 年,瓦尔代俱乐部首次提出在金砖国家一篮子货币基础上创建新储备货币的建议。其概念类似于特别提款权(SDR),由金砖国家的本国货币组成,也可能包括"金砖国家+"经济圈的其他一些货币。之所以选择金砖国家货币,是因为它们是新兴市场中流动性最强的货币之一。新的储备货币被提议称为 R5 或 R5+,基于金砖国家货币的第一个字母,每个货币都以字母 R 开头(Real, Rouble, Rupee, Rmb, Rand)。从长远来看,金砖国家 R5 货币可以开始为新兴市场经济体的央行发挥结算/支付以及价值储存/储备的作用。随着时间的推移,R5+货币篮子具有成为全球新储备货币的潜力,推动"去美元化"[7]。如果成功推出一种新的储备货币,将对国际金融体系产生变革性的影响。因此,R5+项目可以成为新兴市场对建立更安全的国际金融体系的最重要贡献之一。[8]

第二节 巴西的区域与全球领导力建设

作为全球性新兴大国,巴西正在全球治理中发挥着引领作用。巴西是南美最具实力的新兴大国,其供给国际公共产品的实践有助于其构建全球与区域领导力。为了通过服务公共事务强化社会性认同,巴西注重对国际体系的改良性重塑。[9]巴西具有在南美获得领导力的潜质,是因为它具备诸多优势条件:(1)巴西是南美一体化的重要推动者,承担拉美或区域领导责任;(2)巴西是南美经济大国,具有必要的物质和价值号召力为地区公共事务做出贡献;(3)巴西在地区事务中具有高度联通能力,长期致力于供给集体产品,以及促进区域基础设施建设。然而,巴西的区域领导力也面临诸多挑战,它时常对承担区域一体化责任犹豫不决;以及面临次要大国阿根廷与委内瑞拉的地位竞争;同时面临域外国家压力,拉美国家始终缺乏统一的战略凝聚力。[10]

(一) 变动秩序中的巴西领导力建构

自冷战结束以来,全球治理的多极化趋势增强,巴西意识到自己能够且必须为构建世界秩序做出贡献。[11]巴西将区域领导力奠基于务实外交与软实力叙事之中,不断增加对南美地区事务的参与程度,尝试提升区域一体化水平。尤其到 20 世纪 80 年代后,巴西有意识为其周边邻国供给公共产品,以获得领导力认同。[12] 从此巴西秉持"负责任的行动主义",改变对区域事务的长期冷漠态度。[13] 1986 年 12 月,拉美八国外长决定建立"政治磋商和协调常设机构",就国际和拉美地区重大问题进行磋商,协调立场,以促进拉美一体化事业的发展。到 20 世纪 90 年代,巴西推进南方共同市场(MERCOSUR),加强地区政治和社会一体化进程。依托南方共同市场区域组织,巴西展示了推进区域一体化合作的领导愿望。为促进区域协调,巴西强调"南美"概念与南美国家的共享身份。2000 年 9 月,巴西有史以来第一次邀请并聚集南美国家召开了"首届南美国家首脑会议"。这是南美 12 个国家独立近 200 年以来的首次聚会。[14] 时任巴西总统卡多佐呼吁南美国家团结起来,积极参与世界重大问题的决策,以更强有力的立场捍卫南美国家的共同利益。[15] 巴西参与全球与区域公共产品供给体现在多个方面:

第一,巴西供给区域公共产品为区域一体化带来实效。传统上,巴西的外交政策在与美国保持密切关系,还是坚持第三世界主义之间摇摆不定。自 2003 年卢拉担任巴西总统以来,巴西越来越多地在玻利维亚、哥伦比亚、厄瓜多尔和委内瑞拉等南美国家之间提供调解性公共服务。卢拉在就职典礼上指出,"我们的许多邻国今天生活困难",并表示巴西愿意参与做出"贡献"。2004 年,卢拉进一步对其阐释:"巴西与该地区的关系日益接近和巩固,这就要求巴西政府对该地区国家的不稳定局势给予更多的关注,它以不干预原则为导向,但也以'不漠视'的态度为导向。"[16] 此后,卢拉在联合国大会上再次强调说:"我们不支持干预国家内部事务,但我们也不会在危及邻国利益面前不作为和漠不关心。"[17] 此后,巴西开始制定区域参与计划来支持其在世界的影响力与威望。巴西依托区域合作组织,如南美洲国家联盟(Mercosur)、南美洲国家联盟(Unasur)等平台投射区域领导力。

第二,巴西希望成为全球治理解决方案的贡献者。巴西希望扩大全球外交来提升在世界舞台上的新兴大国地位。在安全和政治领域,巴西长期申请成为联合国安理会常任理事国,在有关核裁军的问题上开展积极外交。早在第一届卡多佐政府(1995—1998 年)期间,巴西就提出了争取常任理事国席位的想法,巴西认为自己有能力开启一种解决极端冲突的新模式,即通过对话和永久和平来实现"巴西之路"[18]。此外,巴西在国际贸易谈判中的影响力显著提升。从 2003 年在坎昆举行的世界贸易组织部长级会议开始，巴西一直尝试在多边贸易谈判中发挥主导作用。同时，巴西在环境保护领域也希望实现"伟大的目标"，巴西拥有广袤的亚马逊原始森林，在国际气候政治议程中是不可或缺的角色。巴西政府在 2009 年哥本哈根气候变化大会上提出了气候排放控制方案，并在 2012 年里约会议、2015 年巴黎缔约方会议上都发挥了积极推动作用。

第三，巴西争做南方和北方之间的"桥梁"，扮演南方国家的领袖。作为南美国家联盟和南方共同市场内的区域领导者，巴西与重要的南方伙伴组建"印度—巴西—南非三边对话论坛"(IBSA Dialogue Forum)，推动改革不合理的国际政治经济秩序。IBSA 论坛开创了南南合作的新模式，既是全球治理中的南方国家联盟，又是一个双边、三边和区域间的南南合作平台。早在 2001 年，"三驾马车"就合作反对发达国家的高额非关税贸易壁垒。当时，巴西、南非和印度联合反对制药公司高价出售用于拯救生命的药品，如治疗艾滋病的药品。这三个国家提出抗议后，世界卫生组织授权穷国制造和进口廉价仿制药品，以应对"国家紧急状况"。基于此三国的外交胜利，吸引了至少 17 个发展中国家加入，希望通过争取更自由的农业市场，在全球贸易中获得更大份额。这些国家以巴西为首，包括南非、印度和中国，名为"21 国集团"。在多哈回合谈判中，巴西领导"21 国集团"要求改革全球市场条件，使发展中国家能够从农业、工业和服务业的比较优势中获益，产生了较为广泛的国际影响。

(二) 巴西推进区域合作发展倡议

在多边金融合作方面，巴西开发银行是世界上最大的开发银行之一，其在南美基础设施发展融资中显示出巴西的区域领导力。此外"南方共同市场结构融合基金"(FOCEM) 与"拉普拉塔河流域发展金融基金"(FONPLATA) 是巴西区域领导力的象征。成立于 2006 年的"南共市结构融合基金"目的在于使"南共市"内部经济大国给予其他国家资金援助，以用于基础设施建设。而"拉普拉塔河流域发展金融基金"由阿根廷、玻利维亚、巴西、巴拉圭和乌拉圭于 1977 年建立，用于向签署国提供贷款，每年从巴西国库中支取 2 760 万美元 (1.56 亿雷亚尔)。同时自 1995 年以来，巴西积极参与区域多边银行安第斯开发公司 (CAF)，更广泛地将南美各国联系在一起,包括"南共市基金"(FOCEM)与"拉普拉塔河流域发展金融基金"的成员国。

在社会民生领域的区域发展合作方面,巴西寻求全球发展议程的合法化,通过解决社会不平等问题的南方经验来改革国际规则,努力推进"全球社会议程",这些政策得到了国际认可,并被纳入了各种国际传播和转移倡议。

其一,巴西的社会发展政策和国际合作实践,促进了新的政治安排和新的知识生产。2004年与联合国开发计划署达成合作协议,将国际包容性增长政策中心(IPC-IG)搬到了巴西利亚,成为第一个设在巴西的联合国机构。该中心最突出的活动之一是制定了非洲—巴西社会发展合作计划。该计划目的是向非洲国家转让巴西实施的"家庭援助金的计划"(Bolsa Família)和其他社会保护知识。此项目是巴西政府和国际组织为传播巴西发展经验而制定的一系列倡议的一部分。[19]此外,巴西政府与世界银行和巴西国际包容性增长政策中心(IPC-IG)合作开展"巴西无贫困世界学习计划"(WWP),该计划自2013年以来一直致力于分享技术知识,以促进社会发展、生产包容性和克服贫困。该中心借鉴巴西经验,在发展中国家之间分享知识和政策创新。[20]具体而言,该中心在通过"为非洲采购"(PAA Africa)计划将巴西粮食收购计划转移到非洲国家,最早受益的五个非洲国家是埃塞俄比亚、马拉维、莫桑比克、尼日尔和塞内加尔,其目标是加强小农生产,改善粮食安全,消除饥饿,并为农村人口创造收入。这些计划的推广反映了巴西在全球发展合作方面积累的领导力。

其二,基于对可持续发展能力建设的承诺,巴西通过技术合作供给发展类公共产品。21世纪以来,推广国际发展项目已经成为巴西外交事务的一大亮点,进而为南南合作提供技术援助、技能转让和能力建设;并在合作伙伴之间分享经验,克服欠发达带来的社会和经济限制。与此相关,巴西发起支持巩固南美地区基础设施一体化倡议(IIRSA),通过国家发展银行为南美国家基础设施建设提供信贷;对2008年创建的南美国家联盟(UNASUR)承诺注入财政资源,资助由IIRSA或国家政府单独开发的基础设施项目。相关数据显示,在2008年至2011年间,巴西国家经济和社会发展银行(BNDES)借给外国政府和公司用于采购巴西公司货物和服务的99亿美元中,有52亿美元流向了拉丁美洲国家。2010年外交部报告公布的数字显示,2003 年至 2010 年,巴西对南美的公共信贷资助的 80 个进行中的项目,主要是通过 BNDES 与巴西银行投资,总额为 100 亿美元。[21] 此外,巴西政府在为这些贷款融资时使用了大量的补贴,巴西国开行以较低利率放贷。鼓励公私合作成为区域公共产品的提供者。[22]

其三,通过建立邻国伙伴关系网络,发挥巴西独特的领导作用。例如,在秘鲁推进社会公益项目,如取缔童工、改善卫生系统和消除极端贫困与饥饿。玻利维亚则在改善渔业以及生物燃料技术和抗击饥饿方面获得了巴西援助。巴西还帮助哥伦比亚的卫生部门改善食品和营养安全。2011 年,巴西在南美提供了近 210 个合作项目,占该地区所有项目的35%,并提供了南美洲 192 个社会层面的合作项目中的 75 个。从 2003 年到 2012 年,巴西已经在南美洲推动了 400 多个合作项目。这些项目中的大多数涉及不同部门的合作和知识转让,如卫生、渔业、农业、工业和能源。而且其中许多项目倾向于与其他国家分享巴西在这些部门的国家经验,包括双边和多边项目。同样,巴拉圭在教育系统、改善能源部门的熟练劳动力、土地改革进程等方面得到巴西帮助。卫生和农业部门在巴西对南美的技术合作中表现得更为突出。

在农业部门的技术合作方面,巴西农业研究公司(EMBRAPA)已经参与了南美洲的 70 多个合作项目,总的来说,这些项目展示了巴西是如何成功地塑造了区域发展的领导角色,为自己和邻国带来经济和社会利益。

(三) 区域竞争与巴西领导力挑战

新兴大国的全球影响力投射往往需要基于区域领导力基础,但是区域竞争限制了领导国的合法性,次要大国不仅会约束地区大国的单边行动,也会供给竞争性产品。在南美洲,巴西面临次要大国的竞争,即委内瑞拉、阿根廷和智利。虽然巴西拥有地区最强军事实力,但委内瑞拉是地区最大石油生产国,常以石油为政治武器。阿根廷的天然气产量高于委内瑞拉和巴西,但它的地区外交并不以其能源资源为基础。根据这些指标的权重,阿根廷和委内瑞拉都可以被定义为南美联盟地区的第二大国。在地区的一体化方面委内瑞拉起着关键的作用。委内瑞拉曾积极发起与参加"加勒比石油计划"(Petrocaribe)、"安第斯国家共同体"(La Comunidad Andina)与"南方石油公司"(Petrosur)等双边和区域机制,为区域发展供给公共产品。

第一,在地区层面上,巴西的领导力存在争议。巴西与次级大国的部分竞争关系,可能会削弱其合作性领导力权威。合作性领导力需要建立在集体认同和公共奉献的基础上,这对于吸引追随者非常重要。在南美地区制度网络中,巴西强劲的区域竞争者分散了巴西在弱小邻国心目中的威信。在区域治理问题上,巴西与邻国有时相互指责彼此没有真正做出贡献。例如,秘鲁与玻利维亚等国批评巴西开发的区域资源项目没有承担公共责任,忽视人民健康、环境挑战和流离失所等问题。委内瑞拉以石油为基础的外交政策对巴西领导力构成挑战,据称查韦斯逐渐"收买"了处于巴西势力范围内的玻利维亚、厄瓜多尔与巴拉圭,从而削弱了巴西对邻国的影响力。在 20 世纪 90 年代,阿根廷庇隆主义总统卡洛斯·梅内姆与美国保持密切关系。在 21 世纪前十年,庇隆主义党总统内斯托尔和克里斯蒂娜·基什内尔与委内瑞拉结成了紧密联盟。批评指出,巴西"从来没有获得南美的领导权"。

第二,面临内部凝聚力与外部干预的压力。在推进南美区域基础设施一体化项目和南美洲国家联盟过程中,巴西外交建立了多元共识对话机制。面对多样性的南美,巴西试图弥合南美国家的政治和意识形态裂痕,其推广的"南美共识"包括保护民主价值、促进经济增长、南美多边贸易与区域一体化。巴西通过提出倡议想法和密集讨论来发挥其领导力。但在南方共同市场、南美联盟和美洲国家组织中,像委内瑞拉、智利和阿根廷这样的次要大国,以及较小的南美国家,对区域决策的参与过程是相对有限的。在域外干预方面,巴西希望降低美国在拉美地区的影响力,建立拉美的战略自主。在左翼的卢拉和罗塞夫政府期间,巴西追求与中国、古巴和伊朗等美国对手建立更紧密的关系。巴西不仅带头反对美国提出的建立西半球贸易集团的建议,认为美国的大量农业补贴将使其出口获得不公平的优势,也反对美国领导的阿富汗战争,并谴责美国在 2003 年入侵伊拉克等霸权主义行径。

第三,领导力的建设重点由区域向全球转移。在跨区域平台上,巴西的全球影响力与拉美地区的领导力不相匹配。[23] 尽管巴西为提供区域公共产品做出了贡献;但并没有在全球层面很好地代表区域伙伴的利益。尤其是在卢拉政府时期,巴西意识到其全球主角与南美区域角色可以分离。在一定程度上,巴西的区域领导力是不全面的,这种局部的领导力对区域治理的贡献有限。[24]巴西的区域邻国也并不期望其在全球事务上代表自己。由此,巴西供给区域公共产品的行动与其全球大国地位不相匹配。如今巴西已经被老牌发达国家承认为重要的新兴全球大国,并作为"外展五国"(O-5)或"加五国"之一(包括巴西、中国、印度、墨西哥和南非)参加八国集团会议。然而,鉴于南方共同市场和南美联盟对其全球愿景的支持不足,巴西越来越倚重"印度、巴西和南非三边论坛"和"金砖国家"等全球平台。尽管巴西在全球治理层面获得了越来越多的认可,但其在南美区域认可方面依旧面临诸多质疑。

第三节　印度的南亚区域与全球领导力

印度作为传统的南亚地区大国,目前正在全球舞台上崭露头角。综合而言,印度的领导力建设存在的几个优势条件是:(1)位于南亚区域政治的核心位置;(2)具有承担区域领导责任的强烈意愿;(3)显示出必要的物质和意识形态能力来进行地区影响力投射;(4)在地区事务中具有很大的话语权。在印度近40年的外交实践中,其面临地缘政治竞争压力与邻国巴基斯坦的反对,由此其区域领导力建设的成效如下:(1)在经济、政治和文化上与本地区的部分国家建立了良好密切的联系网络;(2)为本地区的部分国家提供了相对稳定的公共产品与地区基础设施援助,并支付经济一体化的费用,但还没有准备好建立民主和实用的地区一体化机构;(3)除了宗教文化因素外,缺乏整合南亚区域身份认同的意识形态叙事;(4)尽管存在一些地区追随者如尼泊尔、不丹、斯里兰卡,却长期受巴基斯坦软硬制衡。

(一) 印度在世界舞台上的多重身份

早期印度外交政策秉持尼赫鲁主义,包括扮演不结盟运动领导国、反帝国主义代理人和亚非地区领导国。[25]第二次世界大战结束后世界范围内掀起民族独立运动的浪潮,印度高举反帝反殖民主义运动大旗。印度作为会议主要发起国,在1955年4月组织召开了著名的万隆会议,这是亚非国家和地区第一次在没有殖民国家参加的大型国际会议。亚非会议在当时美苏两极对立的格局下,走出了一条独立自主的第三条道路,被视为现代南南合作的典范。而且在印度政治思想中有着悠久的"泛亚主义"(Pan-Asianism)传统。1947年尼赫鲁总理重申了亚洲联合的想法,即在亚洲国家之间建立起某种形式的联邦,印度自视为亚洲的天然区域领导者。印度对世界民族解放运动的支持及其反帝反殖民主义立场,与印度文化的广泛影响力联系起来,使得其在20世纪50年代和60年代期间具备较强的国际影响力。

尼赫鲁时期印度对南南合作的投资在不结盟运动、联合国贸易和发展会议以及77国集团中得到了有力体现。尼赫鲁时代(1947—1964年)的印度采取以"不结盟"思想为基础的外交政策,该政策在美苏两大集团之间开辟了中间路线。这一政策使印度建国初期厌恶使用武力,强调和平的非暴力思想。尼赫鲁时期的印度积极参与推动废除全球核武器,支持非洲、亚洲和拉丁美洲国家去殖民化,倡导外交多边主义,主张在没有核武器的世界中建立新的秩序,使得人人享有公平和正义基础。最引人注目的是,印度与中国一起将"和平共处五项基本原则"写入外交文件,为现代国际规范加入发展中国家的理念,为促进后殖民主义时代的国际关系民主化、和平化与现代化做出突出贡献。[26]

在英迪拉·甘地担任总理期间,印度东部与东巴边境动荡加剧、中美关系解冻都迫使印度进行战略调整。地缘政治和威胁变化使印度实际上搁置了不结盟道路,以现实主义的态度寻求与苏联结盟。但是在1971年的印巴战争中,苏联并没有兑现支持印度建立印度南亚霸权的承诺。[27] 1991年印度采用新的经济政策,吸引外部援助、进行市场开放、推进自由化政策,积极与国际金融机构、国际货币基金组织和世界银行进行合作,实现了印度经济的快速发展。经济政策转变被视为印度现代化发展轨迹的分水岭,为其成为全球新兴大国开辟了道路。随着印度对全球治理的参与,它也加入全球性集体行动、供给国际公共产品。例如,印度在全球治理领域促进区域安全与稳定、打击恐怖主义、防止核武器扩散,美国也开始将印度视为南亚枢纽大国。尤其是"9·11"事件后印度在南亚的举足轻重地位更加凸显,其维护区域安全与稳定的领导力作用更加突出。1998年印度提出基于不对称让惠原则的"古杰拉尔原则",通过让较小区域邻国从印度领导力中获得更多收益,改变印度区域主义的霸权主义方式。该政策通过展示其服务公共利益的意愿和能力,使印度在该地区的卓越地位合法化。[28]

在 21 世纪的多极化趋势中,印度希望在更大范围的南亚—印度洋地区扮演着主导性大国角色,认为"印度洋是印度的大洋",将其视为自己天然合法的专属势力范围。实际上,印度在全球权力平衡中往往摇摆不定,其大战略包含了三个同心圆:对近邻的支配权,对亚洲和印度洋远邻的权力平衡,以及在全球舞台上的大国抱负。印度开始在东盟、东亚峰会、海湾合作委员会、上海合作组织和非洲联盟等论坛中扮演重要角色。印度还作为新兴援助国在国际发展格局中崭露头角,并从一个传统受援大国转变为一个新兴的援助大国。国际社会开始关注印度崛起愿景,印度渴望通过获得联合国安理会常任理事国席位来展示全球地位。

(二)缓慢的南亚区域一体化进程

在南亚区域合作联盟等区域组织中,印度的地区领导者角色也没有得到普遍认可。南亚一体化进程始于 20 世纪 70 年代,然而南盟国家间合作长期停留在经济层面,南亚一体化进展缓慢,横向外溢和纵向外溢的效益都没有充分体现。南盟(South Asia Association of Regional Cooperation, SAARC)成立于 1985 年,最初由孟加拉国、不丹、印度、马尔代夫、尼泊尔、斯里兰卡以及巴基斯坦七个成员国组成,阿富汗后于 2005 年正式加入,成为第八个成员国。南盟是南亚地区一体化的主要国际组织。根据新功能主义的观点,南盟成员国在低政治功能性领域的合作会"外溢"到高政治领域,从而推进南亚区域一体化进程快速发展。但自 20 世纪 80 年代成立至今的四十多年中,南盟的区域合作一体化却长期处于停滞状态,影响区域合作的因素相当复杂。[29]

在体系层面上,大国在区域内积极争取盟友、让地区国家选边站的竞争行为导致区域合作机制碎片化,严重打击南亚的区域一体化进程。此外,如果南盟在"外溢"效应的作用下逐渐形成超国家机构,那么南亚国家将会以一个共同体的身份参与国际事务,这意味着大国在处理南亚相关事务时面对的将会是一个实力远高于单独一个南亚国家的国家集团,这种情形自然是印度所不愿看到的。换言之,一个破碎的南亚更符合体系内大国的利益。大国更倾向于与南亚国家单独进行双边合作,如美国和印度近些年在经济、技术、军事和政治等领域取得了丰厚的合作成果,印度还是美国"印太战略"中的重要一环。中国与巴基斯坦的全天候战略合作伙伴关系以及俄罗斯与印度长期的战略伙伴关系也是体系内大国与南亚国家进行双边合作的具体表现。

在区域政治层面,南盟成员国之间层出不穷的争端、矛盾甚至冲突是区域层面影响南盟发展的主要障碍,突出表现为印度和巴基斯坦之间的长期积怨。印巴作为南亚最大的两个国家,围绕克什米尔地区主权归属以及其他相关争议问题爆发的争端一直影响着两国关系,直接削弱南盟的发展动力。此外,地区大国印度与孟加拉国在恒河水资源分配上的争端、与斯里兰卡在泰米尔人问题上的矛盾等,导致印度无法充分发挥地区大国促进区域合作进程的作用,也阻碍了南盟的发展。正是由于存在难以调和的争端和矛盾,南亚国家间存在严重的信任赤字问题。印度担心南盟成为其他中小国家反对自己的论坛,其他一些成员国则害怕南盟变为印度控制南亚的工具。政治合作意愿的缺乏导致南亚国家间合作难以从经济领域上升到政治领域,南盟只能在经济领域发挥极其有限的作用。经济上,地区各国的经济互补性不足也严重阻碍了南盟发展。南亚各国的产业模式均以生产初级商品为主,呈现出明显的同质性,各国经济互补性严重不足,导致区域内贸易规模注定受限,且对外贸易又不可避免地形成竞争关系。

在国家利益层面,印度作为南亚地区头号大国,地处南亚中心,综合实力在地区内具有绝对优势,自然在南盟中也具有主导地位。可以说,南盟能否发展壮大很大程度上取决于印度对南盟的态度。20 世纪 90 年代以来,尽管印度推行了强调睦邻友好的"古杰拉尔主义",一定程度上加强了印度与南亚各国的互信,但长期以来建立包括南亚地区所有国家在内的"印度大联邦"构想一直影响着印度,印度也始终没有放弃对南亚地区超级霸主地位的追求。称霸南亚的观念影响着印度对南盟的态度。[30]一方面,印度对南盟的发展持保留态度,更倾向于发展由印度主导的、排除巴基斯坦的同质性组织,如"环孟加拉湾多领域经济技术合作倡议"等,南盟的发展因此受阻。[31]另一方面,印度常常以南盟作为威胁地区中小国家的工具,例如通过推迟南盟峰会的召开来制裁南亚其他国家,破坏了南盟内部的组织程序。[32]换言之,南盟有时会成为其成员国政治纷争的牺牲品,抑或成为印巴紧张关系的抵押物,给南盟的发展带来不利影响。

最后,印度援助在区域层面上却具有霸权主义的色彩。例如,面对不丹和尼泊尔时,印度奉行的是不对称的援助政策。自 20 世纪 50 年代初,尼泊尔就开始接受了印度的大量援助,但它时常将印度视为一个盛气凌人的大国,对区域国家的能力援助附加上条件。在区域援助中,印度公开和隐蔽地运用其经济和军事影响力来干预邻国内政,这也使其受到部分批评。

在印太大战略竞争背景下,美国希望在战略问题上赢得印度支持,然而印美战略合作也对南亚的战略稳定产生负面影响,直接或间接引发巴基斯坦、中国对印度的安全竞争回应。

第四节　南非的区域领导力与国际形象

南非在非洲国家中实力突出,经历种族隔离的社会转型,拥有享誉全球的民权领袖纳尔逊·曼德拉。作为一个中等规模的非洲国家,南非的发展速度引人瞩目,它在非洲的传统地位与现代新兴大国地位,使得人们对南非担当非洲领导大国的潜力充满期待。随着冷战后全球治理的多极化趋势强化,南非尝试扮演非洲代言人的角色。2010 年南非被邀请加入"金砖集团",南非也是二十国集团成员,被认为是非洲在全球事务的主要代表国家之一。[33]作为一个独立较晚的后殖民非洲国家,南非的身份认同构建需要漫长时间,同时非洲的政治经济与族群复杂性举世皆知,南非的区域领导力建设存在几个基本前提:(1)南非是南部非洲的主要大国;(2)具备承担区域领导责任的意愿;(3)具有必要的物质和意识形态能力,为区域权力投射奠定基础;以及(4)南非在区域事务中具有高度影响力。但是在五个金砖国家中,南非是实力相对较弱的新兴大国,其身份认同与区域冲突较为明显。南非是一个地区霸主还是领导者?南非在全球舞台上的角色是新兴大国,还是像加拿大那样的中等国家?南非在区域与全球层面的身份充满争议。

(一)南非的非洲区域领导力合法性

南非在全球治理中的领导力投射往往受到三大因素制约:南非身份

问题、内部政治冲突,以及非洲大陆对其领导力的认知分歧。这三个因素抑制了南非将其国际抱负转化为具体外交政策的努力。南非作为非洲大国,却也面临来自尼日利亚的挑战,后者正在稀释南非的区域影响力。这种竞争还体现在,南非内政部长德拉米尼·祖马参选非盟主席时,遭遇尼日利亚的坚决反对。此外,南非的外交能力也曾受质疑,其被指责在2011年德班气候变化谈判(COP-17)时未能维护非洲国家利益。基于此,南非的区域领导力建设采取了下列措施:(1)在经济、政治和文化上与区域邻国建立良好的合作网络;(2)同时提供区域集体安全产品、区域基础设施,并准备承担区域经济一体化成本,建立有代表性的区域合作机构,扩大参与性决策过程;(3)在民主、人权、经济增长和"非洲复兴"理念基础上,强化意识形态领导;(4)南非的领导力继承了其历史遗产的道德优势,但其邻国津巴布韦则质疑次区域追随者对其合法性的默许。[34]

南非联邦成立于1910年,两年后成立了南非非洲人国民大会(African National Congress,ANC),简称"非国大",是南非最大的黑人民族主义政党,也是南非跨种族的政党。"非国大"致力于推动种族平等与民族和解,捍卫1913年的《本土土地法》和南非新宪法所赋予的全民选举权。"非国大"甚至在第一次世界大战后的"凡尔赛会议"上游说与支持美国总统威尔逊的十四点建议,将自己塑造为一个充满道义理想色彩的政党。南非是国际联盟的原始成员,从1948年到1994年,南非的外交政策的核心是确保白人政权生存,这种外交政策导致其在非洲面临外交孤立。直到1960年沙佩维尔大屠杀[35]及其镇压后果之后,"非国大"开始制定明确外交政策:宣布种族隔离制度为"反人类罪",并为1961年成立的新南非共和国争取国际承认。在冷战斗争中,"非国大"逐渐变得更加激进,与世界各地的革命运动和反种族隔离团体建立联系,使南非被视为国际社会的"弃儿"。20世纪60年代,南非白人政府试图直接吞并博茨瓦纳、莱索托和斯威士兰,时任南非总理亨德里克·维尔沃德提议为南部非洲建立一个共同市场,目标是强化经济联系,建立以南非为"母国"或地区领导国的区域性政治机制。但该计划未能实现,面对20世纪60年代非殖民化浪潮和对种族隔离制度的强烈谴责,南非白人政府寻求建立外向对话的外交政策,即寻求与非洲统一组织(简称"非统组织",OAU)中的其他国家建立区域盟友关系。但是1971年非统组织认为,南非在分裂非洲大陆,呼吁成员国联合对其进行孤立。此后,南非则威胁将莱索托这个被南非包围的国家作为"人质"。

在后种族隔离时代,南非外交确定了从"次区域、非洲大陆与全球南方"的三层外交重心。在南非总统塔博·姆贝基(Thabo Mbeki)领导下,南非政府开始强化其为非洲大陆"天然"领袖的形象。姆贝基从1998年开始提出"非洲复兴"计划,通过重申南非的非洲属性,并推动建立了非洲发展新经济伙伴关系(NEPAD),呼吁工业化国家加大对非洲的贸易和发展援助。为此,南非在两个层面上积极开展外交行动:一方面在非洲国家内部,争取对NEPAD的支持;另一方面通过双边和多边接触,与八国集团国家建立合作,成为代表非洲利益的国际对话者。采取外向型的贸易和工业经济贸易政策,最终以非洲大陆为"主体",以巴西和印度两个贸易伙伴为"翅膀",构成一种蝴蝶形状的外交关系网络。[36]

1998年,南部非洲发展共同体(SADC)因在刚果民主共和国的军事干预问题上的分歧而面临分裂,对此南非在泛非主义传统基础之上提出"非洲复兴"计划。然而南非在宣扬"非洲复兴"的民主善政承诺时,却对津巴布韦的政治危机保持沉默,南非的"静默外交",削弱了南非长期标榜的反帝主义与民主主义意识形态的吸引力,也损害了姆贝基的区域纷争调解者形象。结果这产生了一个悖论,尽管南非可以基于军事、经济和软实力手段建立区域领导力,却无法对区域关键国家施加软实力影响,同时又被西方国家视为非洲利益的忠实代言人。南非在地区领导力方面的不足,是由于缺乏共同的价值观,很多非洲国家反对南非将西方价值观移植到非洲。例如一些非洲领导人认为,"非洲发展新伙伴计划"(NEPAD)为促进民主、加强善治所做的努力是对西方价值的复制,牺牲了非洲传统价值。然而,在整个南部非洲,南非的吸引力是显而易见的。整体上南非在开拓非洲市场方面取得了显著成就。

由此可知,南非的领导地位并未得到区域邻国的全面认可。例如,非洲国家经常公开反对南非申请成为联合国安理会常任理事国,许多非洲国家批评南非所具有的道德权威不足以与此地位相匹配。2015年南非发生的仇外事件引起了许多非洲国家的高度关注,认为南非民主政治难以作为非洲典范。同时,南非的基尼系数和其他社会发展指标也令人担忧,其财富分配不均正迅速成为社会剧烈动荡的根源。而且作为新兴大国,南非为非洲区域治理的贡献相对有限。事实上,尼日利亚多年来一直认为自己是非洲不可忽视的代表。南非军事影响力也出现下降,并因参与联合国和非洲联盟维和任务而负担沉重。[37]南非认为自己有义务在全球舞台维护非洲价值与利益,但其对非洲国家的领导大多是"象征性的"。在许多方面,南非没有供给国际公共产品,从而为区域公共产品与集体行动做出贡献。

南非于2011年4月加入金砖国家组织,但其经济规模相对较小。例如,根据国际货币基金组织的数据,2012年南非按不变价格计算的国内生产总值约为俄罗斯、印度或巴西的五分之一,为中国的二十分之一。不论如何,南非加入金砖国家组织具有重要战略意义:首先,它是俱乐部中唯一的非洲国家,尽管非洲大陆人口最多的国家尼日利亚也认为自己代表非洲,但南非经济更具活力;其次,南非的加入使金砖国家组织真正全球化,为非洲参与南南合作开辟新路径。最后,南非是天然资源禀赋最丰富的金砖成员之一,拥有世界上10％的石油储备,40％的金矿和95％的铂金资源。不可否认的是,南非具有成长为全球大国的潜力,这体现在诸多政策倡议之中。例如南非前总统姆贝基大力推进的非洲发展新经济伙伴关系倡议、南非在非洲联盟中发挥领导作用、南非是世界贸易组织"绿屋会议"(Green Room)机制中的主要非洲国家代表,并成功举办了2010年"世界杯"。而加入金砖国家组织则有助于进一步增强南非的国际影响并塑造全球南非的新兴大国形象。

(二) 曼德拉的国际威望与后种族隔离时代

南非外交政策受种族隔离制度影响深远,并反过来塑造着南非的身份认同。1931年英国通过《威斯敏斯特法令》允许南非制定独立的外交政策。1961年南非共和国成立前,"非国大"引领了席卷整个非洲的非殖民化浪潮。1973年德班罢工开启了黑人争取平等权利运动,这引起了世界关注,为此联合国专门通过了谴责种族隔离的决议。直到1994年南非种族隔离制度正式结束,标志着南非开启民主化进程,令世界称道的是南非选出了第一位黑人总统。事实上,后种族隔离时期的南非外交发生了巨大变化,类似于俄罗斯在苏联解体后的剧烈的身份转型。自1978年以来,邻国政局不稳成为南非关注的问题之一。1980年对南非持不友好态度的津巴布韦独立,随后 1980 年 4 月 1 日博茨瓦纳、莫桑比克、赞比亚、坦桑尼亚、安哥拉、津巴布韦、莱索托、斯威士兰和马拉维九国首脑宣告成立"南部非洲发展协调会议",该组织的宗旨是减少在经济上对南非的依赖,建立有效与公正的区域一体化框架。南部非洲各国联合反对南非的区域领导力。对此,南非从 20 世纪 80 年代初开始陆续通过秘密和公开活动推翻对其不友好的邻国政权,但这些行动也遭到国际社会的批评。面对国内外压力,南非也开始从区域干涉中撤离。1984 年 2 月南非与安哥拉达成协议,南非从安哥拉南部撤军,同年 3 月南非和莫桑比克签署了《互不侵犯与睦邻条约》,有效地结束了干预他国事务的活动,为南非转变为正常地区大国角色提供了可能。

在种族隔离时期,南非外交部的使命主要是为了避免国际制裁和外交孤立。[38]而在后种族隔离时期南非外交开始强调参与全球金融市场、区域经济集团、国际贸易联系、信息技术和新形式的多边治理的重要性。在总统纳尔逊·曼德拉执政时期,鉴于曼德拉崇高的国际声誉,南非的国际形象得到极大改善。[39]纳尔逊·曼德拉在选举前夕宣称"人权将成为指导我们外交政策的明灯",这为南非外交定下了基调。曼德拉时代的外交政策充满理想主义与道义抱负,而南非也因其丰富多元的包容文化被国际社会称为"彩虹之国"。在 1994 年实现民主选举后不到一年时间里,南非与包括 46 个非洲国家在内的大多数国家建立了全面外交关系,并被(重新)接纳为联合国、英联邦、非洲统一组织(OAU)和南部非洲发展共同体(SADC)的正式成员。在不同时期,它担任过联合国贸发会议、南部非洲发展共同体、联合国人权委员会第 54 届会议和不结盟运动的主席。因此,曼德拉在 1999 年卸任总统时感叹:"对于一个几年前还是世界臭鼬的国家来说,南非在与国际社会的关系方面确实经历了一场革命。"[40]

虽然从全球范围来看,南非可能是一个小型或中型国家,但在非洲范围内,它是一个巨人。曼德拉宣称,南非始终是一个非洲国家,肩负振兴非洲的使命。西方国家希望看到曼德拉发挥更大的非洲大陆领导力,带动非洲经济与政治发展。在后种族隔离时期,南非已经实现了国内和解、解决了政治分裂问题,并且在经济发展上独树一帜,拥有高质量的基础设施、健全的货币体系和丰富的自然资源。种族隔离制度的结束以及对人权和发展政策的追求,使南非在短时间内从国际孤立地位变成了非洲大陆的潜在领导者。

（三）姆贝基的泛非复兴主义与南非外交转型

为解决非洲面临的问题，1999年至2008年间担任南非总统的塔博·姆贝基一直积极推动"非洲复兴"，促进非洲大陆的社会凝聚力、民主化进程和经济增长，使非洲扮演重要的全球大国角色。1999年姆贝基政府上台后立即提出"非洲复兴思想"，以振兴整个非洲为己任。姆贝基明白"非洲复兴"计划在广大非洲贫困地区面临国内发展、内政动荡和官僚问题等诸多阻碍。然而他认为，南非代表了非洲发展的希望，是非洲人口1 000万以上国家中人均国内生产总值最高的国家。作为新兴大国，南非可以支持其他发展中国家的事业，引领非洲复兴。南非还是"南南合作"的坚定倡导者，主张合作解决欠发展问题、贫困问题、国际边缘化等问题。[41]与曼德拉一样，姆贝基致力于建设南非的区域与全球领导力。姆贝基推动塑造了非统组织向非洲联盟过渡，推进了促进国内与区域善治的协调政策，作为一个区域发展领导者，南非敦促对南部非洲关税同盟（SACU）进行修订，其前身是1910年南非联邦与南部非洲英属殖民地的关税同盟协定，是包括博茨瓦纳、莱索托、纳米比亚和斯威士兰等南部非洲国家间的区域性经济组织，南非同样推动了由非洲中南部和印度洋沿岸的14个国家组成的南部非洲发展共同体（SADC）的转型，以便推进更平衡的经济合作和一体化进程。

在姆贝基的领导下，南非以务实与温和重塑南非全球角色并开始追求维持和平者的角色，向联合国和非洲联盟的和平特派团提供部队。南非利用其"道德优势"在南北非洲之间架起和解与合作的桥梁，特别是积极为非洲、南部非洲发展共同体和最不发达国家制定系统的贸易和发展议程。姆贝基直言不讳地批评布雷顿森林机构加剧了全球债务危机。对此，南非政府决定发起旨在成立新兴经济体"22国集团"的倡议，以探讨重组国际金融架构。南非贸易官员试图通过促进与巴西、印度和中国以及北非的特殊贸易安排（所谓"蝴蝶战略"）来落实南南合作的呼吁。这种南南合作"蝴蝶战略"将南非置于蝴蝶之首，通过各种贸易协定，翅膀从非洲延伸到北美、南美和东亚。

为推动全球治理改革，在姆贝基的领导下，南非将其利益定位为非洲领袖与全球南方的主要大国。然而,过去的历史遗产将永远是一个身份阴影,南非需要明确地将自己塑造为全新的非洲国家,表明自己真诚地维护非洲的优先事项和关切。1994年以来南非国家角色开始朝着道义榜样者、调解人、区域子系统合作者、区域保护者、和平缔造者、诚实的桥梁沟通者与积极的多边主义者等方向迈进。姆贝基的多边议程扩大和深化了曼德拉时代的外交范围。南非主办了2001年联合国种族主义、仇外心理和相关不容忍现象世界会议和2002年可持续发展问题世界首脑会议。姆贝基还成为全球无条件减免重债穷国债务运动的主要倡导者之一。在重债穷国中,有33个位于非洲,其债务估计为3 000亿美元。在2000年7月冲绳八国集团峰会和2001年7月热那亚八国集团首脑会议上,南非总统姆贝基、阿尔及利亚总统布特弗利卡和尼日利亚总统奥巴桑乔历史性地以不结盟运动主席、非统组织主席和77国集团(G-77)主席的身份组成了战略阵线,向主要发达国家提出了发展中国家的集体关切。

在后种族隔离时代,南非的自我期望与实际领导力之间存在差距。作为非洲代表,南非需要在道义与利益之间不断平衡。尽管南非在非洲经济发展中占据主导地位,但从全球来看还是一个中等收入经济体,而且其收入不平等程度非常严重,少数富裕白人与多数黑人之间存在严重的社会差距。南非在安哥拉战后重建以及刚果、布隆迪和津巴布韦问题上的作用有限,加之其自身在地区也存在干预行为,使得其他国家对南非的领导者角色持怀疑态度。姆贝基的外交政策受实用主义和温和主义激励,重塑了南非的全球角色。但是,南非未能成功将经济、军事优势与思想软实力转化为有效领导力未能在整个非洲大陆引起共鸣。矛盾的是,南非在全球层面成功成为新兴大国,而在区域和次区域层面上却时常面临非洲国家的制衡。总之,尽管南非有雄心壮志,但其地区霸主角色转化为地区领导者角色的进程依然困难重重。

第五节　俄罗斯区域与全球领导力建设

全球领导力意味着主要是为了国际体系的利益而行动,它意味着领导者有意愿克制自己的利益而维护世界秩序。冷战后,俄罗斯认为自身是对国际进程有举足轻重影响的大国,希望通过积极参与全球事务展现领导力优势,并增加国际社会对它的信任与认可。在多极国际体系中俄罗斯致力于恢复领导国地位,通过包容、平等、信任的伙伴关系和战略互动来建立非霸权的影响力。而且,俄罗斯面对美国和其他北约成员压力,冷战后的十年里加快与"邻国"建立政治、文化和经济关系一体化进程。在重塑大国影响力的过程中,俄罗斯面临的关键问题是如何在世界上、在欧亚地区定位自身身份,俄罗斯还是超级大国吗? 还可以发挥全球领导力与战略影响力吗? 面对这些质疑,俄罗斯积极作出一些国际援助承诺,致力于供给国际公共产品,使其重新成为受信任的领导者。处于转型期的俄罗斯具有复杂的多重身份,这对其大国领导力的合法性基础带来复杂影响。

(一) 俄罗斯的身份转型与角色定位

冷战两极格局的瓦解极大地影响了俄罗斯的自我认知。苏联解体后,俄罗斯国内对应该保持什么样的大国角色进行了激烈的争论。对于国际社会而言,俄罗斯的身份是特殊而复杂的,它既是相对苏联的衰落大国(或旧帝国),也是正在融入自由主义国际体系的新兴大国,正在经历新的社会化过程。查尔斯·多兰(Charles F. Doran)指出,物质实力和社会认知因素是决定大国地位的关键,其一般经历成长、成熟和衰退的周期性发展阶段,尽管这些阶段的高潮/低潮和持续时间对每个国家来说都不一样。[42]而俄罗斯则可能处于历史的拐点上,其外交决策者努力使成本最小化和机会最大化,避免导致复兴进程停滞不前。[43]

俄罗斯处于非常复杂的后苏联政治空间中,其希望继续与邻国保持合作,但是这种收益结果的分配以及中亚国家对俄罗斯潜在的军事干预的恐惧,都会削弱俄罗斯领导力的合法性。新兴大国需要从历史中吸取教训,避免单纯依靠展示实力来强制他国追随,而是需要积极承担全球治理责任,为领导力建构合法性认同。在2008年全球金融危机中,金砖国家不仅逆势发展,而且通过推进国际货币基金组织改革对全球经济治理做出贡献,实际上帮助国际社会渡过了危机,因此金砖国家的集体领导力与国际声誉有显著提升。但这并不代表所有金砖国家都会一如既往地加大对国际社会的贡献,如何克服地缘政治与国内政治压力,积极供给创新性国际公共产品,是俄罗斯能否最终获得国际社会认可的关键。

　　自冷战结束以来,俄罗斯对昔日光荣历史的留念,使其与印度、巴西和中国的国际地位追求战略有所不同。因为苏联的解体,在时间距离上非常近,更希望霸权国给予其必要的尊重,并追求在全球政治舞台上获得一席之地,同时它依然可以利用自己强大的军事能力和潜在的经济实力来对周边较小邻国发挥影响。由此,俄罗斯在 21 世纪后采取了一系列措施拉拢与安抚曾经的独联体国家,通过建立集体安全组织与欧亚经济联盟为该地区乃至全球治理供给公共产品。但是俄罗斯的大国身份需要嵌入在社会关系中才具有意义,它要恢复地区或全球领导者地位,则必须能吸引一批追随者。因此俄罗斯需要时常将自我认同与追随者的期望之间进行调和。如果调和失败,那么领导者与追随者关系就会变得紧张,而这种紧张会导致军事或经济冲突。

　　在 20 世纪 90 年代,俄罗斯对美国作为世界领袖的看法很复杂。俄罗斯希望避免经济和政治孤立,在一定程度上融入了美国主导的自由主义国际秩序。但在 2008 年全球金融危机之后,俄罗斯加入了有关全球经济秩序改革的激烈辩论。全球经济治理的主要平台也从七国集团/八国集团转向二十国集团,俄罗斯以新兴大国的身份参与其中。尽管俄罗斯的实力与身份在冷战前后发生剧烈变化,但其参与解决全球治理问题的意愿并没有减弱,如俄罗斯积极参与"金砖国家"集团,为全球治理进程贡献积极倡议与解决方案。二十国集团可被俄罗斯作为参与全球治理的切入点,提升全球经济治理的效率和合法性,使全球规则机制更具代表性。俄罗斯以新兴大国的身份进入全球治理的最高论坛,不仅拒绝"搭便车",而且强调其在全球治理的独特角色。

　　自 20 世纪 90 年代中期以来,俄罗斯一直在讨论多极化的想法。这样的世界观如何影响俄罗斯的外交政策?俄罗斯的外交政策可以大致分为两个时期。第一个时期,从苏联解体到 2007 年左右,其特点是希望重新融入现有的国际体系,并在决策桌上获得一个有价值的位置。特别是在前十年段,俄罗斯准备在世界政治舞台上暂时扮演一个从属的角色。俄罗斯的大国复兴目标在叶利钦和弗拉基米尔·普京时期都没有改变。在这些年里,俄罗斯的优先事项包括:加入欧洲委员会、七国集团、世界贸易组织和经济合作与发展组织(OECD);改革欧洲安全与合作组织(OSCE);以及与欧盟建立制度化的、越来越紧密的联系。普京的第二个时期从 2007

年 2 月慕尼黑演讲开始,这一阶段俄罗斯表达了对亲西方政策深感失望。从那时起,俄罗斯便不再把加入欧洲一体化作为战略目标,相反强调增强独立性与自主能力。这一变化源于这样的现实:西方国家,特别是美国根本不会将俄罗斯作为一个平等的伙伴,俄罗斯只有自强才能赢得尊重。

俄罗斯作为一个具有积极外交政策、全球军事能力和超大版图的新兴大国,在苏联解体后重新引起国际社会关注。许多观察家指出,2008 年全球金融危机后西方国家遭遇重创,俄罗斯的外交政策取向则更加自信。俄罗斯 2008 年对格鲁吉亚进行干预,在克里米亚问题上与乌克兰发生冲突,以及对叙利亚干预都被认为是俄罗斯重建全球大国地位的行动。甚至部分观察家甚至认为,随着美国和其他西方盟国试图遏制俄罗斯,一场新的冷战开始了,世界可能回归传统大国政治时代。

一方面,区域地缘政治秩序的推动者角色与俄罗斯融入西方世界的角色之间存在紧张关系。前者的动机是重新确认俄罗斯对后苏联空间的主导,后者则需要承认美国霸权并克制对大国地位的追求,俄罗斯就是在这种矛盾和模糊的外交政策取向下,逐步融入西方世界,又开始拉开与西方社会距离,最终走向与西方全面竞争的道路。1997 年前后俄罗斯的国家安全概念开始发生变化,例如减少了对俄罗斯作为民主国家的提及;相反,俄罗斯将自己描述为一个有影响力的欧洲和亚洲大国。俄罗斯经历了一段迷茫的身份挣扎后开始重新审视其世界角色,其中包括国际问题的解决者、斯拉夫民族的保护者、有影响力的大国、成功转型的榜样、国际和平的促进者、欧洲和亚洲的桥梁、融入欧洲的整合者。[44] 俄罗斯依然是一个大国,即使其经济实力与政治影响力有所下降。但俄罗斯越来越强调自己是西方国际机制的参与者与合作伙伴,而不是追随者与依附者。尤其在普京的领导下,俄罗斯的大国角色凸显出来,强化了在后苏联政治空间的领导者而非霸权者身份。

另一方面,追求在独联体中为俄罗斯创造"特权利益区",甚至企图建立在后苏联空间的"新帝国"角色。[45] 俄罗斯一直保持着庞大的军备力量,作为全球争端和冲突的管理者参与国际事务。特别是普京时期的俄罗斯致力于扭转苏联解体以来的衰落,恢复真正的大国地位,再次成为全球稳定的平衡者和守护者。[46] 俄罗斯起初融入而又被排除在西方核心国际机制(八国集团)之外的情况表明,俄罗斯继续把自己看作是一个对美国和欧盟产生战略制衡的力量。

但在安全领域之外，俄罗斯在全球治理中并不十分活跃。俄罗斯在全球经济治理中的参与度低于中国，因为它拥有较少的全球经济利益。大多数国家都是受自然资源和市场需求的驱动，但这两个因素都不适用于俄罗斯。俄罗斯花了近19年的时间就其加入世界贸易组织的一揽子计划进行谈判，并于2012年8月成为世界贸易组织第156个成员国。相比之下，中国自2001年以来一直是世界贸易组织成员，巴西、印度和南非自1995年以来一直是世界贸易组织成员。最重要的是，俄罗斯对全球经济治理的矛盾态度，有时将其放在衰落大国位置来考虑，比放在新兴大国位置下考察更合适。今天的俄罗斯相对苏联已经严重衰落，但在极化趋势下它又具有重新强盛的潜力。[47]

（二）供给集安组织与欧亚经济联盟区域公共产品

在复杂动荡的后冷战世界中，俄罗斯的全球领导力经历转型阵痛。在新的国际多边机制中，俄罗斯依托上海合作组织、集体安全组织、欧亚经济联盟发挥了区域主导作用。它还参与了所有重大全球问题的讨论，从经济再平衡到冲突管理再到反恐。俄罗斯前外交部长伊万诺夫（Igor Ivanov）指出，俄罗斯依然是大国，承担集体管理世界秩序的责任，具备恢复全球大国地位的政治抱负。[48]

俄罗斯建立区域领导力的基本前提条件如下：（1）它不仅是欧亚大陆苏联地区的主体部分，甚至被多数邻国视为苏联的合法继承者；（2）具有强烈的大国抱负与历史传统，并愿意承担区域领导责任；（3）具有必要的物质能力，尤其是强大的军事实力，以及部分区域意识形态能力为其权力投射奠定基础；以及（4）在区域事务中具有高度影响力，长期处于欧亚地缘政治中心。[49]基于此，俄罗斯在冷战后进行区域领导力建设的努力体现为如下几个方面：（1）在经济、政治和文化上与本地区邻国加强相互联系；（2）但一段时间以来专注国内转型，忽视对区域发展供给经济发展与安全类集体公共产品，也没有为经济一体化进程承担大部分成本。此外，后苏联空间的国家担心俄罗斯的政治一体化会损伤其主权，建立超国家的控制；（3）俄罗斯的泛斯拉夫主义在后苏联空间缺乏吸引力，缺乏整合区域认同的意识形态领导力；（4）俄罗斯的实力得到了大多数地区国家的默许,但部分邻国与西方国家接触密切,对俄罗斯的霸权提出异议。作为反击,俄罗斯对波罗的海国家切断贸易关系、对乌克兰切断能源资源联系,对格鲁吉亚则进行部分领土占领。许多地区国家感受到俄罗斯的不确定威胁,并开始通过与北约和欧盟建立强有力的联系来寻求对冲策略。[50]

在后苏联空间建立经济联盟的想法和尝试始于 20 世纪 90 年代初。1993 年 5 月,独联体成员国领导人在莫斯科发表《关于建立独联体国家经济联盟宣言》,准备在独联体框架内建立经济联盟。1993 年 9 月,独联体十个成员国的总统签署《经济联盟条约》,进一步确认了宣言中提出的基本原则和任务,确定了经济一体化的长期目标,分阶段建立商品、服务、资本和劳动力的统一市场,即先构建国家间自由贸易机制,再过渡到关税同盟,然后建立统一市场,最终形成货币联盟。然而,鉴于独联体成员国正处于政治经济转轨初期,国内政局不稳,经济秩序混乱,且受到苏联解体带来的利益纠纷和域外势力分化等因素的影响,在独联体框架内协调各国利益、推进一体化进程异常困难。

此后,俄罗斯、白俄罗斯、哈萨克斯坦等关系密切、利益诉求相近的少数国家另起炉灶,建立了欧亚经济共同体。然而由于经济结构和发展水平存在巨大差异,各成员面对国际竞争时进行市场保护还是开放的意愿难以协调,欧亚经济共同体框架下的一体化进程也极其缓慢。这几个国家又提出在欧亚经济共同体框架内先推进一体化进程,欧亚经济联盟就是这一尝试的成果。2006 年 8 月,俄白哈三国在欧亚经济共同体框架内率先建立关税同盟。在关税同盟和统一经济空间基础上,2014 年 5 月俄白哈三国签署了《欧亚经济联盟条约》。2015 年欧亚经济联盟正式启动运行,亚美尼亚、吉尔吉斯斯坦相继加入。欧亚经济联盟是后苏联空间一体化程度最高的区域经济合作机制。[51] 对其他成员国来说,欧亚经济联盟成立的初衷是谋求共同发展,它们期待俄罗斯带动本国的经济发展。因此,俄罗斯的经济发展水平和对外输血能力是欧亚经济联盟保持凝聚力的关键。

俄罗斯客观上仍然是一个大国,有责任扮演欧亚大陆战略平衡的角色。即自 21 世纪初以来国际体系的多极化趋势越来越明显。没有一个国家或一个政治集团可以绝对主导国际体系。梅德韦杰夫在担任总统后不久提出"欧洲安全条约"的想法,这是一个保持安全平衡的传统地缘政治条约。俄罗斯对加入世界贸易组织的态度也发生了转变,不再讨论俄罗斯是否会从加入世界贸易组织中获益,而是讨论该组织的未来前景是否乐观。2009 年 6 月俄罗斯决定停止加入世界贸易组织的谈判,转而集中精力与哈萨克斯坦和白俄罗斯建立关税同盟。这一步骤的政治含义在于,俄罗斯试图采取实际步骤以俄罗斯为同心圆扩大与欧洲和中国的合作,从而恢复其领导力。

在国际援助领域,俄罗斯在 2006 年担任八国集团主席国期间,俄罗斯提出了一系列国际援助承诺,这标志着俄罗斯重新成为一个国际援助国。2007 年颁布的《俄罗斯参与国际发展援助的概念》全面概述了俄罗斯官方发展援助(ODA)的优先事项、目标和原则。[52] 根据这份文件,俄罗斯官方发展援助政策的主要目标如下:影响全球进程,以建立基于公正国际法准则和国家间伙伴关系的世界秩序;消除贫困,确保发展中国家和冲突后国家的可持续经济发展;消除人道主义、自然、环境和工业灾害及其他紧急情况的后果;在俄罗斯国家边界建立睦邻友好区;加强俄罗斯的信誉,促进国际社会对俄罗斯采取不偏不倚的态度。基于此,俄罗斯宣布遵守《援助实效问题巴黎宣言》《阿克拉行动议程》和《有效发展合作釜山伙伴关系》的原则,继续做出重大的国际援助承诺。2009 年俄罗斯以八国集团和二十国集团重要成员身份,参与发起《拉奎拉粮食安全倡议》并参与认捐,成功扭转了农业发展领域长达数十年的国际援助缺位。[53] 在许多国家,国际援助由外交部或专门的发展部负责,而在俄罗斯,这一职能由外交部、财政部、经济发展部、教育和科学部、卫生部以及民防和紧急情况部共同分担。近二十年来,一直向外国提供一系列的人道主义援助,并开始强化与其他政府、国际组织和机构合作。[54] 2011 年俄罗斯试图尝试建立统一的国际发展机构(俄罗斯国际援助署),全面负责对外援助事务,然而该计划被搁浅,取而代之的是加强现有机构"俄罗斯合作组织"的能力建设,以发展和实施俄罗斯的国际援助计划,致力于发展俄罗斯和独立国家联合体之间的关系。[55] 在建设伙伴关系网络方面,俄罗斯与欧盟、联合国、黑海经济合作组织(BSEC)、北约和国际发展组织等机构建立伙伴关系。1993 年与联合国难民事务高级专员(UNHCR)建立合作,这种伙伴关系在 1993 年至1996 年的前南斯拉夫危机和 1999 年至 2000 年以及 1994 年至 1995 年的中非共和国危机中得到检验。2002 年民防和紧急情况部开始与世界粮食计划署积极合作,特别是为世界粮食计划署的行动提供后勤支持。在1999—2000年巴尔干地区冲突中,民防和紧急情况部与瑞士、希腊和奥地利合作,开展了"焦点行动",拯救平民并提供人道主义援助。在21世纪初,与塔吉克斯坦和吉尔吉斯斯坦开展合作支持阿富汗的人道主义救援,该部还与美国联邦紧急事务管理局(FEMA)合作。当然,其援助机制和发展总量仍然远远落后于其他欧美国家。2012年,三个八国集团国家(美国、英国和日本)是世界上最大的五个人道主义捐助者,而俄罗斯自己的数字则要小得多,大多数其他八国集团国家的人道主义援助预算通常至少是俄罗斯的10—15倍。在2007年,俄罗斯开始积极尝试改善这种状况,例如通过《俄罗斯参与国际发展援助的概念》,将其重点扩大到发展援助。同时,俄罗斯也意识到自己的独特地位,它是发达的"全球北方"和欠发达的"全球南方"之间的中间地带。[56]同样,俄官方叙事称其"特殊的地理位置使俄罗斯能够在欧洲和亚洲专门从事救灾的力量的整合过程中发挥连接作用"[57]。

(三)上海合作组织中的俄罗斯领导力

俄罗斯显然希望维持其在中亚的影响力,中亚传统上是苏联的一部分,俄罗斯在其中有着重要的地缘政治利益。上海合作组织(简称"上合组织")成立后,俄罗斯继续推动"集体安全条约组织"发挥地区安全组织不可或缺的作用。渴望复兴大国地位的俄罗斯开始在中亚地区警惕西方的战略挤压,但其有限的综合实力与战略承诺之间存在差距,因此俄罗斯在集安组织和欧洲经济联盟之外,也需要加强上合组织的作用,因为其不仅可以帮助俄罗斯稳定区域领导力,也是中俄战略伙伴关系的结晶。[58]

从宏观角度看,上合组织为整合东亚与中亚安全、能源供应和经济需求提供了可能。中亚国家也需要向东亚寻求投资、经济援助和安全合作。苏联解体后新独立的国家寻求对俄罗斯的影响力进行微妙的平衡。出于实用主义考虑,2017年6月印度和巴基斯坦正式加入上合组织。这一扩展对该组织具有重要的外交、安全和经济意义,使得欧亚—南亚的安全议题联系起来。可以说,上合组织扩大到南亚是一种包容性的机构平衡战略。

一个稳定的中亚符合俄罗斯的利益,更符合亚洲各国维护地区安全稳定,以及抓住发展机遇、开拓合作潜力的期待。上海合作组织经过20多年的发展,成为一个区域安全协调组织,随着正式成员、观察员国和对话伙伴的名单不断扩大,它在中亚区域安全事务中扮演举足轻重的作用。自2001年成立以来,上海合作组织在区域政治、经济、安全、人文等领域取得巨大成就,目前成员占世界人口的42%,占世界国内生产总值的30%,成为区域经济一体化的核心力量,在地缘经济和地缘政治方面有更大的潜力。2021年9月,上合组织在塔吉克斯坦杜尚别举行成立20周年纪念活动,同时考虑吸纳伊朗成为正式成员。随着伊朗成为新成员,上合组织的影响力将延伸到大中东地区,整体上已经横跨东亚、中亚和南亚地区。[59]由此,上合组织承担了解决连接全球地缘政治经济格局三个关键区域的安全和经济治理问题。上合组织能否在阿富汗问题上促进区域重建与安全稳定,则是重要议题。2005年上海合作组织—阿富汗联络小组成立,由此,俄罗斯依托上合组织也间接为区域安全稳定供给了国际公共产品,进一步巩固其特殊大国地位,并长期在阿富汗问题上发挥更积极的作用。[60]

结　　语

领导力概念涉及追随者愿望或期望,领导者的说服能力,以及双方互动的社会关系状态。金砖国家在全球和区域层面上的领导力存在分异,但都依靠国际互动网络来汲取资源,如建立联盟、参与国际组织、构建区域行动论坛。真正的领导力是能够为集体利益服务,为公共事务治理供给公共产品。在与其他追随者打交道时,潜在的领导国需要恪守互惠原则,给予必要的援助与恩惠。冷战结束后,印度、巴西、俄罗斯和南非都试图在各自的区域发挥领导作用,并在全球贸易谈判和地区和平与安全方面代表地区利益。金砖集团的新兴大国都试图成为发展中国家、该地区和发达国家之间的调解人。为强化领导力合法性基础,新兴大国希望加强区域关系,促进邻国的信任,使用说服和创造共识的方式来追求集体利益,同时保持区域公共产品和国际公共产品供给的平衡。

在全球层面上,金砖国家集团致力于在全球治理中保持统一立场。2014年金砖国家首脑会议在巴西阿雷萨堡峰会中提出了两项倡议:(1)成立新开发银行,为基础设施项目和其他发展项目提供资金;(2)建立金砖国家成员国的货币库,作为抵御金融风险的集体机制,确保成员国的国家货币在全球经济中发挥更重要的作用。在区域层面上,新兴大国为了建立区域领导力大多保持自我克制,包容追随者的搭便车行动。自2003年卢拉担任巴西总统以来,巴西越来越多地在玻利维亚、哥伦比亚、厄瓜多尔和委内瑞拉等南美国家之间提供调解性公共服务。印度政治思想中有着悠久的"泛亚主义"传统,其"大印度"理念包括南亚的大部分地区,甚至延伸到东南亚。南非作为地区主导大国的目标没变,但追求这一目标的手段从军事胁迫变为外交、贸易和合作风格;在后种族隔离时代,南非"新外交"主张非洲问题必须由非洲人解决,南部非洲在安全上相互依存,地区问题应以邻国间的合作方式来处理。自苏联解体以来,俄罗斯经历了复杂的身份转变,俄罗斯需要向世界证明的是,它在多大程度上会通过供给国际公共产品、利用多边机制构建领导力,而非依靠胁迫来塑造政治影响力。

另一方面,区域主要大国与次要大国的领导力竞争,受物质实力分布、影响力投射能力,以及权威等级关系制约。例如巴西对委内瑞拉的领导力,印度对巴基斯坦的领导力,以及南非对尼日利亚的领导力,都充满争议。因为这些次要大国在面临区域最大国家时,时常表现出不情愿地追随或拒绝追随。巴基斯坦强烈拒绝追随印度,同时针对印度的南亚霸权,巴基斯坦与域外大国结成战略伙伴关系,采取软硬综合制衡。在非洲,津巴布韦为抵消南非影响而向其他大国靠拢,而尼日利亚部分跟随南非,但同时声称自己在西非拥有次区域领导权。巴西在南美也受到了阿根廷、委内瑞拉及其盟友玻利维亚与厄瓜多尔的挑战;委内瑞拉不情愿地跟随,但默许了巴西的区域领导权。由此,新兴大国的领导力合法性面临内外多重因素挑战。但在全球治理变革时代,挑战与机遇往往相辅并生。

注释

1. Stefan A. Schirm, "Leaders in Need of Followers: Emerging Powers in Global Governance," *European Journal of International Relations*, Vol.16, No.2, 2010, p.216.

2. 参见 Jim O'Neill, "Building Better Global Economic BRICs," *Goldman Sachs Global Economics Paper*, No.66, 2001。

3. Leslie Elliott Armijo, "The BRICS Countries(Brazil, Russia, India, and China) as an An-

alytical Category：Mirage or Insight，" *Asian Perspective*，Vol.31，No.4，2007，pp.7—42.

4. Carlos Santiso，"The Gordian Knot of Brazilian Foreign Policy：Promoting Democracy While Respecting Sovereignty，" *Cambridge Review of International Affairs*，Vol.16，No.2，2003，pp.343—358.

5. Neil MacFarlane，"The 'R' in BRICs：Is Russia an Emerging Power?" *International Affairs*，Vol.82，No.1，2006，pp.41—57.

6. Karin C. Vazquez，"South-South Ideas：Catalyzing the Contribution of the New Development Bank and the Asian Infrastructure Investment Bank to the Sustainable Development Goals，" United Nations Office for South-South Cooperation，2022.

7. Marina Larionova and Andrey Shelepov，"BRICS, G20 and Global Economic Governance Reform，" *International Political Science Review*，Vol.43，No.4，2022，pp.512—530.

8. Ekaterina Y. Arapova and Yaroslav D. Lissovolik，"The BRICS Plus Cooperation in International Organizations：Prospects for Reshaping the Global Agenda，" *Asia-Pacific Social Science Review*，Vol.21，No.4，2021，pp.192—206.

9. Sean W. Burges，"Brazil：A Bridge Between Old and New Powers?" *International Affairs*，Vol.89，No.3，2013，pp.577—594.

10. Daniel Flemes and Douglas Lemke，"Findings and Perspectives of Regional Power Research，" in Daniel Flemes ed.，*Regional Leadership in The Global System：Ideas，Interests and Strategies of Regional Powers*，Burlington：Ashgate Publishing Company，2010，pp.324—327.

11. Celso Amorim，*Inauguration Speech*，January 1，2003.

12. 巴西对区域公共事务的介入此时刚起步，直到 1981 年甚至都没有巴西总统访问过秘鲁或哥伦比亚。参见 Matias Spektor，"Brazil：The Underlying Ideas of Regional Policies，" in Daniel Flemes ed.，*Regional Leadership in The Global System：Ideas，Interests and Strategies of Regional Powers*，pp.192—200。

13. Celso Amorim，*Inauguration Speech*，January 1，2003.

14. Matias Spektor，"Brazil：The Underlying Ideas of Regional Policies，" in Daniel Flemes ed.，*Regional Leadership in The Global System：Ideas，Interests and Strategies of Regional Powers*，p.199.

15.《南美国家召开第一届首脑会议》，中国新闻网，2000 年 9 月 1 日，https：//www.chinanews.com/2000-09-01/26/44329.html。

16. Lula Da Silva，*Speech at Beijing University*，May 25，2004.

17. Lula Da Silva，*Speech at the General Debate at the 59th Session of the General Assembly of the United Nations*，New York，September 21，2004.

18. Antônio Carlos Lessa，Danielly Silva Ramos Becard，and Thiago Gehre Galvão，"Rise and Fall of Triumphalism in Brazilian Foreign Policy：The International Strategy of the Workers Party's Governments（2003—2016），" in Paulo Esteves，Maria Gabrielsen and Jumbert，Benjamin de Carvalho eds.，*Status and The Rise of Brazil：Global Ambitions，Humanitarian Engagement and International Challenges*，Cham，Switzerland：Palgrave Macmillan，2020，p.81.

19. Iara Leite，Melissa Pomeroy and Bianca Suyama，"Brazilian South—South Development Cooperation：The Case of the Ministry of Social Development in Africa，" *Journal of International Development*，Vol.27，No.8，2015，pp.1446—1461.

20. 相关介绍参见 https：//www.wfp.org/centre-of-excellence-against-hunger。

21. República Federativa Do Brasil，América do Sul：infraestrutura. Ministério das Relações Exteriores，2010，http：//www.itamaraty.gov.br/temas/balanco-de-politica-externa-2003-2010/

1.1.6-america-do-sul-infraestrutura/view.

22. Andrés Malamud, "A Leader Without Followers? The Growing Divergence between the Regional and Global Performance of Brazilian Foreign Policy," *Latin American Politics and Society*, Vol.53, No.3, 2011, pp.1—24.

23. 转引自 Darlene Miller, "South Africa and The IBSA Initiative: Constraints and Challenges," *Africa Insight*, Vol.35, No.1, 2005, p.52。

24. Marco Antonio Vieira and Chris Alden, "India, Brazil, and South Africa(IBSA): South-South Cooperation and the Paradox of Regional Leadership," *Global Governance*, Vol.17, No.4, 2011, pp.507—528.

25. William P. Barton, "Indian Foreign Policy," *Australian Quarterly*, Vol. 22, No. 4, 1950, pp.25—34.

26. Xiaoyu Pu, "The Status Dilemma in World Politics: An Anatomy of the China-India Asymmetrical Rivalry," *The Chinese Journal of International Politics*, Vol.15, No.3, 2022, pp.227—245; Xiaoyu Pu, "Ambivalent Accommodation: Status Signaling of a Rising India and China's Response," International Affairs, Vol.93, No.1, 2017, pp.147—163.

27. Salma Bava, "India: Foreign Policy Strategy Between Interests and Ideas," in Daniel Flemes ed., *Regional Leadership in The Global System: Ideas, Interests and Strategies of Regional Powers*, Burlington: Ashgate Publishing Company, 2010, p.119.

28. Mohammed Ayoob, "India Matters," *The Washington Quarterly*, Vol. 23, No. 1, 2000, p.30.

29. 邱实、蔡立辉:《印度在南亚区域合作中的主导性影响》,载《南亚东南亚研究》2021年第 5 期,第 17—29 页。

30. Itty Abraham, "The Future of Indian Foreign Policy," *Economic and Political Weekly*, Vol.42, No.42, 2007, pp.4209—4212.

31. 杨永红:《南亚区域合作联盟的发展及一体化构想》,载《国际商务》2004 年第 6 期,第 49 页。

32. 李云霞、樊祎冰:《印度在南亚区域合作联盟中的主导地位及其影响》,载《南亚东南亚研究》2013 年第 2 期,第 54 页。

33. Cameron G. Thies and Mark David Nieman, *Rising Powers and Foreign Policy Revisionism: Understanding BRICS Identity and Behavior Through Time*, Ann Arbor, MI.: University of Michigan Press, 2017, pp.333—335.

34. Daniel Flemes and Douglas Lemke, "Findings and Perspectives of Regional Power Research," in Daniel Flemes ed., *Regional Leadership in The Global System: Ideas, Interests and Strategies of Regional Powers*, Burlington: Ashgate Publishing Company, 2010, pp.324—327.

35. 在种族隔离制度下,南非白人政府通过《通行证法》不允许成年黑人随便进入城市。1960 年 3 月 21 日,南非军警在沙佩维尔向示威游行的大批黑人抗议示威者射击,沙佩维尔惨案共导致了 69 人死亡、180 人受伤。此后南非爆发了全国性的大规模抗议和罢工活动,南非政府宣布全国进入紧急状态,超过 1.8 万人因此被捕,其中包括纳尔逊·曼德拉。1976年,联合国第三十一届大会通过决议规定,将南非人民反对种族歧视的斗争日"3 月 21 日",定为"消除种族歧视国际日"。

36. A. De Waal, "What's New in the New Partnership for Africa's Development?" *International Affairs*, Vol.78, No.3, 2002, pp.463—475.

37. Maxi Schoeman, "South Africa as An Emerging Power: From Label to 'Status Consistency'?" *South African Journal of International Affairs*, Vol.22, No.4, 2015, pp.429—445.

38. Chris Alden and Garth le Pere, "South Africa's Post-Apartheid Foreign Policy: From Re-

conciliation to Ambiguity?" *Review of African Political Economy*, Vol. 31, No. 100, 2004, pp. 283—297.

39. Greg Mills, "Leaning All Over the Place? The Not-so-new South Africa's Foreign Policy," in Hussein Solomon ed., *Fairy Godmother, Hegemon or Partner: In Search of a South African Foreign Policy*, ISS Monograph Series 13, 1997, p. 24.

40. Nelson Mandela, "South Africa's Foreign Policy," *Foreign Affairs*, November/December 1999, https://www.foreignaffairs.com/articles/south-africa/1993-12-01/south-africas-future-foreign-policy.

41.《姆贝基：非洲经验告诉我们，首先应该做的不是相互指责、站队》，观察者网，2023年5月24日，https://www.guancha.cn/ThaboMbeki/2023_05_24_693770_1.shtml。

42. 参见 Charles F. Doran, *Systems in Crisis: New Imperatives of High Politics at Century's End*, New York: Cambridge University Press, 1991。

43. Cameron G. Thies and Mark David Nieman, *Rising Powers and Foreign Policy Revisionism: Understanding BRICS Identity and Behavior Through Time*, Ann Arbor, MI.: University of Michigan Press, 2017, pp. 60—68.

44. Alla Kassianova, "Russia: Still Open to the West? Evolution of the State Identity in the Foreign Policy and Security Discourse," *Europe-Asia Studies*, Vol. 53, No. 6, 2001, p. 831.

45. Alexander Rahr, "Germany and Russia: A Special Relationship," *Washington Quarterly*, Vol. 30, No. 2, 2007, pp. 137—145.

46. Neil MacFarlane, "The 'R' in BRICs: Is Russia an Emerging Power?" *International Affairs*, Vol. 82, No. 1, 2006, pp. 41—57.

47. C. Grant, Russia, "China and Global Governance," Centre For European Reform, http://www.cer.org.uk/publications/archive/report/2012/russia-china-and-global-governance, 2012.

48. Igor Ivanov, "The New Russian Identity: Innovation and Continuity in Russian Foreign Policy," *Washington Quarterly*, Vol. 24, No. 3, 2001, pp. 5—13.

49. 参见 Cameron G. Thies and Mark David Nieman, *Rising Powers and Foreign Policy Revisionism: Understanding BRICS Identity and Behavior Through Time*, Ann Arbor: University of Michigan Press, 2017。

50. Daniel Flemes and Douglas Lemke, "Findings and Perspectives of Regional Power Research," in Daniel Flemes ed., *Regional Leadership in The Global System: Ideas, Interests and Strategies of Regional Powers*, Burlington: Ashgate Publishing Company, 2010, p. 325.

51. 王效云：《欧亚经济联盟的形成、发展与实际效用——国际环境与新兴经济体角度的考察》，载《西伯利亚研究》2023年第1期，第21—30页。

52. OECD, Countries, "Territories and Organisations Adhering to the Busan Partnership for Effective Development Co-operation," http://www.oecd.org/dac/effectiveness/busanadherents.htm.

53. OECD, Countries, "Territories and Organisations Adhering to the Paris Declaration and AAA," http://www.oecd.org/dac/effectiveness/countriesterritoriesandorganisationsadheringtotheparisdeclarationandaaa.htm#.

54. EMERCOM, "Humanitarian and International Activities," http://www.mchs.gov.ru/activities/?SECTION_ID=346.

55. IORI, "Russian Aid Agency Won't be Created," 2012, http://www.hse.ru/org/hse/iori/news/60421733.html.

56. Pamela A. Jordan, "A Bridge Between the Global North and Africa? Putin's Russia and G8 Development Commitments," *African Studies Quarterly*, Vol. 11, No. 4, 2010, p. 90.

57. Anna Brezhneva and Daria Ukhova, "Russia as a Humanitarian Aid Donor," *Oxfam In-*

ternational，19 Jul 2013，p. 20，https：//www-cdn. oxfam. org/s3fs-public/file_attachments/dp-russia-humanitarian-donor-150713-en_0. pdf.

58. Janko Šćepanović，"Russia and the Shanghai Cooperation Organization：A Question of The Commitment Capacity，" *European Politics and Society*，Vol.23，No.5，2022，pp.712—734.

59. Ovigwe Eguegu and Javairyah Kulthum Aatif，"Iran's Membership Raises the SCO's Profile—and Expectations，" *The Diplomat*，September 21，2021，https：//thediplomat. com/2021/09/irans-membership-raises-the-scos-profile-and-expectations/.

60. Raffaello Pantucci，"Afghanistan Crisis Lingers over the Shanghai Cooperation Organization Summit：Raisina Debates，" Observer Research Foundation，September 15，2021，https：//www. orfonline. org/expert-speak/afghanistan-crisis-lingers-over-the-shanghai-cooperation-organisation-summit/.

结　论

国际公共产品供给是彰显大国气派、增加国际认同的重要方式,构成国际领导力的基本来源。在"百年未有之大变局"时代背景下,全球治理需要领导力指引,追随者更期待那些能躬身示范和关怀公益的领导者。成功的领导力不仅源于物资资源和政治抱负,更关键的是追随者的信任与支持。新兴大国需对全球治理进行投资,为服务公共利益而供给国际公共产品,基于此换取追随者的信任。

以中国为代表的新兴国家积极参与全球治理,供给了与西方国家不同的新型治理路径。新兴大国需要找准自身定位、发挥比较优势,采取"立体式差异化"的竞争模式,努力"构建自身独特的生态位"。所谓"立体式"供给策略是在纵向维度,尽量打开竞争空间,避免正面竞争,争取错位竞争;所谓"差异化"供给策略是在横向维度,尽量满足消费者的多元化需求。中国积极供给国际公共产品,需从战略上安抚摇摆不定的消费国、建立合法性道义基础、构建供给公共产品的战略叙事、优化新型产品的供给方式。未来需提升公共产品精细度,前瞻性地规划布局,把建设人类命运共同体落到实处。

第一节　本书研究结论与政策启示

本研究提出,主动供给国际公共产品有助于提升本国的国际领导力,因为需求方选择对大国供给的公共产品"搭便车",就增加了被大国影响或塑造的可能性,获得国际公共产品的收益,将不自觉地增加对这种产品的供给者的认可与信任。首先,本研究表明,国际公共产品供给并非霸权国专利,新兴国家基于提升本国国际领导力的考虑,也有动力参与国际公共产品的供给竞争。其次,新兴国家在供给公共产品方面,还独具一些优势,秉持差序性供给策略能够避免与霸权国发生正面冲突。在实践层面,新兴大国也面临上述关键难题,供给哪些公共产品需要理解国际社会期望与自身生态位优势。新兴大国在供给公共产品方面,有着比较优势,这一点对中国参与全球治理的外交实践具有重要启示。

(一) 主要研究结论

全球复杂相互依赖关系影响领导力的塑造方式。然而,狭义的领导力概念仅关注的是行使影响力投射与目标实现,并不要求潜在的领导者为特定集体利益做出贡献,这样的领导力往往不具备合法性基础。领导者服务的集体共同目标可以是共同面临的挑战(如解决气候变化问题、保护森林、消除危险武器等),也可以是具体有限的目标(在谈判中的具体目标,如在军备控制制度中确保发展中国家获得技术)。本质上,领导力是一种社会交换的产物,即领导者服务于公共利益、追随者则给予信任回报。[1]

首先,领导力之所以成为可能,是因为民众选择对其认同,或尊重其权威主张。领导者须小心翼翼地建立和维护社会资本,对社会期望进行回应。通常情况下,领导者的贡献可以通过供给公共产品来满足追随者的期望并促进共同体发展。因此,领导力是达成国际协议和建立国际机构的关键性因素。[2]尤其是在全球治理面临挑战时期,需要有领导者能够引领集体应对迫切需要解决的共同挑战,并让参与者联合起来,探索可持续的解决方案。领导者通过指导或引导他人的期望,而促进对共同利益或共同目标的集体追求。

其次,领导力的本质嵌入在社会关系的集体服务承诺中。领导力需要解决的是集体问题,而不仅仅是个人问题,由此,领导力的合法性取决于追随者的主观评价。领导者要想在集体行动中说服追随者,那么就需要保持互惠的社会互动关系。当危险来临时,人们会自觉地靠拢到那些被认为可以信赖的人身边,那个许诺并践行同舟共济的人就是团队的领导者。不可否认,领导者自身的属性与特质也可以产生吸引力,但是如果没有持续互惠的社会关系,这种魅力属性也不一定符合群体社会的期望,且魅力拥有者只有为集体利益服务,这种属性特征才能转化为政治信任与认可。

再次,跳出英美崛起经验,创造中国特色公共产品理论。西方公共产品理论过分依赖经济学逻辑,难以解释国际政治中公共产品在供给端的竞争性与合法性特点。经济学理论过度关注"市场失灵"（集体行动的困境），忽视"多个政府竞争"供给的难题。在权力转移时代，霸权国与崛起国围绕合法性与领导力展开竞争，双方都欢迎潜在消费国"搭便车"，这种主动吸引他国"搭便车"的做法超越了经济学的自利逻辑。国际无政府状态下，大国供给公共产品是获取国际地位和权力的重要方式；直接目标是影响其他国家，换取合法性认同。在权力转移阶段大国更需要进行前期投资供给公共产品，成功赢得合法性后慢慢回收成本，产生"领导者盈余"。

（二）国际公共产品供给的限度

在"后霍布斯主义"的时代文化中，仁智大国追求将国家利益与国际利益最大化统一，避免使用"蛮力"，而是通过参与国际公共产品供给建立合法性认同。立足回看，改革开放四十多年中国外交着实取得了显著成绩。但同时，一系列浮现或隐藏的诸多难题，就像水下冰川一样干扰，甚至威胁着民族复兴巨轮行稳致远。党的十八大以来，中国提出"人类命运共同体"的长远愿景，为中国全方位供给全球治理方案奠定了理论基础。在"两个一百年"奋斗目标的最后一个阶段，中国的国家利益需求与全球治理期望，都推动着中国积极供给新型国际公共产品供给。新时代的全球领导力建设需要凸显仁义的大国外交风格，涵养善于自处和审时度势的智慧。[3]但是另一方面需要看到物极必反，国际公共产品供给尽管有助于全球领导力建设，但是过度的投入与冷漠都不可取。全球领导力服务于国家利益，国家利益根本上则服务于广大人民群众。因此，需要清醒认识到国际公共产品供给也存在几点局限。

第一，供给强度不可透支国力。最佳的公共产品供给是与国内、国际需求统一起来的，既能强大国民，又能服务全球社会，这在根本上是不矛盾的。因为善治的终极目标就是让世界变得更美好，让人类生活更幸福。所谓"打铁必须自身硬"，政府的第一职责是为国内民众供给丰富的公共产品，富民强国是承担国际责任的基本前提。本研究并不主张进行盲目的国际公共产品供给，更不可在供给国际公共产品时违背客观现实与透支国力。尽管"一带一路"倡议、"亚投行""命运共同体"等新型公共产品有助于促进中国大国领导力的建设，有助于解决全球治理体制的低效与不公平问题，但其投入的程度需要始终维持在中国国力的限度之内，避免战略扩张过快导致后续乏力与战略节奏大起大落等问题，否则会事与愿违，严重挫伤战略信誉与国际威望。

第二，公共产品供给面对大国竞争压力。合法性权威可能受地缘政治压制。应从中长期战略长远角度进行布局与积累，不可操之过急，更不可浅尝辄止，应在摸索中积累经验，在挫折中磨炼优势，建立战略耐心与韧性。全球领导力的建立不在于一朝一夕，其保质期也非朝得夕失，因此值得久久为功。2008年全球金融危机为新兴大国积极供给公共产品提供了契机，但其如果与既有霸权国供给的公共产品同质性越来越高，那么竞争压力就越来越大。当这种竞争超出可控范围，就会导致公共产品供给效率下降，甚至出现"制度过剩"的负面后果。例如，美国的"新丝绸之路计划"、俄罗斯主导的"欧亚经济联盟"、日本的"高质量基础设施合作伙伴关系"、印度主导的"东向政策"与"季节计划"、哈萨克斯坦等国的跨欧亚运输计划、土耳其发起的"现代丝绸之路"计划等，客观上与中国的倡议存在重叠和竞争。对此，摒弃零和思维，坚守"共享共建"原则是开拓共同发展空间的根本之道。

第三，唯有不断推陈出新，才能维持全球领导地位。公共产品具有社会建构性，不同时空情境下，公共产品的合法性评价有很大差别。可能多年前大受欢迎的公共产品如果不能与时俱进，不能增加包容性与创新性，终归会在激烈竞争中被淘汰。1945年美国建立的布雷顿森林体系在历史上发挥了重要作用，但如今面临国际权力格局变迁与全球金融危机冲击，其开始面临严重的治理效力与合法性危机。国际公共产品是消耗品，尽管在某一时空下消费具有非排他与非竞争性质，但是在长时间维度上并非永世不竭的产品。随着时间推移，部分国际公共产品的服务功能会出现退化、复兴与消亡等阶段，构成公共产品的生命周期。当公共产品的供给责任方自身实力与意愿发生变化，既有的公共产品可能被遗弃、搁置或报废。若干年后，当中国主导供给的国际公共产品，例如上海合作组织、亚洲基础设施投资银行、"一带一路"全球互联互通倡议、金砖国家新开发银行、丝路基金等，在时间冲击下慢慢损耗后也会面临着是进行翻新还是重建问题。本质上，这是一个跨期选择问题，需要考虑不同时间阶段的变化。对此，我们一方面要"下好先手棋"，对当前与未来的国际公共产品供给进行科学规划，集思广益，展开供给风险与收益评估。另一方面也需要顺应形势,超越惯性,学会调整与反思也是全球领导力的内涵之一。

第二节 中国领导力建设的前景与规划

新时期的中国应培养和建立起"新的正确义利观",中国是一个"大块头"、要与周边国家发展"亲诚惠容"的紧密关系,让更多中小国家"搭中国便车"。面对日趋激烈的国际公共产品供给竞争,中国需要根据不同供给路径,形成多层次、有步骤、显特色的国际公共产品供给路线图。当前,供给中国特色的国际公共产品已成为中国特色大国外交的有机组成,成为构建人类命运共同体的关键步骤,成为抗衡西方国家压力的"缓冲装置",成为争取各国民意民心的重要手段。作为最具潜力的新兴大国,中国需要结合具体的领域,有所为有所不为,权衡供给利弊,从而为实现"两个一百年"奋斗目标提供坚实基础。依据中国供给能力与意愿的同步提升的前景,可以设想一份中国供给国际公共产品的"三步走"路线图(见表8.1)。

表 8.1　中国供给国际公共产品的"三步走"构想

阶段	2030 年前(人类命运共同体倡议阶段)	2040 年前(人类命运共同体落实阶段)	2050 年前(人类命运共同体建成、"两个一百年"奋斗目标达成)
目标	强化国内公共产品,优化区域公共产品成果	走向全球层面,重点布局优势领域的公共产品供给	崛起成世界强国,全球领导力全面提升,关注人类命运与地球未来
支撑	联合国议程的支持	自身经验与区域领导力	命运共同体与全球领导力
重点	国内层次＋区域层次	跨区域层次＋全球层次	全球层次
举例	"一带一路"与联合国议程对接;大气治理与环境保护;全面建成小康社会;区域防灾预警体系合作等	建立全球高铁网络;建立亚太自贸区;建立世界电子贸易与支付平台;建立全球大数据研发中心等	预防大规模自然灾害;阻击小行星撞击地球与太阳风暴危害;新兴领域全球规范制定(网络空间秩序、人工智能伦理委员会);火星实验站等

（一）2030 年前孵化区域公共产品成果

其一，将区域公共产品创设与全球治理做好对接。"一带一路"是目前中国最具规模的公共产品供给行动，涉及亚欧大部分国家，产生深远的政治与经济影响。"一带一路"建设的重点在亚洲，同时辐射欧洲、非洲与大洋洲，这是一个国际公共产品雏形。短时期内依然需要以此为切入点，深化合作，集中精力经营好国内与周边关系，也需要量力而行，防止战略透支。[4]同时，2030 年是中国落实 2030 年议程的重要节点，促进"一带一路"倡议与"2030 年议程"对接可最大限度地发挥中国倡议的国际效能，实现双赢。此外也需要积极利用"非联合国平台"[5]，比如"77 国集团＋中国"南南合作平台、融通南南合作与南北合作的二十国集团平台，以及金砖国家组织等，展示中国方案的国际比较优势与合法性基础。

其二，维护区域稳定与和平，努力发挥弥合分歧、劝和促谈的建设性作用。短期内需要继续积极参与区域安全问题解决进程，合力应对恐怖主义、网络安全、公共卫生、难民等全球性挑战。在朝鲜半岛无核化方面，优化"双轨并行"思路和"双暂停"倡议，致力于在缓解半岛紧张局势、推动重启接触对话、维护地区和平安宁方面贡献中国的正能量。[6]同时促进调停俄乌冲突，供给安全类公共产品，将"亚洲新安全观"落到实处。

（二）2040 年前布局国际公共产品供给架构

其一，积极引领全球数字规则制定。当前，世界大国争夺数字经济制高点的治理竞争，集中体现在网络基础设施供给以及不同治理理念模式的竞争。5G 技术将决定未来 10 年至 30 年的国际公共产品基本形态，使"物联网"（IoT）基础设施成为可能。2022 年国务院印发"十四五"数字经济发展规划，提出加快建设信息网络基础设施。建设高速泛在、天地一体、云网融合、智能敏捷、绿色低碳、安全可控的智能化综合性数字信息基础设施。[7]通过建设数字"一带一路"，中国在战略性数字产业链中积累了丰富经验，涵盖了互联网、电信、金融支付、大数据中心、海底电缆和云计算等。2020 年 1 月华为公司拥有最大的 5G 专利家族的申报数量，超过三星、中兴、LG 和诺基亚，中国对 5G 技术标准贡献份额居于前列。而中国市场的吸引力也激励着国际参与者学习中国标准，在积极竞争中把握数字革命的机遇。[8]在标准制定方面，中国的国际贡献越来越突出。立足比较优势,可以尝试在有优势但缺乏国际标准的领域提出新标准倡议。

其二,建立全球大数据分享中心,构建信息智能共同体。数字平台除了全球数字基础设施建设,也包括跨国陆地和海底电缆网络、光纤电缆、卫星导航网络(北斗)、数据中心和相关云服务。其中数字平台可以让国际社会从数字基础设施网络中获益,共享全球数据信息和低成本全球交流。彰显数字经济治理的公平互惠原则,需要一方面弥合数字鸿沟,特别是要提升欠发达地区的数字技术水平,增加对落后地区的数字基础设施建设援助;另一方面要推动建设更加包容开放的全球性数字经济规则,既兼顾数字经济发达国家的利益,也要尽量减少部分发达国家的高标准对发展中国家构成"发展壁垒"。2016年二十国集团杭州峰会则率先制定数字经济政策,发表全球首个多边数字政策文件《二十国集团数字经济发展与合作倡议》,标志着世界数字经济发展正式走上全球性治理议程。2020年中国推动将"数据安全"纳入二十国集团声明。此外,中国以东南亚为境外建设跨国数字平台的关键节点,重点建设中国—东盟数字中心与"数字命运共同体"。面向未来,2040年可以建成亚洲或全球大数据分享中心,向全球供给数字公共产品。

其三,促进贸易与投资合作,建立亚太贸易与物流网络。届时可以在统一的自贸试验区规则标准下,通过循序渐进方式,将碎片化的区域自贸区网络整合起来,将薄弱的区域纳入网络中来。例如,在上合组织框架内,目前已经形成的有中哈霍尔果斯国际边境合作中心、阿尔泰区域合作区和中吉乌三国次区域经济合作区等数个次区域经济合作组织。中国可以依托这些次区域经济合作区,选择重点合作领域,分阶段、分地区进行;以点带面,形成具有实质性合作内容的产业、区域,为上合组织自由贸易区的建立创造有利条件。[9] 2040年前,中国可利用多边会议场合,积极为亚太经济一体化谋划新愿景,共同打造开放、包容、均衡、普惠的区域经济合作架构。亚太自贸区一旦建成,将成为世界最大规模的自贸区,中国将发挥引领性作用。

(三) 2050 年前塑造人类命运共同体规范

2050年中国将按计划实现"两个一百年"奋斗目标,在全球层面上的影响力与实力首屈一指,这时矗立新高峰的中国更要立足高远,在"高边疆"领域敢为人先。

首先,创新全球价值规范,推进建成"人类命运共同体"。2050年的国际社会物质异常发达、网络与虚拟空间交错纵横,人类文明极大提升,人类相互依赖前所未有,主权观念与民族意识持续淡化,人类面临地球外的威胁越来越多。届时,全人类社会的进步将有望超越"文明冲突",建成命运共同体。在2050年,已经积累丰富的全球治理经验的中国将可以引领世界主流价值观走向。生产力的极大进步,也会触发人类面临新的价值整合难题,全球命运共同体意识与合作共赢认同感面临转型。[10]在新型全球关系互动模式中,中华文明的开放与深邃将有助于倡导包容、融合、聚合的价值观,"东方智慧"会更进一步吸引世界。

其次,推进"高边疆"领域的人类大合作。在30—50年时间里,人类可能遭受来自自然与外太空的各种威胁,世界需要更高级的公共产品。目前可知,太阳系内分散着数以亿计残片碎块,小至鹅卵石大小,大至直径上千公里,这些星体都有可能撞击地球。科学家发现,大约有1 500颗直径1公里大小的小行星已经或正在掠过地球的轨道。[11]也有科学家警告说,一颗名为"阿波菲斯"的390米宽小行星将可能在2036年和地球相撞,释放出比广岛原子弹爆炸高10万倍的能量。2021年,中国火星探测任务天问一号探测器登陆火星,到2050年已经对月球进行了长达40年的探索,建造了众多中国太空基地。[12]那时,中国应对太空灾难的能力也将领先世界,可以主导建立全球预警系统,对正在飞往地球的星体进行研究和预警。

再次,关注智能科技伦理,倡议伦理新规范。除了云计算、大数据之外,人工智能与智能商品也将成为未来30年的大趋势。人工智能赋予了机器一定的视听感知和思考能力,不仅会促进生产力的发展,而且也会产生一些伦理性问题。未来智能联网将颠覆人们的生活与思维方式,但是人工智能的快速发展也引发人类对机器人伦理的担忧,计算机或机器人将拥有和人类大脑一样的储存容量和处理速度,甚至能完全代替人类思考。在2050年前,中国可发挥自己的领先地位,主导成立人工智能伦理委员会,创造新的国际规范,保卫人类共同体发展。根据乌镇智库数据显示,中国在人工智能领域的发展速度非常抢眼[13],预计到2030年中国人工智能理论、技术与应用总体将达到世界领先水平[14],成为世界创新中心,也因此需要承担更多责任。

注释

1. E. P. Hollander and J. W. Julian, "Contemporary Trends in The Analysis of Leadership Processes," *Psychological Bulletin*, Vol.71, No.5, 1969, pp.387—397.

2. Charles Parker and Christer Karlsson, "Leadership and International Cooperation," in R. A. W. Rhodes and Paul't Hart eds., *The Oxford Handbook of Political Leadership*, Oxford: Oxford University Press, 2014, pp.580—590.

3. 门洪华:《构建新时代中国国际统一战线:一项战略研究议程》,载《世界经济与政治》2021年第6期,第4—27页。

4. 时殷弘:《传统中国经验与当今中国实践:战略调整、战略透支和伟大复兴问题》,载《外交评论》2015年第6期,第57—68页。

5. 张春、高玮:《联合国2015年后发展议程和全球数据伙伴关系》,载《世界经济与政治》2015年第8期,第88—105页。

6. 王毅:《党的十八大以来中国外交的新成就新经验》,载《党建研究》2017年第6期,第23—26页。

7.《"十四五"数字经济发展规划:加快建设信息网络基础设施》,人民网,2022年1月13日。

8.《专家:中国成为近五年在国际标准化领域全球贡献最大国家》,央广网,2020年8月12日。

9. 张恒龙:《上合组织自贸区是落实丝绸之路经济带与欧亚经济联盟对接的当务之急》,载张宇、李永全主编:《丝绸之路经济带和欧亚经济联盟对接研究》,北京:社会科学文献出版社2017年版,第192—198页。

10. Qin Yaqing, "Rule, Rules, and Relations: Towards a Synthetic Approach to Governance," *Chinese Journal of International Politics*, Vol.4, No.2, 2011, pp.117—145.

11. 参见李异鸣:《人类灭种的10种可能》,北京:新世界出版社2012年版,第1—10页。

12.《中国透露2020年登陆火星探测计划:三项任务一次完成》,载《参考消息》,2016年4月22日。

13. 乌镇智库:《乌镇指数:全球人工智能发展报告(2017):框架篇》,2017年10月,第7页,http://h5.iwuzhen.org/pdf/AI-Overview.pdf。

14.《国务院关于印发新一代人工智能发展规划的通知》,中国政府网,2017年7月8日,http://www.gov.cn/zhengce/content/2017-07/20/content_5211996.htm。

参考文献

一、中文文献

《习近平谈治国理政(第三卷)》,北京:外文出版社 2020 年版。

邓小平:《邓小平文选(第三卷)》,北京:人民出版社 1993 年版。

[德]马克斯·韦伯:《社会学的基本概念》,胡景北译,上海:上海人民出版社 2000 年版。

[德]英吉·考尔、罗纳德·U.门多萨:《促进公共产品概念的发展》,载[德]英吉·考尔编:《全球化之道——全球公共产品的提供与管理》,张春波、高静译,北京:人民出版社 2006 年版。

[法]皮埃尔·布迪厄:《实践与反思:反思社会学导引》,北京:中央编译出版社 2004 年版。

[美]埃莉诺·奥斯特罗姆:《公共事务的治理之道》,余逊达等译,上海:上海三联书店 2000 年版。

[美]安妮-玛丽·斯劳特:《棋盘与网络:网络时代的大战略》,唐岚、牛帅译,北京:中信出版社 2021 年版。

[美]安妮-玛丽·斯劳特:《世界新秩序》,任晓译,上海:复旦大学出版社 2010 年版。

[美]彼得·J.卡赞斯坦、[美]罗伯特·O.基欧汉:《世界政治中的反美主义》,朱世龙、刘利琼译,北京:中国人民大学出版社 2012 年版。

[美]查尔斯·金德尔伯格:《1929—1939 年世界经济萧条》,宋承先、洪文达译,上海:上海译文出版社 1986 年版。

[美]戴维·兰普顿:《中国力量的三面:军力、财力和智力》,姚芸竹译,北京:新华出版社 2009 年版。

[美]弗朗西斯·福山:《身份政治:对尊严与认同的渴求》,刘芳译,北

京：中国社会科学出版社 2022 年版。

[美]汉斯·摩根索：《国家间政治权力斗争与和平》，徐昕等译，北京：北京大学出版社 2006 年版。

[美]理查德·阿什利：《新现实主义的贫困》，秦亚青编：《西方国际关系理论经典导读》，北京：北京大学出版社 2009 年版。

[美]林南：《社会资本——关于社会结构与行动的理论》，张磊译，上海：上海人民出版社 2005 年版。

[美]罗伯特·吉尔平：《国际关系政治经济学》，杨宇光等译，上海：上海人民出版社 2006 年版。

[美]曼瑟尔·奥尔森：《集体行动的逻辑》，陈郁等译，上海：上海人民出版社 1995 年版。

[美]斯蒂芬·沃尔特：《联盟的起源》，周丕启译，北京：北京大学出版社 2007 年版。

[美]塔得·肖尔茨：《和平的幻想——尼克松外交内幕》，北京：商务印书馆 1986 年版。

[美]亚历山大·温特：《国际政治的社会理论》，秦亚青译，上海：上海人民出版社 2000 年版。

[美]约翰·刘易斯·加迪斯：《遏制战略》，时殷弘译，北京：商务印书馆 2019 年版。

[美]约翰·伊肯伯里：《大战胜利之后：制度、战略约束与战后秩序重建》，门洪华译，北京：北京大学出版社 2008 年版。

[美]约翰·伊肯伯里：《自由主义利维坦：美利坚世界秩序的起源、危机和转型》，赵明昊译，上海：上海人民出版社 2013 年版。

[美]约瑟夫·S.奈：《硬权力与软权力》，门洪华译，北京：北京大学出版社 2005 年版。

[美]詹姆斯·库泽斯、巴里·波斯纳：《领导者：信誉的获得和丧失》，方晓利等译，北京：中国经济出版社 1999 年版。

[日]佐佐木毅、金泰昌主编：《地球环境与公共性》，韩立新、李欣荣译，北京：人民出版社 2009 年版。

[英]赫德利·布尔：《无政府社会：世界政治秩序研究》，张小明译，北京：世界知识出版社 2003 年版。

［英］基思·格林特：《牛津通识读本：领导力》，马睿译，南京：译林出版社 2018 年版。

保健云：《国际区域合作的经济学分析：理论模型与经验证据》，北京：中国经济出版社 2008 年版。

曹德军：《国际政治"关系理论"——概念、路径与挑战》，载《世界经济与政治》2017 年第 2 期。

曹德军：《金融危机、中国援助与东南亚国家的认知评价（1997—2017）》，载《复旦国际关系评论》2019 年第 2 期。

曹德军：《论全球公共产品的中国供给模式》，载《战略决策研究》2019 年第 3 期。

曹云华主编：《远亲与近邻：中美日印在东南亚的软实力（下）》，北京：人民出版社 2015 年版。

陈琪、管传靖：《国际制度设计的领导权分析》，载《世界经济与政治》2015 年第 8 期。

崔万田：《社会资本与区域合作的关系——以欧盟与东北亚区域合作为例》，载《当代亚太》2007 年第 5 期。

樊勇明：《从全球公共产品到区域性公共产品——区域合作理论的新增长点》，载《世界经济与政治》2010 年第 1 期。

樊勇明：《区域性国际公共产品：解析区域合作的另一个理论视点》，载《世界经济与政治》2008 年第 1 期。

樊勇明：《西方国际政治经济学（第二版）》，上海：上海人民出版社 2006 年版。

姜默竹、李俊久：《朋友与利益——全球公共产品视角下的中国对外援助》，载《东北亚论坛》2016 年第 5 期。

焦艳：《恩威并施型领导的潜在负面影响及其规避》，载《领导科学》2022 年第 3 期。

晋继勇：《全球卫生治理的"金德尔伯格陷阱"与中国的战略应对》，载《国际展望》2020 年第 4 期。

康晓：《全球气候治理与欧盟领导力的演变》，载《当代世界》2019 年第 12 期。

林毅夫、王燕：《超越发展援助：在一个多极世界中重构发展合作新理念》,北京:北京大学出版社 2016 年版。

刘德斌:《核时代、核威慑与核和平:战后历史的奇遇》,载《史学集刊》1995 年第 3 期。

刘丰:《美国的联盟管理及其对中国的影响》,载《外交评论》2014 年第 6 期。

刘军:《社会网络分析导论》,北京:社会科学文献出版社 2004 年版。

刘洋、王逸舟:《我国需要大幅提升外交能力——专访北京大学教授、中国国际关系学会副会长王逸舟》,载《环球财经》2020 年第 7 期。

庞珣、权家运:《回归权力的关系语境——国家社会性权力的网络分析与测量》,载《世界经济与政治》2015 年第 6 期。

庞珣:《国际公共产品中集体行动困境的克服》,载《世界经济与政治》2012 年第 7 期。

庞珣:《新兴援助国的"兴"与"新":垂直范式与水平范式的实证比较研究》,载《世界经济与政治》2013 年第 5 期。

秦亚青:《关系与过程:中国国际关系理论的文化建构》,上海:上海人民出版社 2012 年版。

秦亚青:《国际政治的关系理论》,载《世界经济与政治》2015 年第 2 期。

秦亚青:《世界政治的关系理论》,上海:上海人民出版社 2021 年版。

秦亚青:《循环与进化:国际关系理论的思维取向》,载《世界经济与政治》2003 年第 11 期。

田野:《国际关系中的制度选择:一种交易成本的视角》,上海:上海人民出版社 2006 年版。

王栋、曹德军:《再全球化:理解中国与世界互动的新视角》,北京:社会科学文献出版社 2018 年版。

王金波:《"一带一路"经济走廊与区域经济一体化:形成机理与功能演进》,北京:社会科学文献出版社 2016 年版。

王泺:《中国与东盟国家的发展援助合作》,载左常升等主编:《国际发展援助理论与实践》,北京:社会科学文献出版社 2015 年版。

王效云:《欧亚经济联盟的形成、发展与实际效用——国际环境与新兴经济体角度的考察》,载《西伯利亚研究》2023 年第 1 期。

王学东：《外交战略中的声誉因素研究：冷战后中国参与国际制度的解释》，天津：天津人民出版社 2007 年版。

王逸舟、曹德军：《铁肩担道义：中国参与联合国治理的新路径、新愿景》，载中国联合国协会：《联合国 70 年：成就与挑战》，北京：世界知识出版社 2015 年版。

王逸舟：《创造性介入——中国全球角色的生成》，北京：北京大学出版社 2013 年版。

王逸舟：《创造性介入——中国外交新取向》，北京：北京大学出版社 2011 年版。

王毅：《党的十八大以来中国外交的新成就新经验》，载《党建研究》2017 年第 6 期。

王正绪：《"再全球化"时代的中国选择》，载《中国新闻周刊》2014 年第 2 期。

魏玲：《关系平衡、东盟中心与地区秩序演进》，载《世界经济与政治》2017 年第 7 期。

吴炯、胡羽衡：《关系治理的内容体系及其运行逻辑》，载《经济管理》2022 年第 9 期。

吴宇晖：《当代西方经济学流派》，北京：科学出版社 2011 年版。

邢悦、刘钊、常欣：《关系性权力与美国领导地位的兴衰》，载《外交评论》2022 年第 4 期。

徐进：《当代中国拒斥同盟心理的由来》，载《国际经济评论》2015 年第 5 期。

徐元：《美国知识产权强保护政策的国际政治经济学分析——基于霸权稳定论的视角》，载《宏观经济研究》2014 年第 4 期。

阎学通：《大国领导力》，李佩芝译，北京：中信出版社 2020 年版。

阎学通：《权力中心转移与国际体系转变》，载《当代亚太》2012 年第 4 期。

于浩森、徐秀丽：《"双轨制＋"：中国农业多边对外援助治理结构探索》，载《国际展望》2020 年第 4 期。

于铁军：《国际政治中的同盟理论：进展与争论》，载《欧洲》1999 年第 5 期。

余文全:《关系网络中的崛起国:编配者与领导力》,载《世界经济与政治》2022 年第 7 期。

俞正樑:《从辨别力战略到全球领导力——评迈克尔·马扎尔的"辨别力"》,载《国际关系研究》2014 年第 5 期。

原倩:《萨缪尔森之忧、金德尔伯格陷阱与美国贸易保护主义》,载《经济学动态》2018 年第 10 期。

翟崑、王丽娜:《一带一路背景下的中国—东盟民心相通现状实证研究》,载《云南师范大学学报(哲学社会科学版)》2016 年第 6 期。

张春、高玮:《联合国 2015 年后发展议程和全球数据伙伴关系》,载《世界经济与政治》2015 年第 8 期。

张建新编:《全球公共产品与地区合作》,上海:上海人民出版社 2009 年版。

张蕴岭:《寻找推进东亚合作的路径》,载《外交评论》2011 年第 6 期。

郑一省、陈俊源:《软实力研究的新突破——评〈远亲与近邻:中美日印在东南亚的软实力〉》,载《东南亚研究》2017 年第 4 期。

郑宇:《新型国际发展合作范式的初现与挑战》,载《中国社会科学评价》2021 年第 2 期。

郑宇:《援助有效性与新型发展合作模式构想》,载《世界经济与政治》2017 年第 8 期。

钟飞腾:《霸权稳定论与国际政治经济学研究》,载《世界经济与政治》2010 年第 4 期。

周方银:《中国崛起、东亚格局变迁与东亚秩序的发展方向》,载《当代亚太》2012 年第 5 期。

周弘:《对外援助与国际关系》,北京:中国社会科学出版社 2002 年版。

朱杰进:《崛起国改革国际制度的路径选择》,载《世界经济与政治》2020 年第 6 期。

朱云汉:《改良主义而非修正主义:中国全球角色的浮现》,载《世界政治研究》2019 年第 1 期。

左习习、江晓军:《社会支持网络研究的文献综述》,载《中国信息界》2010 年第 6 期。

二、英文文献

Abbott, Kenneth W., Robert O. Keohane, Andrew Moravcsik, Anne-Marie Slaughter and Duncan Snidal, "The Concept of Legalization," *International Organization*, Vol.54, No.3, 2000.

Alagoz, Emine Akcadag, "Creation of the Asian Infrastructure Investment Bank as A Part of China's Smart Power Strategy," *The Pacific Review*, Vol.32, No.1, 2018.

Alden, Chris and Garth le Pere, "South Africa's Post-Apartheid Foreign Policy: From Reconciliation to Ambiguity?" *Review of African Political Economy*, Vol.31, No.100, 2004.

Alley, Thomas R., "Competition Theory, Evolution, and the Concept of an Ecological Niche," *Acta Biotheoretica*, Vol.31, No.3, 1982.

Arrow, Kenneth, "Gifts and Exchanges," in Edmund S. Phelps ed., *Altruism, Morality and Economic Theory*, New York: Russell Sage Foundation, 1975.

Ayoob, Mohammed, "India Matters," *The Washington Quarterly*, Vol.23, No.1, 2000.

Ba, Alice D., "China and ASEAN: Renavigating Relations for a 21st Century Asia," *Asian Survey*, Vol.43, No.4, 2003.

Ba, Alice D., "Who's Socializing Whom? Complex Engagement in Sino-ASEAN Engagement," *The Pacific Review*, Vol.19, No.2, 2006.

Bache, Ian and Matthew Flinders, "Multi-level Governance: Conclusions and Implications," in Ian Bache and Matthew Flinders eds., *Multi-level Governance*, New York: Oxford University Press, 2004.

Backer, Larry Catá, "The Trans-Pacific Partnership: Japan, China, the U. S., and the Emerging Shape of a New World Trade Regulatory Order," *Washington University Global Studies Law Review*, Vol.13, No.1, 2014.

Baker, George, Robert Gibbons and Kevin J. Murphy, "Relational Contracts and the Theory of the Firm," *The Quarterly Journal of Economics*,

Vol.117, No.1, 2002.

Bal, Vidula et al., *The Role of Power in Effective Leadership: A Center for Creative Leaderships Research White Paper*, Greensboro: Center for Creative Leadership, 2008.

Baldwin, David A., "Power Analysis and World Politics: New Trends versus Old Tendencies," *World Politics*, Vol.31, No.2, 1979.

Baldwin, David, "Power and International Relations," in Walter Carlsnaes, Thomas Risse and Beth A. Simmons eds., *The Handbook of International Relations*, Thousand Oaks: Sage, 2000.

Balkundi, Prasad and Martin Kilduff, "The Ties That Lead: A Social Network Approach to Leadership," *The Leadership Quarterly*, Vol. 16, No.6, 2005.

Ball, George W., "The Responsibilities of a Global Power," *Department of State Bulletin*, II, No.1319, 1964.

Barma, Naazneen, Ely Ratner and Steven Weber, "A World Without the West," *National Interest*, Vol.90, No.3, 2007.

Barnett, Michael and Raymond Duvall, "Power in International Relations," *International Organization*, Vol.59, No.1, 2005.

Barnett, Michael and Raymond Duvall, *Power in Global Governance*, Cambridge: Cambridge University Press, 2005.

Barrett, Scott, *Why Cooperate? The Incentive to Supply Global Public Goods*, Oxford: Oxford University Press, 2007.

Barton, William P., "Indian Foreign Policy," *Australian Quarterly*, Vol.22, No.4, 1950.

Bass, Bernard M., *Leadership and Performance Beyond Expectations*, New York: Free Press, 1985.

Becker, Howard S., "Notes on the Concept of Commitment," *American Journal of Sociology*, Vol.66, No.1, 1960.

Behrendt, Peter et al., "An Integrative Model of Leadership Behavior," *The Leadership Quarterly*, Vol.28, No.1, 2017.

Bennett, Nigel et al., *Distributed Leadership: Summary Report*, Nottingham: National College for School, 2003.

Bento, Pedro, "Competition as a Discovery Procedure: Schumpeter Meets Hayek in a Model of Innovation," *American Economic Journal*: *Macroeconomics*, Vol.6, No.3, 2014.

Blau, Peter, "Critical Remarks on Weber's Theory of Authority," *American Political Science Review*, Vol.57, No.2, 1963.

Blau, Peter, *Exchange and Power in Social Life*, London: Routledge, 1964.

Bostaph, Samuel, "Driving the Market Process: 'Alertness' Versus Innovation and 'Creative Destruction'," *Quarterly Journal of Austrian Economics*, Vol.16, No.4, 2013.

Boulding, Kenneth E., "The Economics of the Coming Spaceship Earth," in Henry Jarrett ed., *Environmental Quality in a Growing Economy*, Baltimore: Johns Hopkins University Press for Resources for the Future, 1966.

Bourdieu, Pierre, "The Forms of Capital," in John G. Richardson ed., *Handbook of Theory and Research for Sociology of Education*, London: Greenwood, 1986.

Bowen, Howard R., "The Interpretation of Voting in The Allocation of Economic Resources," *The Quarterly Journal of Economics*, Vol. 58, No.1, 1943.

Brando, Nicolás et al., "Governing as Commons or as Global Public Goods: Two Tales of Power," *International Journal of the Commons*, Vol.13, No.1, 2019.

Carlyle, Thomas, *On Heroes, Hero-Worship, and the Heroic in History*, London: Chapman and Hall, 1869.

Carnegie, Allison and Austin M. Carson, "The Spotlight's Harsh Glare: Rethinking Publicity and International Order," *International Organization*, Vol.72, No.3, 2018, pp.1—31.

Cohen, Benjamin J., "Finance and Security in East Asia," in Avery Goldstein and Edward D. Mansfield eds., *The Nexus of Economics, Security, and International Relations in East Asia*, Stanford, California: Stanford University Press, 2012.

Cohen, Benjamin J., *International Political Economy: An Intellectual History*, Princeton: Princeton University Press, 2008.

Cohen, Benjamin J., *Organizing the World's Money: The Political Economy of International Monetary Relations*, New York: Basic Books, 1977.

Coleman, James S., "Social Capital in the Creation of Human Capital," *American Journal of Sociology*, Vol.94, S.1, 1988.

Conger, Jay A., "Charismatic and Transformational Leadership in Organizations: An Insider's Perspective on These Developing Streams of Research," *The Leadership Quarterly*, Vol.10, No.2, 1999.

Cooper, Andrew F. and Alan S. Alexandroff, "Introduction," in Alan S. Alexandroff Andrew F. Cooper eds., *Rising States, Rising Institutions: Challenges for Global Governance*, Washington, D. C.: Brookings Institution Press, 2010.

Cooper, Andrew Fenton, Richard A. Higgott and Kim Richard Nossal, "Bound to Follow? Leadership and Followership in the Gulf Conflict," *Political Science Quarterly*, Vol.106, No.3, 1991.

Copper, John F., *China's Foreign Aid and Investment Diplomacy(Volume II)*, New York: Palgrave Macmillan, 2016.

Cornes, Richard and Todd Sandler, "Easy Riders, Joint Production, and Public Goods," *The Economic Journal*, Vol.94, No.375, 1984.

Cornes, Richard and Todd Sandler, *The Theory of Externalities, Public Goods, and Club Goods*, Cambridge, UK.: Cambridge University Press, 1996.

Covey, Stephen M. R. and Rebecca R. Merrill, *The Speed of Trust: The One Thing That Changes Everything*, New York City: Simon & Schuster, 2006.

Cox, Michaelene, *Social Capital and Peace-Building: Creating and Resolving Conflict with Trust and Social Networks*, London & New York: Routledge, 2009.

Cox, Robert W., "Social Forces, States and World Orders: Beyond International Relations Theory," *Millennium: Journal of International Studies*, Vol.10, No.2, 1981.

Cox, Robert, "Gramsci, Hegemony and International Relations: An Essay on Method," *Millennium: Journal of International Relations*, Vol.23, No.2, 1983.

Cox, Robert, *Production Power and World Order*, New York: Columbia University Press, 1987.

Crevani, Lucia, Nada Endrissat, "Mapping the Leadership-As-Practice Terrain: Comparative Elements," in Joseph Raelin ed., *Leadership-as-Practice: Theory and Application*, New York: Routledge, 2016.

Crossley, Nick, "Relational Sociology and Culture: A Preliminary Framework," *International Review of Sociology*, Vol.25, No.1, 2015.

Crossley, Nick, *Towards Relational Sociology*, London: Routledge, 2011.

D. Baker, Susan, "Followership: The Theoretical Foundation of a Contemporary Construct," *Journal of Leadership & Organizational Studies*, Vol.14, No.1, 2007.

Daalder, Ivo H. and James M. Lindsay, *The Empty Throne: America's Abdication of Global Leadership*, New York: Public Affairs, 2018.

Dahl, Robert A., "The Concept of Power," *Behavioral Science*, Vol.2, No.3, 1957.

Daniel Flemes and Douglas Lemke, "Findings and Perspectives of Regional Power Research," in Daniel Flemes ed., *Regional Leadership in The Global System: Ideas, Interests and Strategies of Regional Powers*, Burlington: Ashgate Publishing Company, 2010.

Dauvergne, Peter and Déborah Farias, "The Rise of Brazil as A Global Development Power," *Third World Quarterly*, Vol.33, No.5, 2012.

Day, David V., "Leadership Development: A Review in Context," *The Leadership Quarterly*, Vol.11, No.4, 2000.

de Jasay, Anthony, *Social Contract, Free Ride: A Study of the Public Goods Problem*, New York: Oxford University Press, 1989.

Deciancio, Melisa, "Brazil's Leadership Through Global Channels: Autonomy, Diversification and Acceptance," in Stephen Kingah and Cintia Quiliconi eds., *Global and Regional Leadership of BRICS Countries*, New York: Springer.

Dent, Christopher M., "What Region of Lead? Developments in East Asian Regionalism and Questions of Regional Leadership," in Christopher M. Dent ed., *China, Japan and Regional Leadership in East Asia*, Cheltenham, UK.: Edward Elgar, 2008.

Dent, Christopher. M., "Regional Leadership in East Asia: Towards New Analytical Approaches," in Christopher. M. Dent ed., *China, Japan and Regional Leadership in East Asia*, Cheltenham: Edward Elgar, 2008.

Desai, Meghnad, "Public Goods: A Historical Perspective," in Inge Kaul, Pedro Conceição, Katell Le Goulven and Ronald U. Mendoza eds., *Providing Global Public Goods: Managing Globalization*, New York: Oxford University Press, 2003.

Development Committe, "Poverty Reduction and Global Public Goods: Issues for the World Bank in Supporting Global Collective Action," DC/2000-16, September 6, 2000.

Deyermond, Ruth, "Matrioshka Hegemony? Multi-Levelled Hegemonic Competition and Security in Post-Soviet Central Asia," *Review of International Studies*, Vol.35, No.1, 2009.

DiCicco, Jonathan M. and Jack S. Levy, "Power Shift and Problem Shifts: The Evolution of the Power Transition Research Program," *Journal of Conflict Resolution*, Vol.43, No.6, 1999.

Dijkstra, Jacob, "Put Your Money Where Your Mouth Is: Reciprocity, Social Preferences, Trust and Contributions to Public Goods," *Rationality and Society*, Vol.25, No.3, 2013.

Ding, Sheng, *The Dragon's Hidden Wings: How China Rises with Its Soft Power*, Lexington Books, 2008.

Djiwandono, J. Soedradjad, "Ten Years After the Asian Crisis: An Indonesian Insider's View," in Bhumika Muchhala ed., *Ten Years After: Re-*

visiting the Asian Financial Crisis, Washington, DC.: Woodrow Wilson International Center for Scholars, October 2007.

Doran, Charles F., *Systems in Crisis: New Imperatives of High Politics at Century's End*, New York: Cambridge University Press, 1991.

Drezner, Daniel W. and Kathleen R. McNamara, "International Political Economy, Global Financial Orders and the 2008 Financial Crisis," *Perspectives on Politics*, Vol.11, No.1, 2013.

Drezner, Daniel W., "Will Currency Follow the Flag?" *International Relations of the Asia Pacific*, Vol.10, No.3, 2010.

Elms, Deborah, "The Origins and Evolution of the Trans-Pacific Partnership Trade Negotiations," *Asian Survey*, Vol.56, No.6, 2016.

Estevadeordal, Antoni and Louis W. Goodman, "21st-Century Cooperation, Regional Public Goods, and Sustainable Development," in Antoni Estevadeordal and Louis W. Goodman eds., *21st Century Cooperation: Regional Public Goods, Global Governance, and Sustainable Development*, New York: Routledge, 2017.

Finnemore, Martha and Judith Goldstein eds., *Back to Basics: State Power in A Contemporary World*, New York: Oxford University Press, 2013.

Fischbacher et al., Urs, "Are People Conditionally Cooperative? Evidence from A Public Goods Experiment," *Economics Letters*, Vol.71, No.3, 2001.

Flemes, Daniel and Thorsten Wojczewski, *Contested Leadership in International Relations: Power Politics in South America, South Asia and Sub-Saharan Africa*, Hamburg: GIGA German Institute of Global and Area Studies, 2010.

Foot, Rosemary, S. Neil MacFarlane and Michael Mastanduno, *US Hegemony and International Organizations: The United States and Multilateral Institutions*, Oxford: Oxford University Press, 2003.

Foucault, Michel, *Power: Essential Works of Foucault*, London: Penguin, 2002.

Franck, Thomas M., *The Power of Legitimacy among Nations*, New

York: Oxford University Press, 1990.

Freeman, Carla P., "Reading Kindleberger in Beijing: Xi Jinping's China as a Provider of Global Public Goods," *The British Journal of Politics & International Relations*, Vol.23, No.1, 2020.

Friedland, Roger and Robert R. Alford, "Bringing Society Back In: Symbols, Practices, and Institutional Contradictions," in Paul J. DiMaggio and Walter W. Powell eds., *The New Institutionalism in Organizational Analysis*, Chicago: University of Chicago Press, 1991, pp.232—267.

Friedrichs, Gordon M., *U. S. Global Leadership Role and Domestic Polarization: A Role Theory Approach*, New York: Routledge, 2021.

Frohlich, Norman, Joe A. Oppenheimer and Oran R. Young, *Political Leadership and Collective Goods*, Princeton, NJ: Princeton University Press, 1971.

Furubotn, Eirik G. and Rudolf Richter, *Institutions and Economic Theory: The Contribution of the New Institutional Economics*, Ann Arbor, MI.: The University of Michigan Press, 2000.

Gardner, Richard N., "The One Percent Solution: Shirking the Cost of World Leadership," *Foreign Affairs*, Vol.79, No.4, 2000.

Gilpin, Robert, "The Politics of Transnational Economic Relations," *International Organization*, Vol.25, No.3, 1971.

Gilpin, Robert, "The Theory of Hegemonic War," *Journal of Interdisciplinary History*, Vol.18, No.4, 1988.

Gilpin, Robert, *The Political Economy of International Relations*, Princeton, NJ: Princeton University Press, 1987.

Gilpin, Robert, *War and Change in World Politics*, New York: Cambridge University Press, 1981.

Goh, Evelyn, "Institutions and the Great Power Bargain in East Asia: ASEAN's Limited 'Brokerage' Role," *International Relations of the Asia-Pacific*, Vol.11, No.3, 2011.

Goh, Evelyn, *Rising China's Influence in Developing Asia*, Oxford: Oxford University Press, 2016.

Goldstein, Avery, *Rising to the Challenge: China's Grand Strategy and International Security*, Stanford: Stanford University Press, 2005.

Goldstein, Judith and Robert O. Keohane eds., *Ideas and Foreign Policy: Beliefs, Institutions, and Political Change*, Ithaca, NY: Cornell University Press, 1993.

Goldstein, Judith, "Ideas, Institutions, and Trade Policy," *International Organization*, Vol.42, No.1, 1988.

Gowa, Joanne, "Rational Hegemons, Excludable Goods, and Small Groups: An Epitaph for Hegemonic Stability Theory?" *World Politics*, Vol.41, No.3, 1989.

Hall, Ian, *Dilemmas of Decline: British Intellectuals and World Politics*, 1945—1975, Berkely, CA: University of California Press, 2012.

Hardin, Garrett, "The Tragedy of the Commons," *Science*, 1968, Vol.168, No.3859, pp.1243—1248.

Haug, Sebastian and Cynthia M. Kamwengo, "Africa Beyond 'South-South Cooperation': A Frame with Limited Resonance," *Journal of International Development*, Vol.35, No.4, 2023.

Henehan, Marie T. and John Vasquez, "The Changing Probability of International War, 1986—1992," in Raimo Vayrynen, ed., *The Waning of Major War*, London and New York: Routledge, 2006.

Henton, Douglas, John Melville and Kimberly Walesh, "The Age of The Civic Entrepreneur: Restoring Civil Society and Building Economic Community," *National Civic Review*, Vol.86, No.2, 2007.

Hirshleifer, Jack, "From Weakest-link to Best-Shot: The Voluntary Provision of Public Goods," *Public Choice*, Vol.41, No.3, 1983.

Hoare, Quintin and Geoffrey Nowell Smith eds., *Selections from the Prison Notebooks of Antonio Gramsci*, London: Lawrence & Wishart, 1971.

Hoffman, Stanley, *Primacy or World Order: American Foreign Policy Since the Cold War*, New York: McGraw Hill, 1978.

Hogg, Michael A., "A Social Identity Theory of Leadership," *Personality and Social Psychology Review*, Vol.5, No.3, 2001.

Holcombe, Randall G. , "Political Entrepreneurship and the Democratic Allocation of Economic Resources," *Review of Austrian Economics*, Vol.15, No.3, 2002.

Hollander, Edwin P. , "Leadership and Social Exchange Processes," in Kenneth J. Gergen, Martin S. Greenberg and Richard H. Willis eds. , *Social Exchange: Advances in Theory and Research*, New York: Plenum, 1980.

Holsti, K. J. , "National Role Conceptions in the Study of Foreign Policy," *International Studies Quarterly*, Vol.14, No.3, 1970.

Homans, George C. , "Social Behavior as Exchange," *American Journal of Sociology*, Vol.63, No.6, 1958.

Hooghe, Liesbet, Tobias Lenz and Gary Marks, "Contested World Order: The Delegitimation of International Governance," *The Review of International Organizations*, Vol.14, No.6, 2019.

Hunt, James G. et al. eds. , *Emerging Leadership Vistas*, Lexington, MA: Lexington Books/D. C. Heath and Co. , 1988.

Ibarra, Herminia and Mark Lee Hunter, "How Leaders Create and Use Networks," *Harvard Business Review*, Vol.85, No.1, 2007.

Ikenberry, G. John and Daniel H. Nexon, "Hegemony Studies 3.0: The Dynamics of Hegemonic Orders," *Security Studies*, Vol.28, No.3, 2019.

Ikenberry, G. John and Mo Jongryn, *The Rise of Korean Leadership: Emerging Powers and Liberal International Order*, New York: Palgrave, 2013.

Ikenberry, G. John, "The Future of International Leadership," *Political Science Quarterly*, Vol.111, No.3, 1996.

Ikenberry, G. John, "The Three Faces of Liberal Internationalism," in Alan S. Alexandroff and Andrew F. Cooper eds. , *Rising States*, *Rising Institutions: Challenges for Global Governance*, Washington, D. C.: Brookings Institution Press, 2010.

Ikenberry, John, *Liberal Leviathan: The Origins*, *Crisis*, *and Transformation of the American World Order*, Princeton: Princeton University Press, 2011.

Inkpen, Andrew C. and Eric W. K. Tsan, "Social Capital, Networks, and Knowledge Transfer," *The Academy of Management Review*, Vol.30, No.1, 2005.

Ivanov, Igor, "The New Russian Identity: Innovation and Continuity in Russian Foreign Policy," *Washington Quarterly*, Vol.24, No.3, 2001.

Jackson, Patrick Thaddeus and Daniel H. Nexon, "Relations before States: Substance, Process and the Study of World Politics," *European Journal of International Relations*, Vol.5, No.3, 1999.

James, Harold, "International Order After the Financial Crisis," *International Affairs*, Vol.87, No.3, 2011.

Jones, Lee, "Still in the 'Drivers' Seat', But for How Long? ASEAN's Capacity for Leadership in East-Asian International Relations," *Journal of Current Southeast Asian Affairs*, Vol.29, No.3, 2010.

Jordan, Pamela A., "A Bridge Between the Global North and Africa? Putin's Russia and G8 Development Commitments," *African Studies Quarterly*, Vol.11, No.4, 2010.

Jordana, Jacint, "Transnational Policy Networks and Regional Public Goods in Latin America," in Antoni Estevadeordal and Louis W. Goodman eds., *21st Century Cooperation: Regional Public Goods, Global Governance, and Sustainable Development*, New York: Routledge, 2017.

Kahler, Miles ed., *Networked Politics: Agency, Power, and Governance*, Ithaca, NY: Cornell University Press, 2009.

Kahler, Miles, "Rising Powers and Global Governance: Negotiating Change in a Resilient Status Quo," *International Affairs*, Vol.89, No.3, 2013.

Kang, David C., "Hierarchy and Legitimacy in International Systems: The Tribute System in Early Modern East Asia," *Security Studies*, Vol.19, No.4, 2010.

Kappstein, E. B., "Fairness Considerations in World Politics: Lessons from International Trade Negotiations," *Political Science Quarterly*, Vol.123, No.2, 2008.

Kassianova, Alla, "Russia: Still Open to the West? Evolution of the

State Identity in the Foreign Policy and Security Discourse," *Europe-Asia Studies*, Vol.53, No.6, 2001.

Kaul, Inge and Ronald U. Mendoza, "Advancing the Concept of Public Goods," in Inge Kaul, Pedro Conceição, Katell Le Goulven and Ronald U. Mendoza eds, *Providing Global Public Goods: Managing Globalization*, New York: Oxford University Press, 2003.

Kaul, Inge et al. eds., *Global Public Goods: International Cooperation in the 21st Century*, New York and Oxford: Oxford University Press, 1999.

Kaul, Inge, "Global Public Goods: Explaining their Underprovision," *Journal of International Economic Law*, Vol.15, No.3, 2012.

Kaul, Inge, Isabelle Grunberg and Marc Stern, "Defining Global Public Goods," in Inge Kaul et al. eds., *Global Public Goods: International Cooperation in the 21st Century*, New York: Oxford University Press, 1999.

Kay, John and Mervyn King, *Radical Uncertainty: Decision-Making for an Unknowable Future*, London: The Bridge Street Press, 2020.

Kaya, Ayse, *Power and Global Economic Institutions*, Cambridge: Cambridge University Press, 2015.

Kazenstein, Peter J., Robert O. Keohane and Stephen D. Krasner eds., *Exploration and Contestation in the Study of World Politics*, Cambridge, MA: MIT Press, 1999.

Keck, Margaret E. and Kathryn Sikkink, *Activists Beyond Borders: Advocacy Networks in International Politics*, Cornell University Press, 1998.

Keeton, George W., *National Sovereignty and International Order: An Essay upon the International Community and International Order*, London: Peace Book Company, 1939.

Keohane, Nannerl O., *Thinking About Leadership*, Princeton: Princeton University Press, 2010.

Keohane, Robert O., *After Hegemony: Cooperation and Discord in the World Political Economy*, Princeton: Princeton University Press, 1984.

Keynes, John Maynard, *The Economic Consequences of the Peace*, London: Palgrave, 2019[1919].

Khudaykoulova, Alexandra, "Global Governance of the Polycentric World: Actors, Architecture, Hierarchy of Issue Areas," in Andrey Baykov and Tatiana Shakleina eds., *Polycentric World Order in the Making*, Singapore: Palgrave Macmillan, 2023.

Kilduff, Martin and Wenpin Tsai, *Social Networks and Organizations*, London: Sage, 2003.

Kim, Samuel, "China's International Organization Behavior," in Thomas Robinson and David Shambaugh eds., *Chinese Foreign Policy: Theory and Practice*, Oxford: Oxford University Press, 1995.

Kindleberger, Charles P., "Dominance and Leadership in the International Economy: Exploitation, Public Goods, and Free Rides," *International Studies Quarterly*, Vol.25, No.2, 1981.

Kindleberger, Charles P., "International Public Goods without International Government," *The American Economic Review*, Vol.76, No.1, 1986.

Kindleberger, Charles P., *The World in Depression 1929—1939*, Berkeley, CA.: University of California Press, 1986.

Kindleberger, Charles, "Dominance and Leadership in The International Economy: Exploitation, Public Goods, and Free Rides," *International Studies Quarterly*, Vol.25, No.2, 1981.

Kirshner, Jonathan, "Gilpin Approaches War and Change: A Classical Realist in Structural Drag," in G. John Ikenberry ed., *Power, Order, and Change in World Politics*, Cambridge: Cambridge University Press, 2014.

Kirshner, Jonathan, *American Power after the Financial Crisis*, Ithaca: Cornell University Press, 2014.

Kirshner, Jonathan, *Currency and Coercion: The Political Economy of International Monetary Power*, Princeton: Princeton University Press, 1995.

Knock, Thomas J., *To End All Wars: Woodrow Wilson and the Quest for a New World Order*, New York: Oxford University Press, 1992.

Koremenos, Barbara, *The Continent of International Law: Explaining Agreement Design*, Cambridge: Cambridge University Press, 2016.

Kotter, John, *The Leadership Factor*, New York: The Free Press, 1998.

Kouzes, James M. and Barry Z. Posner, *Credibility: How Leaders Gain and Lose It, Why People Demand It*, London: Jossey-Bass.

Krasner, Stephen D., "State Power and the Structure of International Trade," *World Politics*, Vol.28, No.3, 1976.

Krasner, Stephen D., "Structural Causes and Regime Consequences," *International Organization*, Vol.36, No.2, 1982.

Krasner, Stephen, *Structural Conflict: The Third World Against Global Liberalism*, Berkley: University of California Press, 1985.

Krolikowski, Alanna, "State Personhood in Ontological Security Theories of International Relations and Chinese Nationalism: A Sceptical View," *The Chinese Journal of International Politics*, Vol.2, No.1, 2008.

Kupchan, Charles A., "The Normative Foundations of Hegemony and the Coming Challenge to Pax Americana," *Security Studies*, Vol.23, No.2, 2014.

Kupchan, Charles, *No One's World: The West, the Rising Rest, and the Coming Global Turn*, New York: Oxford University Press, 2012.

Kurlantzick, Joshua, *Charm Offensive*, New Haven: Yale University Press, 2007.

Kydd, Andrew H., "Which Side Are You On? Bias, Credibility, and Mediation," *American Journal of Political Science*, Vol.47, No.4, 2003.

Lake, David A., "Anarchy, Hierarchy and the Variety of International Relations," *International Organization*, Vol.50, No.1, 1996.

Lake, David A., "Leadership, Hegemony, and the International Economy: Naked Emperor or Tattered Monarch with Potential?" *International Studies Quarterly*, Vol.37, No.4, 1993.

Lake, David A., *Hierarchy in International Relations*, Ithaca, NY.: Cornell University Press, 2009.

Langenhove, Luk Van, Marieke Zwartjes, and Georgios Papanagnou, "Conceptualising Regional Leadership: The Positioning Theory Angle," in Stephen Kingah and Cintia Quiliconi eds., *Global and Regional Leadership of BRICS Countries*, New York: Springer, 2016.

Larionova, Marina and Andrey Shelepov, "BRICS, G20 and Global Economic Governance Reform," *International Political Science Review*, Vol.43, No.4, 2022.

Larson, Deborah Welch and Alexei Shevchenko, "Russia Says No: Power, Status, and Emotions in Foreign Policy," *Communist and Post-Communist Studies*, Vol.47, No.3, 2014.

Larson, Deborah Welch, "Can China Change the International System? The Role of Moral Leadership," *The Chinese Journal of International Politics*, Vol.13, No.2, 2020.

Lieber, Robert J., *Power and Willpower in the American Future: Why the United States Is Not Destined to Decline*, New York: Cambridge University Press, 2012.

Lim, Robyn, "Japan Re-engages Southeast Asia," *Far Eastern Economic Review*, Vol.165, No.3, 2002.

Lin, Nan, "Social Networks and Status Attainment," *Annual Review of Sociology*, Vol.25, No.1, 1999.

MacFarlane, Neil, "The 'R' in BRICs: Is Russia an Emerging Power?" *International Affairs*, Vol.82, No.1, 2006.

Mackay, Joseph, "Legitimation Strategies in International Hierarchies," *International Studies Quarterly*, Vol.63, No.1, 2019.

Macneil, Ian R., "Economic Analysis of Contractual Relations: Its Shortfalls and the Need for a Rich Classificatory Apparatus," *Northwest University Law Review*, Vol.75, No.6, 1980.

Macneil, Ian R., "The Many Future of Contracts," *Southern California Law Review*, Vol.47, No.1, 1973.

Macneil, Ian R., *The New Social Contract: An Inquiry into Modern Contractual Relations*, New Haven, CT: Yale University Press, 1980.

Malamud, Andrés, "A Leader Without Followers? The Growing Divergence Between the Regional and Global Performance of Brazilian Foreign Policy," *Latin American Politics and Society*, Vol.53, No.3, 2011.

Malcomson, Scott, *Splinternet: How Geopolitics and Commerce Are*

Fragmenting the World Wide Web, New York: OR Books, 2016.

Malkin, Jesse and Aaron Wildavsky, "Why the Traditional Distinction between Public and Private Goods Should be Abandoned," *Journal of Theoretical Politics*, Vol.3, No.4, 1991.

Malnesv, Raino, "'Leader' and 'Entrepreneur' in International Negotiations: A Conceptual Analysis," *European Journal of International Relations*, Vol.1, No.1, 1995.

Mandelbaum, Michael, *How America Acts as the World's Government in the 21st Century*, New York: Public Affairs, 2006.

Mandelbaum, Michael, *The Case for Goliath: How America Acts as the World's Government in the 21st Century*, New York: Public Affairs, 2005.

Mattern, Janice B. and Ayşe Zarakol, "Hierarchies in World Politics," *International Organization*, Vol.70, No.3, 2016.

Mattern, Janice Bially, "Why Soft Power Isn't So Soft: Representational Force and The Sociolinguistic Construction of Attraction in World Politics," *Millenium: Journal of International Studies*, Vol.33, No.3, 2005.

Matthijs, Matthias, "Hegemonic Leadership is What States Make of It: Reading Kindleberger in Washington and Berlin," *Review of International Political Economy*, Vol.29, No.2, 2022.

Mauss, Marcel, *The Gift: Forms and Functions of Exchange in Archaic Societies*, New York: W. W. Norton & Company, 1954.

Mazarr, Michael J., "A Strategy of Discriminate Power: A Global Posture for Sustained Leadership," *The Washington Quarterly*, Vol. 37, No.1, 2014.

Mazower, Mark, *No Enchanted Palace: The End of Empire and the Ideological Origins of the United Nations*, Princeton, NJ: Princeton University Press, 2009.

Mcconaughey, Meghan, Paul Musgrave and Daniel H. Nexon, "Beyond Anarchy: Logics of Political Organization, Hierarchy, and International Structure," *International Theory*, Vol.10, No.2, 2018.

McKeil, Aaron, "Order without Victory: International Order Theory

Before and After Liberal Hegemony," *International Studies Quarterly*, Vol.67, No.1, 2023.

McLean, Paul, *Culture in Networks*, Malden, MA.: Polity Press, 2017.

Mearsheimer, John J., *The Great Delusion: Liberal Dreams and International Realities*, New Heaven: Yale University Press, 2018.

Messick, David M., "On the Psychological Exchange Between Leaders and Followers," in David M. Messick and Roderick M. Kramer eds., *The Psychology of Leadership: New Perspectives and Research*, New York: Psychology Press, 2004.

Mielniczuk, Fabiano, "BRICS in the Contemporary World: Changing Identities, Converging Interests," *Third World Quarterly*, Vol. 34, No.6, 2013.

Miller, Darlene, "South Africa and The IBSA Initiative: Constraints and Challenges," *Africa Insight*, Vol.35, No.1, 2005.

Milner, Helen V., "International Political Economy: Beyond Hegemonic Stability," *Foreign Policy*, Vol.110, No.1, 1998.

Mitra, Richard, "A Review on the Concept of Leadership, Power and Politics," *International Journal on Leadership*, Vol.8, No.1, 2020.

Mitrany, David, *A Working Peace System: An Argument for the Functional Development of International Organization*, Oxford: Oxford University Press, 1944.

Nabers, Dirk, "Power, Leadership and Hegemony in International Politics," in Daniel Flemes ed., *Regional Leadership in The Global System: Ideas, Interests and Strategies of Regional Powers*, Burlington: Ashgate Publishing Company, 2010.

Neal, Fred W., "Moral Responsibility for World Leadership," *Political Research Quarterly*, Vol.9, No.4.

Neustadt, Richard E., *Presidential Power and the Modern Presidents: The Politics of Leadership from Roosevelt to Reagan*, New York: Free Press, 1980.

Newland, Sara A., "Which Public? Whose Goods? What We Know(and

What We Don't) About Public Goods in Rural China," *The China Quarterly*, Vol.228, No.4, 2016.

Newland, Sara, *Diversity and Distribution: Essays on Local Governance and Public Service Provision in Multiethnic China*, Ph. D Dissertation, University of California, Berkeley, 2015.

Nicholas, Khoo, "Constructing Southeast Asian Security: The Pitfalls of Imagining a Security Community and the Temptations of Orthodoxy," *Cambridge Review of International Affairs*, Vol.1, No.17, 2004.

Nicholas, Khoo, "The ASEAN Security Community: A Misplaced Consensus," *Journal of Asian Security and International Affairs*, Vol. 2, No.2, 2015.

Nordhaus, William D., "Paul Samuelson and Global Public Goods: A Commemorative Essay for Paul Samuelson," in Michael Szenberg, Lall Ramrattan and Aron A. Gottesman eds., *Samuelsonian Economics and the Twenty-First Century*, Oxford: Oxford University Press, 2006.

Norrlof, Carla and Simon Reich, "American and Chinese Leadership During the Global Financial Crisis: Testing Kindleberger's Stabilization Functions," *International Area Studies Review*, Vol.18, No.3, 2015.

Norrlof, Carla, "Dollar Hegemony: A Power Analysis," *Review of International Political Economy*, Vol.21, No.5, 2014.

Northouse, Peter G., *Leadership: Theory and Practice(6th Edition)*, London: SAGE Publications, 2012.

Nye, Joseph S., "Public Diplomacy and Soft Power," *Annals of the American Academy of Political and Social Science*, Vol.616, No.1, 2008.

Nye, Joseph S., "Soft Power: The Evolution of a Concept," *Journal of Political Power*, Vol.14, No.1, 2021.

Nye, Joseph S., *Bound to Lead: The Changing Nature of American Power*, New York: Basic Books, 1990.

Nye, Joseph S., *Presidential Leadership and the Creation of the American Era*, Princeton: Princeton University Press, 2013.

Nye, Joseph S., *The Powers to Lead*, Oxford: Oxford University

Press, 2008.

Nye, Jr., Joseph S., "The End of Cyber-Anarchy? How to Build a New Digital Order," *Foreign Affairs*, January/February 2022.

Obama, Barack, "Renewing American Leadership," *Foreign Affairs*, Vol.86, No.4, 2007.

Oliver, Adam, *Reciprocity and the Art of Behavioural Public Policy*, New York: Cambridge University Press, 2019.

Organski, A. F. K. and Jacek Kugler, *The War Ledger*, Chicago: University of Chicago Press, 1980.

Organski, A. F. K., *World Politics*, New York, NY: Knopf, 1958.

Osborne, Stephen P., "The New Public Governance?" *Public Management Review*, Vol.8, No.3, 2006.

Ostrom, Elinor, "Beyond Markets and States: Polycentric Governance of Complex Economic Systems," *American Economic Review*, Vol. 100, No.3, 2010.

Ostrom, Elinor, "Institutions and Common-Pool Resources," *Journal of Theoretical Politics*, Vol.4, No.3, 1992.

Ostrom, Elinor, *Governing the Commons: The Evolution of Institutions for Collective Action*, Cambridge, UK.: Cambridge University Press, 1990.

Owen IV, John M., *The Clash of Ideas in World Politics: Transnational Networks, States, and Regime Change, 1510—2010*, Princeton and Oxford: Princeton University Press, 2010.

Owen, John M., "Two Emerging International Orders? China and The United States," *International Affairs*, Vol.97, No.5, 2021.

Park, Jinsoo, "Regional Leadership Dynamics and the Evolution of East Asian Regionalism," *Pacific Focus*, Vol.27, No.2, 2012.

Paul, T. V., Deborah W. Larson and William C. Wohlforth eds., *Status in World Politics*, Cambridge: Cambridge University Press, 2014.

Pearce, Craig L. and Jay A. Conger, *Shared Leadership: Reframing the Hows and Whys of Leadership*, Thousand Oaks, CA: SAGE Publications, Inc., 2003.

Pearson, Margaret, "The Case of China's Accession to the GATT/ WTO," in David Lampton ed., *The Making of Chinese Foreign and Security Policy*, Stanford: Stanford University Press, 2001.

Penta, Leo, "Hannah Arendt: On Power," *The Journal of Speculative Philosophy*, Vol.10, No.3, 1996.

Percival, Bronson, *The Dragon Looks South: China and Southeast Asia in the New Century*, Westport: Praeger Publishers, 2007.

Platias, Athanasios and Vasilis Trigkas, "Strategic Universality in the Axial Age: The Doctrine of Prudence in Political Leadership," *Strategic Analysis*, Vol.46, No.2, 2022.

Polanyi, Karl, *The Great Transformation: The Political and Economic Origins of Our Time*, Boston: Beacon Press, 1944.

Powell, Walter W., "Neither Market nor Hierarchy: Network Forms of Organization," *Research in Organizational Behavior*, Vol.12, 1990.

Powell, Walter W., "Trust-Based Forms of Governance," in Roderick M. Kramer and Tom R. Tyler eds., *Trust in Organizations*, Thousand Oaks, CA.: Sage Publications, 1996.

Pu, Xiaoyu, "Ambivalent Accommodation: Status Signaling of a Rising India and China's Response," *International Affairs*, Vol.93, No.1, 2017.

Pu, Xiaoyu, "The Status Dilemma in World Politics: An Anatomy of the China-India Asymmetrical Rivalry," *The Chinese Journal of International Politics*, Vol.15, No.3, 2022.

Putnam, Robert D., "The Prosperous Community: Social Capital and Public Life," *The American Prospect*, Vol.4, No.13, 1993.

Putnam, Robert D., *Bowling Alone: The Collapse and Revival of American Community*, New York: Simon and Schuster, 2000.

Putnam, Robert D., *Making Democracy Work: Civic Traditions in Modern Italy*. Princeton: Princeton University Press. 1993.

Pye, Lucian W. and Mary W. Pye, *Asian Power and Politics: The Cultural Dimensions of Authority*, Cambridge, MA: Harvard University Press, 1985.

Rahr, Alexander, "Germany and Russia: A Special Relationship," *Washington Quarterly*, Vol.30, No.2, 2007.

Rand, David G. et al., "Harnessing Reciprocity to Promote Cooperation and the Provisioning of Public Goods," *Policy Insights from the Behavioral and Brain Sciences*, Vol.1, No.1, 2014.

Rege, Mari and Kjetil Telle, "The Impact of Social Approval and Framing on Cooperation in Public Good Situations," *Journal of Public Economics*, Vol.88, No.7, 2004.

Rohlfs, Jeffrey, "A Theory of Interdependent Demand for a Communications Service," *Bell Journal of Economics*, Vol.5, No.1, 1974.

Rost, Joseph, Leadership for the Twenty-First Century, London: Praeger, 1991.

Ruggie, John G., "International Regimes, Transactions, and Change: Embedded Liberalism in the Postwar Economic Order," in Stephen D. Krasner, ed., *International Regimes*, Ithaca, N. Y.: Cornell University Press, 1983.

Ruggie, John Gerard, "International Regimes, Transactions, and Change: Embedded Liberalism in the Post-war Economic Order," *International Organization*, Vol.36, No.2, 1982.

Safner, Ryan, "'Public Good' or 'Good for the Public?' Political Entrepreneurship and the Public Funding of Scientific Research," *The Journal of Private Enterprise*, Vol.36, No.1, 2021.

Samuelson, Paul A., "Diagrammatic Exposition of a Theory of Public Expenditure," *Review of Economics and Statistics*, Vol.37, No.4, 1955.

Samuelson, Paul A., "The Pure Theory of Public Expenditure," *Review of Economics and Statistics*, Vol.36, No.4, 1954.

Sandler, Todd, *Global Collective Action*, Cambridge: Cambridge University Press, 2004.

Santiso, Carlos, "The Gordian Knot of Brazilian Foreign Policy: Promoting Democracy While Respecting Sovereignty," *Cambridge Review of International Affairs*, Vol.16, No.2, 2003.

Šćepanović, Janko, "Russia and the Shanghai Cooperation Organization:

A Question of The Commitment Capacity," *European Politics and Society*, Vol.23, No.5, 2022.

Scharpf, Fritz W. ed., *Games in Hierarchies and Networks: Analytical and Empirical Approaches to the Study of Governance Institutions*, Frankfurt and Boulder: Campus Verlag and Westview Press, 1993.

Scharpf, Fritz W., *Games Real Actors Play: Actor-centered Institutionalism in Policy Research*, Boulder: Westview Press, 1997.

Scheuerman, William E., *The Realist Case for Global Reform*, Cambridge: Polity, 2011.

Schirm, Stefan A., "Leaders in Need of Followers: Emerging Powers in Global Governance," *European Journal of International Relations*, Vol.16, No.2, 2010.

Schoeller, Magnus G., *Leadership in the Eurozone: The Role of Germany and EU Institutions*, Cham, Switzerland: Palgrave Macmillan, 2019.

Schoeman, Maxi, "South Africa as An Emerging Power: From Label to 'Status Consistency'?" *South African Journal of International Affairs*, Vol.22, No.4, 2015.

Schott, Jeffrey J., "Overview: Understanding the Trans-Pacific Partnership," in Cathleen Cimino-Isaacs and Jeffrey J. Schott eds., *Trans-Pacific Partnership: An Assessment*, Washington, D. C.: Peterson Institute for International Economics, 2016.

Short, Nicola, "Leadership, Neoliberal Governance and Global Economic Crisis: A Gramscian Analysis," in Stephen Gill ed., *Global Crises and the Crisis of Global Leadership*, Cambridge, UK: Cambridge University Press, 2012.

Slaughter, Anne-Marie, *The Chessboard and the Web: Strategies of Connection in a Networked World*, New Haven, CT.: Yale University Press, 2017.

Smith, Martin A., *Power in the Changing Global Order*, Cambridge, UK.: Polity Press, 2012.

Snidal, Duncan, "The Limits of Hegemonic Stability Theory," *Interna-*

tional Organization, Vol.39, No.4, 1985.

Solomon, Robert C. and Fernando Flores, *Building Trust : in Business, Politics, Relationships, and Life*, New York: Oxford University Press, 2001.

Song, Zhaoli and Yu Ma, "An Asian-Centric View of Cross-Culture Leadership Research," in David De Cremer ed. , *On the Emergence and Understanding of Asian Global Leadership*, Berlin/Boston: Walter de Gruyter GmbH, 2021.

Sørensen, Eva and Jacob Torfing, "Theoretical Approaches to Governance Network Dynamics," in Eva Sørensen and Jacob Torfing eds. , *Theories of Democratic Network Governance*, New York: Palgrave Macmillan, 2007.

Strange, Susan, "The Persistent Myth of Lost Hegemony," *International Organization*, Vol.41, No.4, 1987.

Strange, Susan, *Authority and Markets: Susan Strange's Writings on International Political Economy*, London: Palgrave Macmillan, 2002.

Strange, Susan, *States and Markets*, London: Continuum, 1994.

Sugden, Robert, "Reciprocity: The Supply of Public Goods Through Voluntary Contributions," *The Economic Journal*, Vol.94, No.376, 1984.

Sun, Jing, *Japan and China as Charm Rivals: Soft Power in Regional Diplomacy*, Ann Arbor, MI.: University of Michigan Press, 2012.

Sun, Xihui, "USA, China and Global Leadership: Analysis in the Perspective of Conceptualisation," *India Quarterly*, Vol.75, No.2, 2019.

Sutter, Robert G. , *China's Rise in Asia: Promises and Perils*, New York: Rowman and Littlefield, 2005.

Sveningsson, Stefan and Mats Alvesson, "Global Leadership: Sustaining Classic Managerialism," in Lena Zander ed. , *Research Handbook of Global Leadership: Making a Difference*, Cheltenham, UK: Edward Elgar, 2020.

Taliaferro, Jeffrey W. , "State Building for Future Wars: Neoclassical Realism and the Resource-Extractive State," *Security Studies*, Vol. 15, No.3, 2006.

Thompson, William R. et al. eds. , *Major Powers and the Quest for Sta-*

tus in International Politics: *Global and Regional Perspectives*, New York: Palgrave Macmillan, 2011.

Thornberry, Mac and Andrew F. Krepinevich. Jr., "Preserving Primacy," *Foreign Affairs*, Vol.95, No.5, 2016.

Titmuss, Richard M., *The Gift Relationship*: *From Human Blood to Social Policy*, Allen and Unwin, London, 1970.

Tongzon, Jose L., *The Economies of Southeast Asia*: *Before and After the Crisis*, Cheltenham, UK • Northampton, MA, USA: Edward Elgar, 2002.

Truman, Harry S., "A Period of Crisis Is Now at Hand," *Department of State Bulletin*, XVII, No.435, 1947.

Tsai, Lily L., "Friends or Foes? Nonstate Public Goods Providers and Local State Authorities in Nondemocratic and Transitional Systems," *Studies in Comparative International Development*, Vol.46, No.1, 2011.

Tucker, Robert C., *Politics as Leadership*, Columbia, London: University of Missouri Press, 1981.

Turcsányi, Richard Q., *Chinese Assertiveness in the South China Sea*: *Power Sources*, *Domestic Politics*, *and Reactive Foreign Policy*, Cham, Switzerland: Springer International Publishing, 2018.

Upadhyay, Shreya, "The Belt and Road Initiative: Issues and Future Trends," *India Quarterly*: *A Journal of International Affairs*, Vol.79, No.2, 2023.

Vallentin, Steen, *Trust*, *Power and Public Sector Leadership*: *A Relational Approach*, New York: Routledge, 2023.

Vaux, Alan, *Social Support*: *Theory*, *Research and Intervention*, New York: Praeger, 1988.

Vieira, Marco Antonio and Chris Alden, "India, Brazil, and South Africa(IBSA): South-South Cooperation and the Paradox of Regional Leadership," *Global Governance*, Vol.17, No.4, 2011.

Voeten, Erik, "Making Sense of the Design of International Institutions," *Annual Review of Political Science*, No.22, 2019.

Waal, A. De, "What's New in the New Partnership for Africa's Development?" *International Affairs*, Vol.78, No.3, 2002.

Walker, Stephen G., *Role Theory and the Cognitive Architecture of British Appeasement Decisions: Symbolic and Strategic Interaction in World Politics*, New York: Routledge, 2013.

Wang, Heng, "Selective Reshaping: China's Paradigm Shift in International Economic Governance," *Journal of International Economic Law*, Vol.23, No.3, 2020.

Wasserman, Stanley and Katherine Faust, *Social Network Analysis: Methods and Applications*, Cambridge: Cambridge University Press, 1994.

Watts, Duncan J., *Six Degrees: The Science of a Connected Age*, New York: Norton, 2003.

Weber, Max, *Economy and Society: Vol.I*, Oakland, CA.: University of California Press, 1978.

Weierter, Stuart J. M., "Who Wants to Play 'Follow the Leader?' A Theory of Charismatic Relationships Based on Routinized Charisma and Follower Characteristics," *The Leadership Quarterly*, Vol.8, No.2, 1997.

Weiss, Thomas G. and Ramesh Thakur, *Global Governance and the UN: An Unfinished Journey*, Bloomington and Indianapolis: Indiana University, 2010.

Weiss, Thomas G., "The United Nations: Before, During and After 1945," *International Affairs*, Vol.91, No.6, 2015.

Wendt, Alexander, "The State as Person in International Theory," *Review of International Studies*, Vol.30, No.2, 2004.

Wendt, Alexander, *Social Theory of International Politics*, Cambridge: Cambridge University Press, 1999.

White, Harrison, *Identity and Control*, *Princeton*, NJ: Princeton University Press, 2012.

Whitehead, James and Mike Peckham, *Network Leadership: Navigating and Shaping Our Interconnected World*, New York: Routledge, 2022.

Williams, Andrew, *Failed Imagination? The Anglo-American New World Order from Wilson to Bush*, Manchester: Manchester University

Press，2007.

Williamson, Oliver E., *Markets and Hierarchies, Analysis and Antitrust Implications: A Study in the Economics of Internal Organization*, New York: Free Press, 1975.

Wilson, David Sloan, *Does Altruism Exist? Culture, Genes, and the Welfare of Others*, New Haven, CT.: Yale University Press, 2015.

Wohlforth, William, "The Perception of Power: Russia in the Pre-1914 Balance," *World Politics*, Vol.39, No.3, 1987.

Wolff, Michael, *Fire and Fury: Inside the Trump White House*, New York: Henry Holt and Co., 2018.

Young, Oran R., "Political Leadership and Regime Formation: On the Development of Institutions in International Society," *International Organization*, Vol.45, No.3, 1991.

Zakaria, Fareed, *The Post-American World*, New York; London: Norton, 2008.

Zhang, Chunman, "The Power of a Niche Strategy and China's Preemptive and Adaptive Response to the US Indo-Pacific Strategy," *China Review*, Vol.20, No.3, 2020.

索　引

B

霸权国（Hegemony Power）　1，6，7，9，11—14，17，20，22，23，25—41，50，56，60，61—66，75，76，80—82，84，87，90—93，164，165，169，172，176，183，220，232—235

霸权稳定论（Hegemonic Stability Theory）6，13，17，20，27—35，37，39，42，43，76，82，92

布雷顿森林体系（Bretton Woods System）6，7，33，75，78，79，93，165，187，235

C

差序性权威（Differential Authority）　61—64，66

差异化（Differentiation）　37，39，60—62，64，66，183，187，232

D

搭便车（Free-Riding）　4，9，11—13，17，19—21，23，27，28，30，32，33，36，37，51，57，87，92，109，153，163，165—168，172，175，199，220，227，232，234

大国竞争（Great Power Competition）　59，61，75，83，87，103，104，139，146，186，235

大国领导力（Great Powers' Leadership）1，2，10，14，19，38，53，55—59，67，74，91，163，179，194，219，234

东亚合作（East Asian Cooperation）　100，196

E

二十国集团（G20）　65，86，134，166，173，174，194，196，199，200，212，220，224，237，238

F

非竞争性（Non-rivalry）　17—21，24，25，36，169，235

非排他性（Non-excludability）　17—21，24，25，36，169

非强制（Non-coercion）　2，5，58，60，92，101，181

G

感召力（Charisma）　32，55，164，166

关系网络（Relational Network）　51—55，60，67，70，89，114，176，181，206，214，224

关系主义（Relationalism）　47，51—53，59

国际公共产品（International Public Goods）1，2，4—7，9，10，12—15，17，19，20，22，23，25—41，43，46—48，52，53，55—67，74，76—88，90—93，98—101，163—173，175，183，184，186—191，193，194，196，197，199，202，209，215，219，226，227，232，234—

237

国际货币基金组织（International Monetary Fund, IMF） 6，33，65，75，79，85，99，101，102，106，107，171，174，187—189，209，215，219

H

合法性（Legitimacy） 1—14，18，19，21，22，24，26，27，30—33，35—37，39，44，46—54，56—64，66，67，74，75，77，78，80—82，84，85，88，89，91，92，99，100，109，154，163，165，166，168—170，172—175，179，194，199，200，206，212，213，219，220，226，227，232—235，237

后霍布斯社会（Post-Hobbesian Society） 2，3

华盛顿共识（Washington Consensus） 85，171

J

基础设施建设（Infrastructure Construction） 8，10，14，36，106，110，134，160，175，181，183，186，191，202，204，205，238

基欧汉，罗伯特（Robert O. Keohane） 29

吉尔平，罗伯特（Robert Gilpin） 28，31，76

集体安全条约组织（Collective Security Treaty Organization, CSTO） 225

金德尔伯格，查尔斯（Charles P. Kindleberger） 16，28，31，35，41

金德尔伯格陷阱（Kindleberger Trap） 9，14，16，32，76

金砖国家（BRICS） 8，14，64，65，166，171，174，188，189，199—202，208，212，215，219，220，226，235

K

考尔，英吉（Inge Kaul） 19，40

L

澜湄合作（Lancang-Mekong Cooperation,

LMC） 139，145，146，150，151，160

领导者（Leaders） 1，2，4—8，10—12，23，25，28，30—32，38，44，46—55，57—60，66，67，74，75，77，78，82，86，99，104，105，153，154，163—165，171，194，199，204，209，210，212，217—221，226，232—234

M

马歇尔计划（Marshall Plan） 2，33，74，79，187

美国领导力（American Leadership） 7，82，84，88—92，175

民粹主义（Populism） 84，87，89

N

南方共同市场（MERCOSUR） 201，204，207，208

南盟（SAARC） 201，210—212

能动性（Agency） 8，35，36，57，64，93

O

欧亚经济联盟（Eurasian Economic Union, EEU） 175，178，198，201，222，223，230，235，240

Q

气候治理（Climate Governance） 8，10，14，87，191—193

清迈倡议（Chiang Mai Initiative, CMI） 100，101，106—108，154，156，201

权力转移（Power Transition） 4，9，12，13，26，27，37，38，63，91，169，184，234

权威（Authority） 5—7，11，12，21，23，25，31，33，38，44，53—56，58—66，78，80，81，84，146，165，168，173，179，207，214，227，233，235

全球金融危机（Global Financial Crisis） 8，9，13，33，35，81，89，103，104，166，173，219—221，235

全球领导力（Global Leadership） 1，2，

7—9，11，50，74，76，77，85—91，93，97，99，100，163，175，199，202，208，217，218，222，234—236

全球治理（Global Governance）　1，2，4—10，12—14，19，26—30，32，35—39，44—46，48，50，51，54—57，59—67，75，78，80，82，84，86，88，91—93，98，109，163—167，169—176，179，181，184，185，187—189，191—194，199—204，208，209，212，217，220，222，226，227，232—234，237，239

R

仁慈霸权（Benevolent hegemony）　33，35，171

S

萨缪尔森，保罗（Paul A. Samuelson）　18，19，21，40

上海合作组织（Shanghai Cooperation Organization，SCO ）　65，174，175，184—186，199，200，210，222，225，226，235

社会网络（Social Network）　50，53—55

生态位（Niche）　37，60—62，64—66，72，184，187，232，233

T

特朗普政府（Donald Trump Administration）　87，89

W

韦伯，马克斯（Max Weber）　59，60

X

新兴大国（Rising Powers）　1，4，6，8，9，12—14，20，22，25—27，32，35—38，40，43，56，59—66，72，80，86，88，91，92，109，163—166，168，173，

176，183，184，187—189，194，199，200，202，203，206，209，212，214，215，217—220，222，226，227，232，233，235，236

信任（Trust）　1—6，11，21，36，38，49—52，54—58，60，66，74，90，102，104，169，172，179，185，199，211，219，226，232，233

Y

亚投行（Asian Infrastructure Investment Bank，AIIB）　8，10，13，35，65，138，169，171—173，175，188，199，234

亚洲金融危机（Asian Financial Crisis）　7，99—104，106，107，114，133，151

亚洲开发银行（Asian Development Bank，ADB）　101，114，120，146，147，149，173

扬，奥兰（Oran R. Young）　47

"一带一路"倡议（One Belt and One Road Initiative）　10，36，65，142，146，153，169，171，174—183，188，190，191，234，237

伊肯伯里，约翰（John Ikenberry）　33，77，95，172

援助承诺（Aid Commitments）　109，111，219，224

Z

政治意愿（Political Will）　38，56—58

追随者（Followers）　1，2，4，11—14，21，23，31，44，46—55，57—60，66，67，74，75，78，82—84，87，90，99—102，164，193，199，207，208，213，220，221，226，227，232，233

自由主义国际秩序（Liberal International Order）　6，12，33，74，75，77，80，81，91，92，187，220

后　记

在外交为民的时代，大国影响力的根本在于服务"人"。国际领导者如果要建立合法性认同，则须供给公共产品。本书对国际公共产品的系统研究，试图回答为什么，以及如何供给国际公共产品才能赢得信任、收获"领导者盈余"。之所以聚焦于这个研究选题，其实是兴趣与偶然的结果。如果说兴趣，国际信任生成问题是我长期关注的学术问题，领导力建构的根本在于合法性，涉及信任问题。如果说偶然，8 年前我参与了博士导师王逸舟教授的课题，近年来又参与国家社会科学基金重大课题"新时代中国特色大国外交能力建设研究"，深感学界对国际公共产品供给的理论研究受"非竞争—非排他"框架以及霸权稳定论的影响太深，缺少对新兴大国供给国际公共产品的问题的创新性研究。与王老师的交流，让我产生了一个想法，关于国际公共产品供给的理论与政策可以分开进行。即将出版的《国际公共产品供给的中国方案》偏重政策，拟由安徽人民出版社出版；而本书则偏重理论，很荣幸由上海人民出版社出版，并纳入久负盛名的"当代国际政治丛书"，也算实现了本人的一个小心愿。

学术产品有时是偶然灵感与长期互动的奇妙产物。10 年前，我刚开始在北京大学攻读博士学位时，对国际公共产品理论知之甚少，甚至认为这一理论属于经济学或国际政治经济学的专业领域，我自不必涉猎。但通过在课堂上与不同师友交流，我思维中的无形之墙被推倒，对国际公共产品开始产生好奇。记得在一次课堂上，老师抛出一个问题："美国为什么可以成为世界霸权国家？"同学们七嘴八舌，有人认为苏联解体给了美国战略机遇，有人指出美国首屈一指的综合实力支撑其霸权，还有同学认为美国的建国理念与软实力与众不同。此问题当然见仁见智，在开放讨论的过程中突然一个想法从我脑中萌生：一个能够给世界带来福利的大国，才是真正的领导国。不可否认的是，美国为全世界供给了丰富的国际

276

公共产品,尤其是第二次世界大战后的国际制度网络,建构起了全新的霸权模式,这些公共产品不仅对美国有利而且造福世界。当然美国的国际公共产品供给能力与意愿是不断变化的,在第一次世界大战前后美国经济实力尽管位居第一,却选择"搭便车"。直到冷战初期美国推出"马歇尔计划",其才真正将全球领导力根植于供给国际公共产品的负责任实践之中。由此,一个不能为追随者创造收益与好处的领导者,是不可能成功的。

北大包容多元的学术氛围,春风化雨般改变了我的成见。在完成此书稿之际,便不自觉回忆起燕园岁月,矗立在未名湖畔的博雅塔是文人心中的精神灯塔,激励我以包容的心态打破专业界限。自由开放、兼容并蓄的北大精神,使我熏陶了自由主义气息,这种思想类公共产品对我的学术发展影响深远。在生活中,王逸舟老师时常叮嘱我为人谦逊包容;在思想上,他呼吁和希望中国成为"仁智大国","仁"是一种谦逊自制,"智"是一种机敏智慧。中国外交的"仁智"就是要从策略规划中将国家利益与国际利益最大化统一,避免过度使用"蛮力"。其实早在 2008 年前后,王老师就积极呼吁中国提供有想象力的国际公共产品,并处理好"远与近"的关系,除了向近邻给予援助,也应考虑向更远更宽广的国际范围做出更大更重要的贡献,如维和、环保、防治艾滋病等领域的国际公共产品。[1]

在王老师的影响下,我开始对国际公共产品理论有所研究。2014 年我入学北大后提交的第一篇论文《嵌入式治理:欧盟气候治理的跨层次分析》获得第七届全国博士生论坛"二等奖"(一等奖空缺),并最终发表于《国际政治研究》。为写这篇论文我曾在国家图书馆泡了一个多月,风雨无阻,从开馆到闭馆,中午以简餐充饥,那种纯粹的求知岁月如今每每想起都令人感慨。在 2015 年联合国成立 70 周年之际,我与王老师共同撰写了一篇论文,探究了中国参与联合国治理的新路径,对国际公共产品供给的模式进行分类。[2]此后我继续撰写了《论国际公共产品的中国供给模式》一文,发表于《战略决策研究》。[3]本书第五章内容部分摘取自本人的博士论文,但与学位论文的主体内容存在差异。在学习与成长过程中,特别感谢北京大学张小明老师、庄俊举老师、节大磊老师,复旦大学陈拯教授以及广东外语外贸大学陈寒溪老师,他们在论文写作与发表过程给予的鼓励与帮助异常珍贵。2021 年 4 月 27 日,我在北大组织了一次小而精的学术工作坊,北京大学王逸舟教授、中国人民大学李巍教授、上海交通大学黄琪轩教授、南开大学杨娜教授、北京大学刘莲莲副教授、美国克里斯多夫纽波特大学孙太一博士与中国社会科学院世经政所田旭博士参会,各位老师关于公共产品理论创新的研讨,给了我很大启发。此外中国人民大学田野教授、方长平教授与尹继武教授,对我日常科研与生活给予了诸多鼓励与帮助;上海人民出版社的范蔚文先生、王琪编辑,对拙作的出版给予了热情专业的支持,特在此一并表示衷心感谢。

在本书写作过程中,家人一如既往地给予了我大力支持,让我能扎进书堆不闻琐事。近期闲暇之余翻阅苏东坡、胡宗宪与胡适等人传记,往往有跨时空的共鸣。所谓"暗夜行舟,只向明月"。行走于黑夜之中,自由的灯光是前行的指引。不论时代如何内卷,学者的纯粹在于执着地追求自由与理想,用安静独处时的文字搭建出思维的脚手架。接近不惑之年,唯愿日后继续讲好每一课,写好每一章,保持最初的好奇心。

2023 年暑期
于中国人民大学明德国际楼
2025 年五一假期
修改于京西世纪城寓所

注释

1. 王逸舟:《用国际贡献赢得世界认同》,载《环球时报》2008 年 10 月 13 日。

2. 王逸舟、曹德军:《铁肩担道义:中国参与联合国治理的新路径、新愿景》,载中国联合国协会:《联合国 70 年:成就与挑战》,北京:世界知识出版社 2015 年版,第 100—120 页。

3. 参见曹德军:《嵌入式治理:欧盟气候公共产品供给的跨层次分析》,载《国际政治研究》2015 年第 3 期,第 62—77 页;曹德军:《论国际公共产品的中国供给模式》,载《战略决策研究》2019 年第 3 期,第 3—29 页。

图书在版编目(CIP)数据

国际公共产品供给与大国领导力构建 / 曹德军著.
上海 : 上海人民出版社,2025. -- (当代国际政治丛书
). -- ISBN 978-7-208-19488-5

Ⅰ. F20

中国国家版本馆 CIP 数据核字第 202556K6B1 号

责任编辑 王 琪
封扉设计 人马艺术设计·储平

当代国际政治丛书

国际公共产品供给与大国领导力构建

曹德军 著

出　　版　上海人民出版社
　　　　　　(201101　上海市闵行区号景路 159 弄 C 座)
发　　行　上海人民出版社发行中心
印　　刷　上海商务联西印刷有限公司
开　　本　720×1000　1/16
印　　张　18.25
插　　页　2
字　　数　271,000
版　　次　2025 年 5 月第 1 版
印　　次　2025 年 5 月第 1 次印刷
ISBN 978 - 7 - 208 - 19488 - 5/D·4494
定　　价　85.00 元

当代国际政治丛书

国际公共产品供给与大国领导力构建　　　　　　　　　　　　曹德军　著

冷战及其遗产（第二版）　　　　　　　　　　　　　　　　　张小明　著

国际政治学概论（第六版）　　　　　　　　　　　　　　　　李少军　著

国际制度性权力——现实制度主义与国际秩序变迁　　　　　　张发林　著

投资国家能力：外国直接投资结构与发展中世界的国家建设　　陈兆源　著

霸权体系与国际冲突——美国在国际武装冲突中的支持行为（1945—1988 年）

　　　　　　　　　　　　　　　　　　　　　　　　　　　秦亚青　著

世界政治的关系理论　　　　　　　　　　　　　　　　　　　秦亚青　著

中华经典国际关系概念　　　　　　　　　　　　　　　　潘忠岐　等著

位置现实主义：一种外交政策理论　　　　　　　　　　　　　宋伟　著

说辞政治与"保护的责任"的演进　　　　　　　　　　　　　陈拯　著

边缘地带发展论：世界体系与东南亚的发展（第二版）　　　　王正毅　著

西方国际政治学：历史与理论（第三版）　　　　　　　　　　王逸舟　著

国际关系理论的中国探索——中国国际关系理论研究文献选编（1987—2017 年）

　　　　　　　　　　中国国际关系学会、上海国际关系学会　编

国际关系中的制度选择：一种交易成本的视角（增订版）　　　田野　著

制衡美元：政治领导与货币崛起　　　　　　　　　　　　　　李巍　著

当代国际政治析论（增订版）　　　　　　　　　　　　　　　王逸舟　著

东亚秩序论——地区变动、力量博弈与中国战略　　　　　　　门洪华　著

国家的选择——国际制度、国内政治与国家自主性　　　　　　田野　著

关系与过程——中国国际关系理论的文化建构　　　　　　　　秦亚青　著

危机下的抉择——国内政治与汇率制度选择　　　　　　　　　曲博　著

规范、网络化与地区主义——第二轨道进程研究　　　　　　　魏玲　著

社会认知与联盟信任形成　　　　　　　　　　　　　　　　　尹继武　著

全球公共问题与国际合作：一种制度的分析　　　　　　　　　苏长和　著

语言、意义与国际政治——伊拉克战争解析　　　　　　　　　孙吉胜　著

中国安全观分析（1982—2007）　　　　　　　　　　　　　　李小华　著

意识形态与美国外交　　　　　　　　　　　　　　　　　　　周琪　主编

国际政治理论的社会学转向：建构主义研究　　　　　　　　　袁正清　著

世界秩序:结构、机制与模式   潘忠岐 著

社会性别视角下的国际政治   李英桃 著

和平的纬度:联合国集体安全机制研究   门洪华 著

美国人权外交政策   周琪 著

国家与超国家——欧洲一体化理论比较研究   陈玉刚 著

弹道导弹防御计划与国际安全   朱锋 著

全球化时代的国际安全   王逸舟 主编

国际政治理论探索在中国   资中筠 主编

制度变迁与对外关系——1992年以来的俄罗斯   冯绍雷 著

文明与国际政治——中国学者评亨廷顿的文明冲突论   王缉思 主编